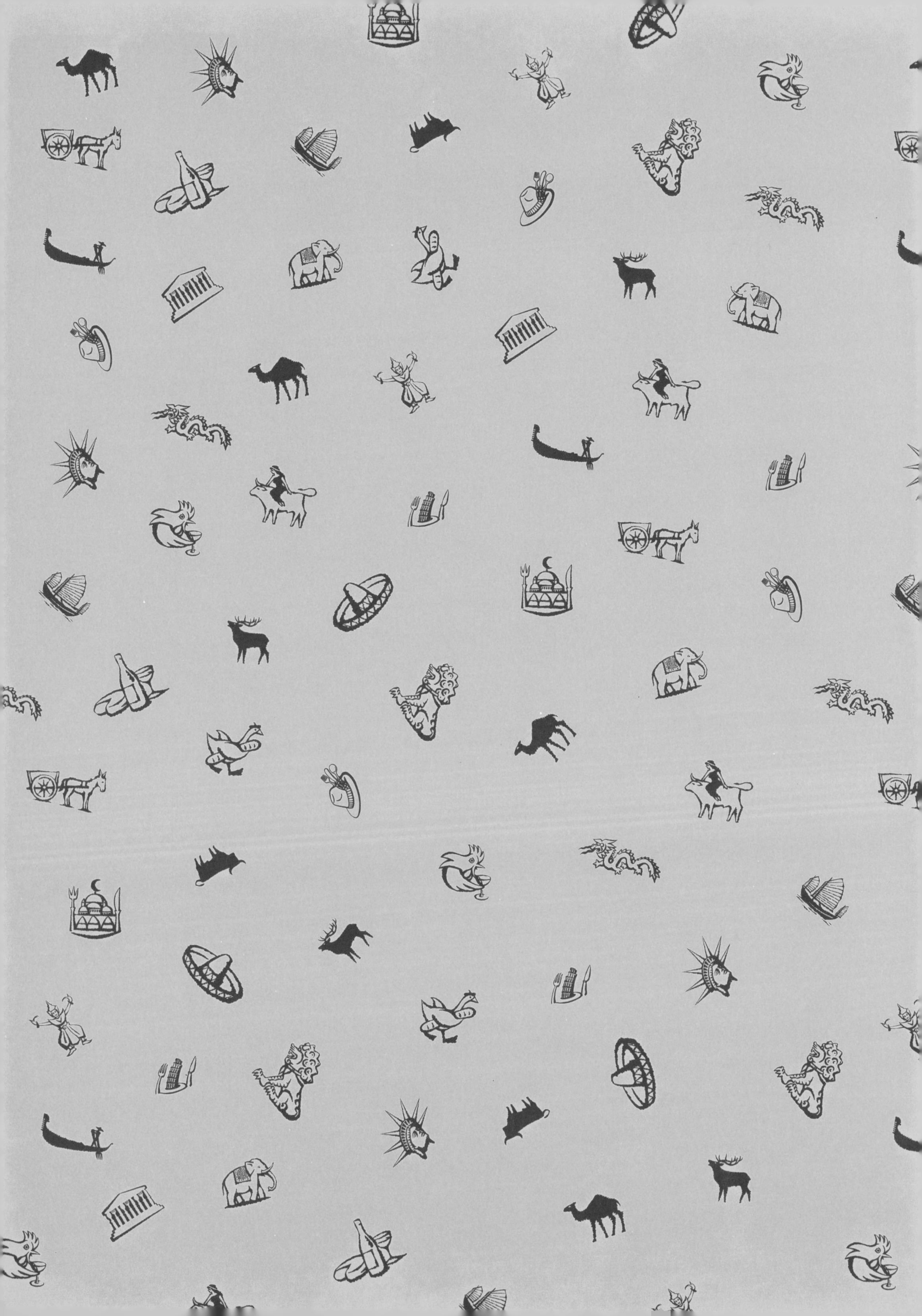

Die besten Rezepte aus den

KÜCHEN DER WELT

Die besten Rezepte aus den

KÜCHEN DER WELT

Rezeptfotos: Michael Brauner
und FoodPhotography Eising

INHALT

KÜCHEN DER WELT: ERLEBEN UND GENIESSEN

Dieses Buch, voll von köstlichen Spezialitäten, möchte Sie auf eine kulinarische Reise durch die ganze Welt mitnehmen. Italien mit seinen klangvollen Rezeptnamen weckt Urlaubserinnerungen an laue Sommerabende auf der weinüberrankten Terrasse einer kleinen Trattoria, aber auch an pulsierende Großstädte, in denen mit mehr Tempo und lauter gelebt wird als in den verträumten Städtchen des Hinterlandes.

Griechenland und seine Rezepte, das bedeutet eine Reise zu den Küsten des Lichts, zu malerischen Dörfern mit weißen Häusern und Kirchen mit Kuppeln, so blau wie der Sommerhimmel. Andere Länder Europas verlocken mit verführerischen Gerichten, die die unvergleichlichen Landschaften und ihre typischen Produkte widerspiegeln: die rauhen, zerklüfteten Gebirgszüge der Alpen, die endlosen Sandstrände Spaniens, die fruchtbaren Weinhänge Frankreichs.

Amerika und Mexiko faszinieren durch ihre vielen Gegensätze: die großartige Einsamkeit und Weite ihrer Wüsten und die Ursprünglichkeit der Bergwelt im Kontrast zu den hohen engen Straßenschluchten der großen Metropolen mit ihrer quirligen Lebendigkeit.

Asien, der märchenhafte Kontinent mit seinen uralten Kulturen zieht uns in seinen geheimnisvollen Bann und verwöhnt uns mit seinen phantasiereichen Speisen: Im geschäftigen Treiben der Nachtmärkte, in den fliegenden Garküchen am Straßenrand, in den schwimmenden Bootsrestaurants – überall wird gekocht, gebrutzelt, flambiert und fritiert.

Auf der weiten Welt sind auch die kulinarischen Genüsse unbegrenzt: Seit den Anfängen der Geschichte bereiten die Köche und Hausfrauen aller Nationen mit viel Liebe und Sorgfalt die traditionsreichen Gerichte ihrer Heimat zu. Damit auch Sie die besten Rezepte der Küchen der Welt zu Hause nachkochen können, haben wir – die GU-Kochbuchredaktion – diesen Band für Sie zusammengestellt.

Alle Rezepte stammen aus unserer Buchreihe „Küchen der Welt“ und sind ganz einfach und problemlos zuzubereiten.

Fast alle Zutaten, die Sie für die abwechslungsreichen Gerichte brauchen, können Sie im nächsten Supermarkt kaufen. Die exotischeren Ingredienzen finden Sie im türkischen oder griechischen Lebensmittelhandel, nur für ganz wenige müssen Sie ins Asiengeschäft gehen. Außerdem finden Sie im Glossar bei der entsprechenden Zutat einen vertretbaren Ersatz angegeben.

Sie brauchen für die Gerichte dieses Buches auch keinerlei Spezialgeräte – alles gelingt mit einfacher Küchenausstattung. Und Wok oder Bambusdämpfer können Sie leicht durch andere Geräte ersetzen – welche das sind, lesen Sie auch im Glossar.

Wenn Sie sich oder Ihre Gäste landestypisch verwöhnen wollen, finden Sie im Anhang Menüzusammenstellungen, die nach Ländern geordnet sind. So finden Sie zum Beispiel Anregungen für italienische und französische, aber auch für mexikanische oder arabische Menüs.

Und jetzt möchten wir Sie einladen, in den bunten Seiten dieses Buches zu blättern und sich von den opulenten Bildern und verlockenden Rezepten verführen zu lassen, die Küchen der Welt in Ihrer eigenen Küche zu erleben und zu genießen!

SALATE & VORSPEISEN

Salate und Vorspeisen gehören auf der ganzen Welt zur kulinarischen Lebensart, zur Kunst, sich auf das Essen einzustimmen. Für die Komposition eines gelungenen Menüs gelten einfache Grundregeln: Planen Sie das Essen möglichst abwechslungsreich und vielseitig und stimmen Sie Vorspeise und Hauptgericht beziehungsweise die folgenden Gänge immer aufeinander ab. Zutaten oder Gewürze, die in einer bestimmten Speise dominieren, sollten im Lauf des Essens nicht noch einmal in Erscheinung treten. Phantasievoll und immer wieder anders schmecken die zahllosen kleinen Gerichte, die in allen Nationen erfunden wurden, um ein Essen genußreich zu beginnen. Wer's gerne frisch und knackig mag, wählt einen der vitaminreichen Salate aus, zum Beispiel einen kernigen Blattsalat aus Österreich oder eine erfrischende Salatvorspeise aus China.

Spanien, das Land der kleinen Tapas-Häppchen, die man zum Sherry anbietet, ist mit einem raffiniert einfachen Garnelenomelett vertreten. Auch in der Türkei und in Griechenland gibt es regelrechte Vorspeisenkulturen. Berühmt sind natürlich auch die Antipasti der Italiener und die Amuse-Gueules der Franzosen: passende Rezepte dieser Nationen finden Sie auf den folgenden Seiten.

Wenn Ihnen der Sinn aber nach etwas Exotischerem steht, nach den Vorspeisen ferner und nicht ganz so bekannter Länder, könnten Sie einmal indische Gemüsepasteten oder thailändische Fleischbällchen mit Ananas probieren. Alle Vorspeisen haben eines gemeinsam – sie lohnen die kulinarische Reise zu den Kochtöpfen der Welt!

Rindfleischsalat mit Kernöl

Aus Österreich · Schnell fertig

Rindfleischsalat mit Eiern, Paprika und Kürbiskernöl

Zutaten für 4 Portionen:
400 g gegartes, mageres Rindfleisch
2 EL Essig
3 EL Kernöl, ersatzweise Olivenöl
Salz
schwarzer Pfeffer, frisch gemahlen
1 kleine Gewürzgurke
1 EL Kapern
2 Eier
1 kleine Zwiebel
1 kleine grüne Paprikaschote
1 kleine rote Paprikaschote
1 Bund Schnittlauch

Zubereitungszeit: 30 Min.

Pro Portion: 1100 kJ/260 kcal

1 Rindfleisch feinblättrig schneiden.

2 Für die Marinade Essig mit Kernöl, Salz und Pfeffer verrühren. Gewürzgurke und Kapern fein hacken und unterrühren. Fleisch mit der Marinade beträufeln und etwa 15 Min. ziehen lassen.

3 Eier in etwa 10 Min. hart kochen, kalt abschrecken, schälen und in dünne Scheiben schneiden.

4 Zwiebel schälen und in dünne Ringe schneiden. Paprikaschoten waschen, halbieren, von Stielansatz, Kernen und Innenrippen befreien und ebenfalls in dünne Ringe schneiden.

5 Mariniertes Rindfleisch auf 4 Teller geben und mit Eischeiben, Paprikastreifen und Zwiebelringen belegen. Schnittlauch waschen, trockenschütteln und in feine Röllchen schneiden.

6 Den Rindfleischsalat mit Schnittlauch bestreut servieren. Dazu paßt Schwarzbrot.

Getränke: Hier schmeckt kühles Bier oder Apfelmost.

Variante: Wenn Sie kein Rindfleisch zur Verfügung haben, schmeckt der pikante Salat auch mit Fleischwurst, Pökelzunge oder gekochtem Schinken.

Steirischer Röhrlsalat

Aus Österreich • Schnell

Löwenzahnsalat mit Ei und Tomaten

Zutaten für 4 Portionen:
2 Eier
400 g frische, junge Löwenzahnblätter
2 EL Essig
3 EL Kernöl, ersatzweise Olivenöl
1 Prise getrockneter Estragon
1 TL scharfer Senf
Salz
schwarzer Pfeffer, frisch gemahlen
1 kleine Zwiebel
1 Bund Petersilie
2 kleine Tomaten

Zubereitungszeit: 30 Min.

Pro Portion: 780 kJ/190 kcal

1 Eier in etwa 10 Min. hartkochen, danach auskühlen lassen.

2 Löwenzahnblätter verlesen, von den harten Stielen befreien, gründlich waschen, trockentupfen und klein zupfen.

3 Für die Marinade Essig mit Kernöl, Estragon, Senf, Salz und Pfeffer verrühren. Zwiebel schälen, fein hacken und hinzufügen. Petersilie waschen, trockenschütteln, fein hacken und unterrühren.

4 Eier schälen, Eiweiße fein hacken. Eigelbe mit einer Gabel zerdrücken, unter die Marinade rühren und kurz ziehen lassen.

5 Löwenzahn mit den gehackten Eiweißen bestreuen, mit der Marinade übergießen und etwa 5 Min. durchziehen lassen. Tomaten waschen, in Achtel schneiden und den Röhrlsalat damit garnieren. Dazu paßt kerniges Bauernbrot.

Tip! Die gezüchteten Löwenzahnsorten mit den hellen Blättern schmekken milder und zarter als der dunkelgrüne, wild wachsende Löwenzahn. Im Frühjahr bekommen Sie beim Gemüsehändler auch Freiland-Löwenzahn.

Garnelen mit Chinakohl

Aus China · Gelingt leicht

Xia Ban Bai Cai Xin

Zutaten für 3–4 Portionen:
250 g ungeschälte Tiefseegarnelen
1 Frühlingszwiebel
1 dünne Scheibe Ingwer
5 Sichuan-Pfefferkörner
Salz
1 EL Reiswein
250 g junge Chinakohlblätter
Schale von 2 unbehandelten Mandarinen (etwa 10 g)
75 g Zucker
2 TL heller Reisessig

Zubereitungszeit: 30 Min.

Bei 4 Portionen pro Portion: 620 kJ/150 kcal

1 Die Garnelen waschen, dabei die Fühler abschneiden, aber die Köpfe möglichst daranlassen. In einem Topf Wasser zum Kochen bringen. Garnelen darin etwa 1 Min. sprudelnd kochen, dann herausnehmen. Das Wasser wegschütten. Die Frühlingszwiebel putzen, waschen und in etwa 10 cm lange Stükke schneiden. Den Ingwer schälen.

2 In einem Topf ¹/₃ l Wasser zum Kochen bringen, Garnelen, Frühlingszwiebel, Ingwer und Sichuan-Pfefferkörner hineingeben, mit Salz und Reiswein würzen. Nach dem Aufkochen etwa 3 Min. bei mittlerer Hitze kochen, dann vom Herd nehmen und zugedeckt etwa 10 Min. ziehen lassen. Danach die Garnelen herausnehmen, abtropfen lassen und auf einem Teller anrichten (die Frühlingszwiebel wird nicht weiter verwendet).

3 Die Chinakohlblätter waschen, trockentupfen und zuerst längs in ganz dünne, dann quer in etwa 6 cm lange Streifen schneiden. Die Mandarinenschale waschen, trockentupfen und ebenfalls in sehr feine Streifen schneiden. Beide Zutaten mit Zucker und Essig in einer Schüssel gut vermischen, dann um die Garnelen anordnen.

Hühnerstreifen mit Senf

Aus China · Gelingt leicht

Jie Mo Ji Si

Zutaten für 4 Portionen:
200 g Hühnerbrust, ohne Haut und Knochen
1 TL Reiswein
Salz
200 g Mungobohnensprossen
Für die Sauce:
1 EL mittelscharfer Senf
1 TL helle Sojasauce
1 TL heller Reisessig
1 EL Sesamöl
nach Belieben:
1 Stück Möhre zum Garnieren

Zubereitungszeit: 30 Min.

Pro Portion: 380 kJ/90 kcal

1 Die Hühnerbrust in einem kleinen Topf mit etwa ¹/₂ l Wasser bei mittlerer Hitze zum Kochen bringen, den Reiswein und 1 Prise Salz dazugeben und bei schwacher Hitze etwa 10 Min. zugedeckt köcheln lassen.

2 Inzwischen die Bohnensprossen waschen. In einem Topf ¹/₂ l Wasser aufkochen, Bohnensprossen darin ein paar Sekunden sprudelnd kochen, dann herausnehmen, abtropfen lassen und auf einem Teller anrichten.

3 Das Hühnerfleisch aus dem Topf nehmen und etwa 10 Min. abkühlen lassen. Dann in etwa 5 cm lange, sehr dünne Streifen schneiden.

4 Für die Sauce den Senf mit Sojasauce, Essig und Sesamöl gründlich verrühren. Die Sauce auf die Hühnerstreifen geben und unterrühren. Anschließend die Hühnerstreifen auf die Sprossen geben. Nach Belieben ein Stück Möhre in Scheiben schneiden. Mit einer Ausstechform Sternchen ausstechen und das Gericht damit garnieren.

Variante: Sie können die Hühnerbrust, statt sie im Wasser zu kochen, auch braten. Dazu die Hühnerbrust in etwa 5 cm lange, dünne Streifen schneiden, mit 1 TL Stärke und 1 EL Wasser verrühren und etwa 2 Min. im heißen Pflanzenöl braten, mit 1 EL dunkler Sojasauce, etwas Salz und 1 EL Reiswein würzen.

Avocadosalat

Aus Mexiko · Gelingt leicht

Ensalada de aguacate

Zutaten für 4 Portionen:
2 große Fleischtomaten (etwa 400 g)
2 reife Avocados
Saft von 1 Zitrone
4 Frühlingszwiebeln
5 Radieschen
150 g Frühstücksspeck, ohne Schwarte, in Scheiben
2 EL Öl
3 EL Weißweinessig
1 Prise Cayennepfeffer
1 Prise Zucker
Salz
schwarzer Pfeffer, frisch gemahlen

Zubereitungszeit: 30 Min.

Pro Portion: 2300 kJ/550 kcal

1 Tomaten überbrühen, häuten und achteln, dabei den Stielansatz entfernen.

2 Avocados schälen, längs halbieren, den Kern entfernen und das Fruchtfleisch quer in schmale Scheiben schneiden. Sofort mit Zitronensaft beträufeln, damit sich das Fruchtfleisch nicht verfärbt.

3 Frühlingszwiebeln putzen, waschen und in feine Ringe schneiden. Radieschen ebenfalls putzen, waschen und in dünne Scheiben schneiden. Alles dekorativ auf vier Teller verteilen.

4 Den Speck in schmale Streifen schneiden und in einer Pfanne in Öl bei mittlerer Hitze langsam ausbraten. Herausnehmen und auf Küchenpapier abtropfen lassen.

5 Den Weißweinessig in die Pfanne zu dem verbliebenen Bratfett gießen. Cayennepfeffer, Zucker, Salz und Pfeffer hinzufügen, kurz aufkochen lassen und warm über den Salat gießen. Zum Schluß mit den ausgebratenen Speckstreifen bestreuen.

Avocado

Die Avocado ist eine typisch mexikanische Frucht, die schon die Azteken kannten. Sie nannten sie »Ahua quatl«, was Butter des Waldes bedeutet. Ein passender Name, denn das hellgelbe, ins Grünliche gehende Fruchtfleisch ist im reifen Zustand so cremig und mild wie Butter. Die Avocado, von der es inzwischen über 400 Varietäten gibt, ist reich an wichtigen Mineralstoffen und Vitaminen. In Europa kann man sie das ganze Jahr über kaufen, sie werden jedoch meist aus Israel importiert. Die Früchte werden geerntet, wenn das Fruchtfleisch noch ganz hart ist, damit sie den Transport gut überstehen. Ihr typisches Aroma und die cremige Konsistenz entwickeln sie erst im ganz reifen Zustand, wenn das Fruchtfleisch schon bei leichtem Fingerdruck nachgibt. Unreife Früchte reifen, in Zeitungspapier gepackt, bei Zimmertemperatur in 2–5 Tagen nach. Das empfindliche Fruchtfleisch sollte, sobald die Avocado aufgeschnitten wird, sofort mit Zitronensaft beträufelt werden, da es sich schnell verfärbt, sobald es mit Sauerstoff in Berührung kommt.

Avocados werden geerntet, wenn ihr Fruchtfleisch noch ganz hart ist.

Walnuß-Paprika-Paste

Aus Syrien · Geht schnell

Muhammara

Zutaten für 4 Portionen:
2 große rote Paprikaschoten
2 Knoblauchzehen
4 Scheiben Zwieback
100 g Walnußkerne
4 EL Olivenöl, kaltgepreßt
2 TL Harissa, ersatzweise
2 TL Tomatenmark mit 1/4 TL scharfem Paprikapulver verrührt
Salz

Zubereitungszeit: 20 Min.
Pro Portion:
1300 kJ/320 kcal

1 Paprikaschoten halbieren, Kerne, Trennwände und Stielansätze herauslösen. Die Schotenhälften unter fließendem Wasser säubern, trockentupfen. Etwa 1/4 Schotenhälfte in feine Streifen schneiden und aufbewahren, restliche Paprika in grobe Stücke schneiden. Knoblauch häuten und ebenfalls in Stücke schneiden.

2 Paprika und Knoblauch in einen Rührbecher geben. Zwieback in Stücke brechen, 8 Walnußkerne beiseite legen. Die übrigen Walnußkerne mit Zwieback, Öl, Harissa und Salz in den Rührbecher geben. Alles mit dem Blitzhacker sehr fein zerkleinern.

3 Die Walnuß-Paprika-Paste in ein Schüsselchen geben und glattstreichen. Mit den beiseite gestellten Walnußkernen und den Paprikastreifchen garnieren.

Tips! Unbedingt frisch aufgebackenes Fladenbrot zu der Walnuß-Paprika-Paste servieren. Damit wird die Paste anstelle eines Löffels aufgenommen und gegessen.
Ganz besonders gut schmeckt das Muhammara, wenn es mit dickfleischigen Tomatenpaprika- oder roten türkischen Spitzpaprikaschoten zubereitet wird.

Bulgur-Kräuter-Salat

Aus Jordanien · Erfrischend

Taboule

Zutaten für 4 Portionen:
150 g feines Bulgur (Weizenschrot)
½ Bund Frühlingszwiebeln
3 reife, aromatische Tomaten (300 g)
4 kleine, knackige Gurken (je 150 g)
1 Bund glatte Petersilie
1 Bund frische oder
1 EL getrocknete Minze
1 kleiner Romanasalat
6 EL Zitronensaft
4 EL Olivenöl, kaltgepreßt
Salz
schwarzer Pfeffer, frisch gemahlen

Zubereitungszeit: 30 Min. (+ 4 Std. Quellen + 30 Min. Kühlen)

Pro Portion: 1100 kJ/260 kcal

1 Bulgur waschen, bis das Wasser klar ist. Bulgur dann in einer Schüssel mit Wasser bedeckt etwa 4 Std. quellen lassen. Gemüse und Kräuter waschen, trockentupfen.

2 Frühlingszwiebeln putzen, einmal längs halbieren, quer in kleine Würfel schneiden. Tomaten vierteln, Stielansätze herausschneiden. Die Tomaten fein würfeln. Gurken schälen und ebenfalls fein würfeln.

3 Vom Romanasalat die dunklen Blätter abtrennen und anderweitig verwenden. Die zartgelben Blätter vom Strunk lösen, abbrausen, trockentupfen und auf einer großen Salatplatte oder mehreren Tellern anrichten. Von den Kräutern Blättchen von den Stielen zupfen. Blättchen und zarte Stiele fein hacken.

4 Bulgur in einem feinen Sieb gut abtropfen lassen und in eine Schüssel geben. Gemüse und Kräuter dazugeben, Zitronensaft und Olivenöl hinzufügen und alles gut vermischen. Mit Salz und Pfeffer kräftig würzen und den Salat für etwa 30 Min. kalt stellen. Taboule zum Servieren auf den Salatblättern anrichten, Fladenbrot dazu reichen.

Variante: In manchen arabischen Ländern wird hauptsächlich Petersilie und kaum Salatgemüse verwendet. Statt Gurken und Tomaten gibt man 3 große Bünde Petersilie zum Salat.

Lomi Lomi

Aus Hawaii · Geht schnell

Salat mit Lachs

Zutaten für 4 Portionen:
500 g feste reife Tomaten
1/2 Bund Frühlingszwiebeln
125 g frischer Graved Lachs (gut gekühlt)

Zubereitungszeit: 15 Min.

Pro Portion: 380 kJ/90 kcal

1 Die Tomaten waschen, halbieren, entkernen, von den Stielansätzen befreien und in kleine Würfel schneiden.

2 Die Frühlingszwiebeln waschen, putzen und in feine Ringe schneiden. Den Lachs in feine Streifen schneiden. Alle Zutaten mischen und sofort anrichten.

Variante: Der feine Lachssalat wird manchmal auch mit einem Dressing angerichtet. Dafür wird in einer kleinen Schüssel 1 TL Zucker mit 2–3 EL Reisessig verrührt, bis sich der Zucker aufgelöst hat. Dann werden 2 EL Limetten- oder Zitronensaft und 2–3 EL neutrales Pflanzenöl unter den Essig gerührt. Das Dressing wird mit etwas Senfpulver, Salz und Pfeffer abgeschmeckt und über den Salat gegeben. Wichtig ist auch bei dieser Variante, daß alles gut gekühlt serviert wird.

Info: Das Wort »Lomi« bedeutet in der Landessprache soviel wie »Massage«. Traditionelle Rezepte verwenden für den Salat gesalzenen Lachs, der über Nacht eingeweicht und zwecks zarter Konsistenz »massiert« wird. Der Lachssalat wird auf Hawaii zum »Luau«, einem Festessen, serviert.

Shrimp Cocktail

Aus Amerika, Louisiana · Würzig

Garnelen-Cocktail

Zutaten für 4 Portionen:
3 Zweige Petersilie
1 Stange Sellerie
3 junge Frühlingszwiebeln
1 EL körniger, mittelscharfer Senf
3 EL Essig
100 ml Olivenöl, kaltgepreßt
Salz
weißer Pfeffer, frisch gemahlen
Cayennepfeffer
400 g gekochte, geschälte Shrimps (Tiefseegarnelen)

Zubereitungszeit: 20 Min. (+ 2 Std. Marinieren)

Pro Portion: 1100 kJ/260 kcal

1 Die Petersilie waschen, trockenschütteln und fein hacken. Den Sellerie waschen und eventuell die harten Fasern abziehen. Die Frühlingszwiebeln waschen und putzen. Sellerie und Zwiebeln in feine Scheiben schneiden.

2 In einer Schüssel den Senf mit Essig und Öl verquirlen, Petersilie und das Gemüse unterrühren. Die Sauce mit Salz, weißem Pfeffer und Cayennepfeffer pikant abschmecken.

3 Die Shrimps kurz unter kaltem Wasser abbrausen und auf Küchenpapier abtrocknen, dann mit den anderen Zutaten mischen. Zugedeckt im Kühlschrank etwa 2 Std. durchziehen lassen.

Variante: Amerikaner essen Shrimps auch gerne mit einer würzigen Remouladensauce, in der der scharfe, körnige, dunkle kreolische Senf nicht fehlen darf (siehe Info).

Info: Senf ist in der kreolischen Küche eine beliebte Würzzutat. Gewöhnlich wird dabei ein körniger, scharfer Senf verwendet, der in Amerika auch als »Kreolischer Senf« verkauft wird. Bei uns können Sie den groben, mittelscharfen Rôtisseur-Senf oder auch einen gewöhnlichen scharfen Senf verwenden. Die Küchen Louisianas und der übrigen Südstaaten kennen eine Vielzahl an Garnelen-Rezepten. Nicht umsonst nennt sich das im Staate Mississippi gelegene Küstenstädtchen Biloxi »Shrimp Capital« of the World, Garnelenhauptstadt der Welt.

Garnelenomelette

Ganz Spanien · Geht schnell

Tortilla de gambas

Zutaten für 4 Portionen:
200 g gegarte Tiefseegarnelen, geschält
Saft von ½ Zitrone
3 EL Olivenöl
4 Eier
Salz
schwarzer Pfeffer, frisch gemahlen

Zubereitungszeit: 10 Min.
(+ 10 Min. Garen)

Pro Portion: 1100 kJ/260 kcal

1 Tiefseegarnelen in eine Schüssel geben, mit Zitronensaft beträufeln.

2 Olivenöl in einer Pfanne von etwa 20 cm Durchmesser erhitzen und die Tiefseegarnelen kurz darin schwenken.

3 Eier in einer Schüssel mit Salz und Pfeffer gut verquirlen. Gleichmäßig über die Tiefseegarnelen in die Pfanne gießen und bei schwacher Hitze etwa 5 Min. stocken lassen.

4 Die Tortilla mit Hilfe eines Tellers wenden und weitere 5 Min. garen lassen. Anschließend auf einen Teller gleiten lassen und die Tortilla in Tortenstücke oder mundgerechte Würfel schneiden. Heiß oder kalt mit anderen Tapas und Weißbrot reichen.

Getränke: Ein trockener Sherry Fino oder Manzanilla passen gut dazu.

Varianten: Spinatomelette
Anstelle der Garnelen können Sie auch 400 g gedünsteten Blattspinat mit Knoblauch und 1 EL geröstete Pinienkerne verwenden.
Katalanisches Omelette
3 mittelgroße grüne Paprikaschoten, 1 Zwiebel und 1 gehäutete Fleischtomate fein würfeln, in Öl weich dünsten, dann die Eier darüber gießen.

Russischer Salat

Ganz Spanien · Gut vorzubereiten

Ensalada rusa

Zutaten für 4–6 Portionen:
750 g Kartoffeln, festkochend
200 g grüne Bohnen · Salz
150 g Möhren
150 g Erbsen, gepalt
schwarzer Pfeffer, frisch gemahlen
4 EL Sherryessig
3 Eigelb von ganz frischen Eiern
1 EL Zitronensaft
¼ l Olivenöl

Zubereitungszeit: 50 Min.
(+ 30 Min. Marinieren)

Bei 6 Portionen pro Portion:
2200 kJ/520 kcal

1 Kartoffeln waschen und knapp mit Wasser bedeckt in etwa 30 Min. garen.

2 Inzwischen Bohnen putzen, waschen und in Salzwasser etwa 10 Min. garen, dann eiskalt abschrecken und abtropfen lassen. Möhren schälen und in kleine Würfel schneiden. Zusammen mit den Erbsen in kochendem Salzwasser etwa 5 Min. garen, wiederum eiskalt abschrecken und gut abtropfen lassen.

3 Kartoffeln pellen und in Würfel von etwa 1 cm Kantenlänge schneiden. Mit dem anderen Gemüse in eine Schüssel füllen, salzen, pfeffern und mit dem Essig beträufeln.

4 Eigelb mit etwas Salz, Pfeffer und Zitronensaft verrühren. Olivenöl in dünnem Strahl dazufließen lassen und dabei mit dem Schneebesen oder dem Handrührer kräftig schlagen, bis eine cremige Mayonnaise entstanden ist. Diese gründlich unter den Salat mischen und etwa 30 Min. im Kühlschrank durchziehen lassen.

Wichtiger Hinweis: Bitte verwenden Sie nur ganz frische Eier von freilaufenden Hühnern, um das Salmonellenrisiko zu verringern.

Zucchinipuffer

Mücver

Aus der Türkei · Braucht etwas Zeit

Zutaten für 4 Portionen:
800 g möglichst kleine, feste Zucchini
Salz
3 Frühlingszwiebeln
1 Bund Dill
1 Bund glatte Petersilie
3 EL Mehl
2 EL Kaşar-Käse (ersatzweise Emmentaler), frisch gerieben
3 Eier
100 ml Sonnenblumenöl zum Braten

Zubereitungszeit: 1 Std.

Pro Portion: 700 kJ/170 kcal

1 Zucchini waschen, Stiel- und Blütenansätze abschneiden. Schadhafte Stellen mit dem Messer abschaben. Zucchini auf der Küchenreibe grob raspeln und mit Salz vermischt etwa 15 Min. Saft ziehen lassen.

2 Frühlingszwiebeln putzen, waschen und in sehr dünne Ringe schneiden. Dill und Petersilie waschen und trockenschütteln, die Blättchen fein hacken. Zucchini in ein Haarsieb geben und die ganze Flüssigkeit auspressen.

3 Zucchinimasse mit Frühlingszwiebeln, Kräutern, Mehl, geriebenem Käse und Eiern gründlich verrühren. Die Mischung mit Salz abschmecken.

4 In einer Pfanne 2–3 EL Öl erhitzen. Mit einem Eßlöffel die Zucchinimasse portionsweise in die Pfanne geben, etwas flachdrücken und von jeder Seite bei mittlerer Hitze 2–3 Min. goldbraun braten. Zucchinipuffer auf Küchenpapier entfetten und warm stellen. Auf diese Weise alle Puffer braten und heiß servieren.

Getränke: Rakı, mit Eiswasser verdünnt, oder gut gekühlter, trockener Weißwein, z.B. ein Kavaklıdere Primeur aus Kappadokien, schmecken gut dazu.

Kräuter-Käsecreme

Haydari

Aus der Türkei · Gelingt leicht

Zutaten für 4–6 Portionen:
Kaffeefiltertüte
4 Becher säuerlicher Vollmilchjoghurt (je 175 g)
200 g Schafkäse (Beyaz peynir)
½ Bund glatte Petersilie · ½ Bund Dill
½ Bund Minze (oder 1 gehäufter TL getrocknete Minze)
2 Knoblauchzehen
1 EL Zitronensaft
2 rote scharfe Peperoni
50 g schwarze Oliven

Zubereitungszeit: 30 Min. + Kühlen

Bei 6 Portionen pro Portion: 790 kJ/190 kcal

1 Ein Spitzsieb über eine Schüssel hängen, eine Kaffeefiltertüte hineinstecken, Joghurt einfüllen und etwa 20 Min. abtropfen lassen.

2 Inzwischen Schafkäse in einer Schüssel mit der Gabel sehr fein zerdrücken. Kräuter waschen und trockenschütteln, die Blättchen sehr fein hacken und zum Käse geben. Knoblauch schälen und durch die Presse dazudrücken. Alles gut vermischen.

3 Abgetropften Joghurt und Zitronensaft zum Schafkäse geben. Alles gründlich verrühren, so daß eine geschmeidige Paste entsteht. Die Kräuter-Käsecreme 1 Std. in den Kühlschrank stellen.

4 Peperoni waschen, von den Stielansätzen befreien und die Schoten in Ringe schneiden. Wer sie weniger scharf mag, halbiert die Peperoni der Länge nach, entfernt Kerne und Rippen und schneidet die Schoten in Streifchen. Oliven kalt abspülen und trockentupfen. Haydari auf einer kleinen Platte anrichten und mit Peperoni und Oliven garnieren.

Gebackene Paprikaschoten

Aus Zentralgriechenland

Piperiés stó fóurno

Zutaten für 4 Portionen:
500 g lange, spitze, mittelgroße grüne oder rote Paprikaschoten
1 mittelgroße Zwiebel
2 Knoblauchzehen
300 g Tomaten
5 EL Olivenöl
2 EL Tomatenmark
½ Bund Dill
Salz
schwarzer Pfeffer, frisch gemahlen
150 g Graviéra-Käse (ersatzweise Greyerzer)
50 g Feta-Käse (Schafkäse)

Zubereitungszeit: 30 Min. (+ 20 Min. Backen)

Pro Portion: 990 kJ/240 kcal

1 Paprikaschoten waschen und abtrocknen. Zwiebel und Knoblauch schälen und klein würfeln. Tomaten mit heißem Wasser übergießen, häuten, Stielansätze entfernen und das Fruchtfleisch würfeln. Backofen auf 225° (Gas Stufe 4) vorheizen.

2 In einer Pfanne 3 EL Olivenöl erhitzen. Paprikaschoten im Ganzen bei mittlerer Hitze rundum anbraten, aber nicht braun werden lassen. Schoten aus der Pfanne nehmen und beiseite stellen.

3 Das restliche Olivenöl in die Pfanne geben. Zwiebel und Knoblauch glasig dünsten. Tomatenstücke mit dem Saft untermischen und kräftig mitschmoren. Tomatenmark in 300 ml Wasser verrühren und untermischen. Sauce zugedeckt bei mittlerer Hitze etwa 5 Min. kochen.

4 Dill abspülen, trockenschütteln, die Blättchen grob hacken und unter die Sauce rühren. Diese mit Salz und Pfeffer abschmecken und in eine große Auflaufform gießen. Paprika dazwischen legen, aber nicht mit Sauce bedecken. Alles im Ofen (Mitte) etwa 15 Min. backen.

5 Graviéra-Käse grob raspeln, Feta-Käse fein zerbröckeln, auf die Schoten streuen und weitere 5 Min. backen, heiß oder warm mit frischem Brot servieren.

Getränke: Retsina, aber auch ein leichter roter Landwein passen gut dazu.

Tip! Wer nur große Schoten bekommt, halbiert sie einfach.

Tzatzíki

Vom griechischen Festland

Joghurt mit Gurke

Zutaten für 4 Portionen:
600 g griechischer Schafmilch-Joghurt (6–8% Fett i.Tr., ersatzweise 5 Becher Bulgara-Joghurt à 175 g)
3 kleine Gärtnergurken oder 1 große, feste Salatgurke (etwa 400 g)
Salz
2–3 Knoblauchzehen
1 EL Weißweinessig
2 EL Olivenöl
2 Zweige frische Minze

Zubereitungszeit: 25 Min. (+ 10 Min. Kühlen)

Pro Portion: 830 kJ/200 kcal

1 Eine große Kaffeefiltertüte in ein Spitzsieb stecken oder ein Haarsieb mit einem Moltontuch auskleiden und den Joghurt hineingeben. Sieb über eine Schüssel hängen und den Joghurt etwa 20 Min. abtropfen lassen, bis er ziemlich fest ist.

2 Inzwischen Gurken waschen, Stiel- und Blütenansätze abschneiden. Die Gurken mit Schale grob raspeln, 1 TL Salz untermischen und etwa 10 Min. stehenlassen, damit sie Wasser ziehen. Gurken in ein Sieb geben und etwas ausdrücken. Knoblauch schälen.

3 Joghurt und Gurken in eine Schüssel geben. Den Knoblauch durch die Knoblauchpresse dazudrücken. Essig und Olivenöl hinzufügen und alles gründlich vermischen. Tzatziki mit Salz abschmecken und etwa 10 Min. kühlstellen. Mit Minzeblättchen garniert servieren.

Getränke: Ein leichter trockener Weißwein, ein Côtes de Meliton aus Nordgriechenland oder ein Retsina passen besonders gut.

Tip! Tzatzíki wird meist einfach nur mit Brot als Vorspeise serviert. Man kann die Joghurt-Gurken-Speise aber auch zu gegrillten Lammkoteletts, zu Brat- oder Grillfisch reichen.

Carpaccio del Cipriani

Aus Italien · Gelingt leicht

Mariniertes rohes Rinderfilet

Zutaten für 4 Portionen:
200 g Rinderfilet (evtl. schon vom Metzger in hauchdünne Scheiben schneiden lassen)
8 EL Olivenöl, kaltgepreßt
Saft von 2 Zitronen
100 g frische Steinpilze oder Egerlinge
50 g Parmesan am Stück · Salz
weißer Pfeffer aus der Mühle
½ Bund Petersilie

Zubereitungszeit: 20 Min. (+ 1 Std. Anfrieren, + 15 Min. Marinieren)

Pro Portion: 1200 kJ/290 kcal

1 Rohes Rinderfilet am Stück in Frischhaltefolie einwickeln, ins Tiefkühlfach legen und kurz anfrieren lassen (1 Std.).

2 Filet mit einem sehr scharfen Messer hauchdünn aufschneiden. Scheiben auf einen Servierteller verteilen, mit 4 EL Olivenöl und dem Saft von 1 Zitrone beträufeln, bedeckt etwa 15 Min. marinieren lassen.

3 Pilze putzen und kurz waschen, gut abtropfen lassen, in dünne Scheiben schneiden und über das Fleisch verteilen. Den Parmesan in feine Scheibchen hobeln und über das Fleisch geben.

4 Mit Salz und grobem Pfeffer würzen und das Carpaccio mit dem Saft von 1 Zitrone und 4 EL Olivenöl übergießen. Petersilie waschen, trockenschütteln, Blättchen abzupfen und über das Carpaccio streuen. Olivenöl und Salz auf den Tisch stellen, damit jeder nach Gusto nachwürzen kann. Dazu reicht man Weißbrot.

Wein: Ein leichter frischer Weißwein, z.B. ein Franciacorta Bianco aus der Lombardei schmeckt gut dazu.

Insalata di funghi

Aus Italien · Schnell

Pilzsalat

Zutaten für 4 Portionen:
600 g frische Champignons (oder Egerlinge)
Saft von 2 Zitronen
Salz
1 Lorbeerblatt
100 ml Olivenöl, kaltgepreßt
weißer Pfeffer aus der Mühle
1 Bund Petersilie
1 Knoblauchzehe
nach Belieben 1 Chilischote

Zubereitungszeit: 30 Min. (+ 2 Std. Marinieren)

Pro Portion: 1100 kJ/260 kcal

1 Pilze putzen, kurz überbrausen, gut abtropfen lassen. 1 l Wasser mit dem Saft einer Zitrone und etwas Salz in einem Topf zum Kochen bringen. Pilze mit Lorbeerblatt darin etwa 5 Min. sprudelnd kochen lassen.

2 Pilze auf einem Küchentuch gut abtropfen lassen, mit Küchenpapier trockentupfen, in etwa ½ cm dicke Scheiben schneiden und in eine Servierschüssel geben. Olivenöl und Saft von 1 Zitrone darüber gießen. Mit Salz und Pfeffer abschmecken.

3 Petersilie waschen, trockentupfen und fein hacken. Knoblauch schälen und in Scheibchen schneiden. Nach Belieben Chilischote längs aufschlitzen, von den Kernen befreien und in feine Streifen schneiden. Alles unter die Pilze mischen.

4 Pilzsalat an einem kühlen Platz (nicht im Kühlschrank!) mindestens 2 Std. marinieren lassen. Am nächsten Tag schmeckt er noch besser.

Wein: Ein leichter Prosecco Frizzante aus Venetien schmeckt gut dazu.

Variante: Funghi sul crostini
(Pilze auf Weißbrot)
8 Scheiben Weißbrot (2 cm dick) auf einem Backblech verteilen. Jeweils 1 EL Pilzsalat auf die Brotscheiben geben. Im vorgeheizten Backofen bei 200° (Gas Stufe 3) etwa 10 Min. backen.

Peperoni all'olio

Aus Italien · Pikant

Marinierte Paprikaschoten

Zutaten für 4 Portionen:
2 grüne, 1 rote, 1 gelbe Paprikaschote
1 Bund Petersilie
2 Knoblauchzehen
nach Belieben 1 kleine Chilischote
Salz
200 ml Olivenöl, kaltgepreßt

Zubereitungszeit: 30 Min.
(+ 1 Std. Kühlen)

Pro Portion: 2100 kJ/500 kcal

1 Grill einstellen oder Backofen auf 250° (Gas Stufe 5) vorheizen.

2 Paprikaschoten waschen, trockenreiben und auf den Grill oder im Backofen auf den Rost legen. Paprikaschoten 10–12 Min. rösten, bis die Schale leicht verbrannt ist und Blasen wirft. Schoten aus dem Ofen nehmen und heiß in eine Glasschüssel mit Deckel legen, damit sich durch die Dampfeinwirkung die Paprika nach dem Abkühlen besser häuten lassen.

3 Petersilie waschen, trockenschütteln und fein hacken. Knoblauch schälen und ebenfalls fein hacken. Nach Belieben Chilischote längs aufschlitzen, von den Kernen befreien und in feine Streifen schneiden. Chilistreifen und etwas Salz mit 2 EL Olivenöl mischen.

4 Paprika aus der Glasschüssel herausnehmen und die Haut mit einem Schälmesser abziehen. Schoten halbieren, Kerne und Rippen entfernen. Innen gut abtrocknen.

5 Paprikaschoten in ½ cm dicke Streifen schneiden und nach Farben getrennt auf einer Platte anrichten. Mit Knoblauch bestreuen und restlichem Olivenöl übergießen, gehackte Petersilie darüber verteilen, und eventuell noch mit Salz abschmecken. Eingelegte Chilistreifen nach Belieben daruntermischen oder dazu reichen.

Olivenöl

Die besten Ernten gibt der Olivenbaum im Alter von 25–100 Jahren. Bei der Olivenernte zwischen Anfang November und Februar werden je nach Region grüne und schwarze, reife Oliven von den Ästen geschüttelt oder geschlagen und in Fangnetzen gesammelt oder von Hand gepflückt. Die früh geernteten grünen Oliven ergeben Öle der Extraklasse. Das Zermahlen der Oliven geschieht in einer einzigen kalten Pressung (daher die Bezeichnung »kaltgepreßt«). Aus dem Olivenbrei wird Olivenöl gewonnen, das je nach Anbaugebiet, Art der Frucht, Jahrgang und Reifegrad einen eigenen Charakter hat. Farbe, Geruch,

Oliven werden in Netzen geerntet.

Geschmack und Konsistenz sind weitere Qualitätsmerkmale. Die Farbe eines Öls sagt aber nichts über seinen Geschmack aus. Ganz junges Öl leuchtet saftig grün. Ältere Öle nehmen gold- bis zartgelbe Farbtöne an. Man unterscheidet drei Kategorien: Das hochwertige »Native Olivenöl extra«, das etwas weniger edle »Native Olivenöl« und »Olivenöl«. Diese minderste Qualität ist eine Mischung aus raffiniertem mit nativem Öl. Spitzenöle sind reich an einfach ungesättigten Fettsäuren, an Mineralstoffen, Spurenelementen und an Vitamin E. Stets dunkel bei 10–16° lagern.

Flammekueche à l'Alsacienne

Aus Frankreich · Braucht etwas Zeit

Elsässer Flammenkuchen

Zutaten für 8–10 Portionen (reicht für 2 große Bleche):

Für den Teig:
40 g Hefe (1 Würfel)
1 Prise Zucker · etwa 500 g Mehl
1 TL Salz

Für den Belag:
4 große Zwiebeln
2–3 EL Butter
300–400 g Frühstücksspeck, ohne Schwarte
2–3 EL Crème fraîche

Zubereitungszeit: 1 Std. (+ 2 Std. Aufgehen)

Bei 10 Portionen pro Portion: 2000 kJ/480 kcal

1 Für den Teig Hefe zerbröckeln und mit 1/4 l lauwarmem Wasser, Zucker, 250–300 g Mehl und Salz in einer großen Schüssel zu einem flüssigen Teig rühren. Mit etwas Mehl bestäuben. Schüssel mit Küchentuch abdecken. Teig an einem warmen Ort etwa 30 Min. gehen lassen.

2 Dann Restmehl unter den Vorteig rühren. Den Teig etwa 10 Min. mit bemehlten Händen kneten. Der Teig sollte nicht mehr kleben. Teig erneut abdecken. Bei Raumtemperatur weitere 1 1/2 Std. gehen lassen, bis der Teig sein Volumen verdoppelt hat. Backofen auf 250° vorheizen. Zwei Backbleche einfetten, Teig halbieren, kneten und auf den Blechen auswellen. Teig evtl. 5 Min. (unten; Gas Stufe 5) vorbacken, aus dem Ofen nehmen.

3 Für den Belag Zwiebeln schälen und in dünne Ringe schneiden. In einer Pfanne Butter erhitzen. Zwiebeln darin bei schwacher Hitze in 5–10 Min. glasig dünsten, Pfanne vom Herd nehmen. Frühstücksspeck in schmale Streifen schneiden (evtl. 2 Min. auskochen). Teig mit Crème fraîche bestreichen. Speck und Zwiebeln darauf verteilen.

4 Die Flammenkuchen nacheinander in 10–15 Min. im Backofen (unten) knusprig backen. Danach unterm Grill einige Minuten »Abflammen«. Sobald die ersten Zwiebeln dunkel sind, Blech aus dem Ofen nehmen. Flammenkuchen sofort in Portionsstücke schneiden, servieren.

Wein: Dazu schmeckt ein Sylvaner, ein Riesling oder ein Pinot Blanc.

Quiche Lorraine

Aus Frankreich · Gut vorzubereiten

Lothringer Speckkuchen

Zutaten für 8–12 Portionen, für eine Springform von 28 cm Ø:

Für den Teig: 250 g Mehl
125 g Butter
2 EL Sahne · Salz
etwas Butter für die Form

Für den Belag:
200 g geräucherter Speck, mager, ohne Schwarte
1/4 l Milch · 250 g Sahne · 4 Eier
Salz · Pfeffer, frisch gemahlen
Muskatnuß, frisch gerieben

Zubereitungszeit: 1 Std. (+ 30 Min. Kühlen + 40 Min. Backen)
Pro Portion: 2300 kJ/550 kcal

1 Mehl mit Butter, Sahne und 2 Prisen Salz zu einem glatten Teig kneten. Form einfetten. Teig in die Form kneten, einen etwa 3 cm hohen Rand formen. Teig mit der Gabel einstechen. Mindestens 30 Min. kühl stellen. Nach etwa 15 Min. Backofen auf 175° vorheizen.

2 Teig 10–15 Min. (Mitte; Gas Stufe 2) vorbacken. Inzwischen Speck in dünne Streifen schneiden. Etwa 2 Min. in heißem Wasser auskochen, herausnehmen. Teig aus dem Backofen nehmen.

3 In einem Topf Milch mit der Sahne bei schwacher Hitze erwärmen, Topf vom Herd nehmen. Eier mit dem Milch-Sahne-Gemisch verquirlen. Mit Salz, Pfeffer und Muskatnuß abschmecken. Speckstreifen auf dem Teig verteilen. Eier-Milch-Masse darüber gießen. Die Quiche in 30–40 Min. im Backofen auf 200° (Mitte; Gas Stufe 3) goldbraun backen, bis der Guß gestockt ist. Etwa 10 Min. im ausgeschalteten Backofen ruhen lassen. Dann in Stücke schneiden. Lauwarm servieren.

Wein: Ein süffiger Weißwein aus dem Lothringer Weinbaugebiet Côtes de Toul schmeckt hervorragend zur Quiche Lorraine.

Tarte aux champignons

Aus Frankreich · Pikant

Käsekuchen mit Champignons

Zutaten für 8–10 Portionen, für eine Springform von 26 cm Ø (oder 4–5 kleine Förmchen):

Für den Teig:

250 g Mehl · 125 g Butter
2 EL Sahne (ersatzweise Wasser)
1–2 Prisen Salz · Butter für die Form

Für den Belag:

500 g kleine Champignons
2 EL Butter · Salz · Pfeffer
125 g Bleu d'Auvergne (ersatzweise Roquefort)
100 g Cantal · (ersatzweise Gruyère)
3 frische Eier · 150 g Crème fraîche

Zubereitungszeit: 1 Std. 35 Min. (+ 30 Min. Ruhen)
Bei 10 Portionen pro Portion: 1800 kJ/430 kcal

1 Mehl mit Butter, Sahne und Salz zu einem glatten Teig verarbeiten. Auf bemehlter Arbeitsfläche etwa 5 mm dick ausrollen. Backform einfetten, Teig hineingeben. Teigrand etwas hochziehen, Teig mit einer Gabel einstechen. Bis zum Backen etwa 30 Min. kühl stellen.

2 Inzwischen Champignons putzen, die Stiele kürzen, Pilze evtl. waschen und sehr gut trockentupfen. Champignons mit dem Eierschneider oder einem Messer in Scheibchen schneiden. Backofen auf 200° vorheizen.

3 Butter in einer großen Pfanne bei mittlerer Hitze schmelzen lassen. Champignons darin offen unter Schüteln 3–4 Min. anbraten. Salzen und pfeffern, vom Herd nehmen, etwas abkühlen lassen. Teig im Backofen (Mitte; Gas Stufe 3) 5–10 Min. vorbacken.

4 Inzwischen Bleu d'Auvergne in eine Schüssel zerbröckeln. Cantal grob reiben, dazugeben. Eier und Crème fraîche verrühren, pfeffern und mit dem Käse vermischen. Tortenboden aus dem Backofen nehmen, Champignons darauf verteilen. Käsecreme darüber gießen. Tarte in den Backofen (Mitte) schieben, in etwa 45 Min. goldbraun backen. Aus der Form nehmen, in 8–10 Stücke schneiden und warm als Aperitifhäppchen reichen.

Bleu d'Auvergne

Der Bleu d'Auvergne ist ein blaugeäderter Edelpilzkäse in abgeflachter Zylinderform mit etwa 45% Fett i.Tr. Er wiegt im ganzen 2–3 kg und wird aus roher oder pasteurisierter Kuhmilch auf Bauernhöfen oder in Molkereien hergestellt. Zunächst wird die Sauermilch geformt, gesalzen und getrocknet. Aus verschimmeltem Roggenbrot gewonnene Penicillium-Sporen werden dann in den Käse gespritzt. Nach etwa drei Wochen breitet sich das Penicillium aus und gibt dem Käse seine blau-grüne Maserung. Der Käse reift drei Monate lang in feuchten und kühlen Kellern. Einen guten Bleu d'Auvergne erkennen Sie an seiner gleichmäßig verteilten Äderung, die fast durchgehend bis zur Rinde reicht. Die Käserinde ist fett, fest und trocken. Der gelblich-weiße Käse darf weder körnig noch hart sein, und er sollte ein scharfes und leicht nußartiges Aroma haben. Den Bleu d'Auvergne bewahren Sie am besten kühl und in Aluminiumfolie geschlagen auf.

Bleu d'Auvergne ist ein Käse mit AOC-Gütesiegel.

Bitotschki

Aus Rußland · Sakuski-Rezept

Süß-saure Hackfleischbällchen

Zutaten für 16 Stück:
1 mittelgroße Zwiebel
1 EL Speiseöl
50 g Rosinen
50 g Walnußkerne
300 g Rinderhackfleisch
300 g Lammhackfleisch
1 Bund Petersilie
3 Eier
Salz
schwarzer Pfeffer, frisch gemahlen
50 g Mehl
50 g Paniermehl
4 EL Butterschmalz zum Ausbacken
2 unbehandelte Zitronen zum Garnieren

Zubereitungszeit: 50 Min.

Pro Stück: 710 kJ/170 kcal

1 Zwiebel schälen, kleinwürfeln. Öl erhitzen, Zwiebeln darin bei mittlerer Hitze in etwa 3 Min. weich dünsten. Rosinen waschen, gut trockentupfen. Zusammen mit den Walnüssen fein hacken und mit dem Fleisch und der Zwiebel in eine Schüssel füllen.

2 Petersilie waschen, trockenschütteln, einige Stengel beiseite legen, von den übrigen die Blättchen abzupfen, fein hacken und mit 1 Ei zum Fleischteig geben. Mit Salz und Pfeffer kräftig würzen und alles gründlich mischen. Mit angefeuchteten Händen aus dem Fleischteig 16 kleine Bällchen formen.

3 Die restlichen Eier verquirlen. Mehl und Paniermehl getrennt voneinander auf zwei Teller geben. Die Fleischbällchen zuerst in Mehl wenden, dann durch die verquirlten Eier ziehen und schließlich in dem Paniermehl wenden. Butterschmalz in einer breiten Pfanne erhitzen, Fleischbällchen darin bei mittlerer Hitze in 10–15 Min. rundum goldbraun ausbacken.

4 Die Zitronen heiß waschen, trockentupfen und vierteln. Die Bitotschki mit Zitronenvierteln auf einer Platte anrichten und mit den beiseite gelegten Petersilienstengeln garnieren.

Getränk: Zu den Bitotschki paßt Wodka.

Piroschki

Aus ganz Rußland · Sakuski-Rezept

Kleine gefüllte Teigtaschen

Zutaten für 20 Stück:

Für den Teig:

150 g Quark (Magerstufe)
150 g Butter · Salz
250 g Mehl
Mehl für die Arbeitsfläche
Fett für das Blech

Für die Füllung:

2 Eier · 200 g Schweinehals
200 g Rindfleisch
1 mittelgroße Zwiebel · 2 EL Speiseöl
je 1 Bund Dill und Petersilie
2 EL saure Sahne · Salz
schwarzer Pfeffer, frisch gemahlen
1 Eigelb · 2 EL Milch

Zubereitungszeit: 35 Min.
(+ 30 Min. Ruhen + 30 Min. Garen + 25 Min. Backen)

Pro Stück: 710 kJ/170 kcal

1 Für den Teig Quark gut abtropfen lassen, ausdrücken, mit Butter und Salz in eine Schüssel geben. Mehl darüber sieben. Alles zu einem glatten Teig verarbeiten, Teig dann zugedeckt etwa 30 Min. kühl stellen.

2 Inzwischen für die Füllung die Eier in etwa 10 Min. hartkochen, abschrekken, pellen und fein hacken. Dann das Fleisch kleinwürfeln. Die Zwiebel schälen und fein hacken. Das Öl in einer Pfanne erhitzen, das Fleisch darin bei starker Hitze etwa 5 Min. anbraten, die Zwiebel dazugeben und bei gleicher Hitze andünsten. Mit 100 ml Wasser übergießen und etwa 30 Min. offen bei mittlerer Hitze garen, bis fast alle Flüssigkeit verdampft ist. Vom Herd nehmen und abkühlen lassen.

3 Die Kräuter waschen, trockenschütteln, die Blättchen abzupfen und fein hacken. Mit dem Fleisch, den gehackten Eiern und der sauren Sahne mischen, kräftig salzen und pfeffern.

4 Backofen auf 200° vorheizen. Den Teig auf einer bemehlten Arbeitsfläche messerrückendick ausrollen und 20 Kreise von etwa 10 cm Durchmesser ausstechen. Jeweils in die Mitte der Teigkreise etwa 1 EL von der Füllung geben. Das Eigelb mit der Milch verquirlen, die Ränder damit bestreichen und die Kreise zusammenklappen. Dabei die Ränder mit einer Gabel fest aufeinanderdrücken. Piroschki mit der restlichen Eiermilch bestreichen.

5 Ein Backblech einfetten. Piroschki darauf setzen und im Backofen (Mitte; Umluft 180°) etwa 25 Min. backen, dann heiß servieren.

Gefüllte Pasteten

Aus Indien · Braucht etwas Zeit

Samosas

Zutaten für 4 Portionen (16 Pasteten):
Für die Füllung:
4 mittelgroße Kartoffeln, festkochend
½ Blumenkohl (etwa 250 g)
1 Stück frischer Ingwer (4 cm)
2–3 EL Ghee, ersatzweise Butterschmalz
½ TL Kreuzkümmelsamen
½ TL Kala Jeera (schwarzer Kreuzkümmel)
¼ TL Chilipuler
1 TL Korianderpulver
1 TL Paprikapulver, edelsüß
100 g Erbsen, tiefgefroren und aufgetaut
1 TL Garam Masala
Salz

Für den Teig:
300 g Weizenmehl
4 EL Ghee, ersatzweise Butterschmalz
¼ TL Thymiansamen (Ajwain)
1 TL Salz
1 l Öl zum Fritieren + etwas Öl für die Arbeitsfläche

Zubereitungszeit: 1¼ Std.

Pro Portion: 3800 kJ/900 kcal

1 Für die Füllung Kartoffeln waschen, schälen und in etwa 1 cm große Würfel schneiden. Blumenkohl waschen und in möglichst kleine Röschen teilen, größere Röschen halbieren. Ingwer schälen und fein reiben.

2 Ghee in einem Topf erhitzen, Kreuzkümmel und schwarzen Kreuzkümmel bei mittlerer Hitze etwa 1 Min. darin anbraten. Dann unter ständigem Rühren den Ingwer und alle anderen Gewürze außer dem Garam Masala und Salz dazugeben.

3 Kartoffelwürfel, Blumenkohl und Erbsen dazugeben, alles etwa 5 Min. anbraten, dabei gelegentlich umrühren. Die Hitze reduzieren, den Deckel auflegen und das Gemüse etwa 10 Min. schmoren lassen, bis es weich ist. Bei Bedarf etwas Wasser (50–100 ml) hinzufügen. Garam Masala und Salz darüber streuen, kurz umrühren und kalt stellen.

4 Für den Teig Mehl, Ghee, Thymiansamen, Salz und 175 ml Wasser in eine Schüssel geben. Alle Zutaten zu einem Teig vermengen und diesen etwa 15 Min. kneten, bis er fest und geschmeidig ist. Den Teig mit einem feuchten Tuch zudecken und etwa 10 Min. ruhen lassen.

5 Teig in 8 Kugeln teilen. Ein großes Holzbrett einölen, jede Teigkugel auf diesem Brett zu einem runden Fladen von etwa 20 cm Durchmesser ausrollen. Fladen in der Mitte durchschneiden.

6 Den halbierten Teigfladen zu einer Tüte formen. Dazu den halbierten Fladen in der Mitte (der langen Kante) falten, die lange Kante mit angefeuchteten Fingern gut zusammendrücken.

7 Etwa 2 TL Füllung in die Tüte geben und die Ränder ebenfalls mit angefeuchteten Fingern verschließen. Alle Samosas auf diese Art zubereiten.

8 Öl in einem Topf oder einer Karai auf mittlere Hitze erwärmen. Samosas portionsweise ins heiße Öl legen und 1–2 Min. fritieren, dann wenden und auf der anderen Seite ebenfalls 1–2 Min. fritieren, bis sie goldgelb sind. Auf Küchenpapier entfetten.

9 Samosas warm mit Pickles, z.B. Lime-Pickles, Apfelchutney und evtl. Minzsauce servieren.

Info: Sie können die Füllung für Samosas auch mit anderen Gemüsesorten oder Hackfleisch zubereiten.

Terrine de poisson

Aus Frankreich · Gelingt leicht

Fischterrine

Zutaten für 8 Portionen; für eine Kastenform von 35 cm Länge:

Für die Mousse:
500 g Fischfilets (z.B. je 250 g von Kabeljau und Rotbarsch oder von Seezunge, Merlan, Seehecht)
2–3 Eiweiß
250 g Crème double
Salz
weißer Pfeffer aus der Mühle

Für die Terrine:
1 EL Butter
10 dünne Scheiben frischer Lachs (etwa 400 g, vom Händler 3 mm dick schneiden lassen)
Salz
weißer Pfeffer aus der Mühle

Für die Vinaigrette:
2 Eier, hartgekocht
Salz
weißer Pfeffer aus der Mühle
1 TL scharfer Senf
3 EL milder Weißweinessig
10 EL gutes Öl
100 g frische Kräuter (Kerbel, Schnittlauch, Petersilie, Estragon)
2 TL Kapern

Zubereitungszeit: 1½ Std.
(+ insgesamt 2–3 Std. Kühlen)

Pro Portion: 1800 kJ/430 kcal

1 Fischfleisch im Mörser oder mit dem elektrischen Blitzhacker sehr fein zerkleinern. Eiweiß hinzufügen und alles zu einem glatten Püree verrühren.

2 Pürierten Fisch in eine Glas- oder Metallschüssel geben und zudecken. Schüssel in ein größeres Gefäß stellen, das mit Eiswürfeln oder zerstoßenem Eis gefüllt ist, und die Fischmasse 1–2 Std. im Kühlschrank durchkühlen lassen.

3 Gefäße aus dem Kühlschrank nehmen, evtl. Eis nachhüllen. Crème double nach und nach in kleinen Mengen mit einem Holzlöffel unterrühren. Alles salzen, pfeffern und kühl stellen.

4 Backofen auf 175° (Gas Stufe 2) vorheizen.

5 Innenseite der feuerfesten Kastenform mit Butter ausstreichen. Lachsfilets salzen und pfeffern und so in die Form legen, daß sie leicht überlappen und die Enden über die Außenkanten hängen.

6 Fischmousse in die Form füllen, Oberfläche glatt streichen. Enden der Filets über der Mousse zusammenschlagen. Mit gebuttertem Backpapier bedecken.

7 Form in ein größeres Gefäß, z.B. eine Reine, stellen und etwa 3 cm hoch Wasser angießen. Terrine im Backofen (Mitte) in 35–40 Min. garen.

8 Form aus dem Ofen und aus dem Wasserbad nehmen und etwa 10 Min. ruhen lassen.

9 Inzwischen die Eier schälen, Eigelbe herauslösen und mit einer Gabel zerdrücken. Salzen und pfeffern. Senf, Essig und Öl unterrühren. Kräuter waschen, trockenschwenken und fein hacken. Mit den Kapern unter die Sauce rühren.

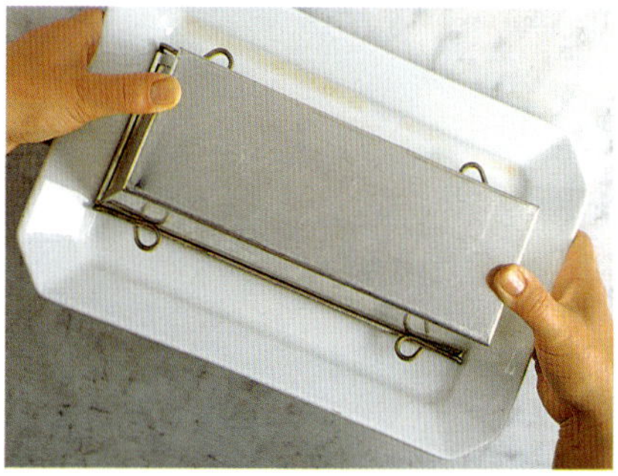

10 Papier entfernen und Terrine stürzen. Dazu eine umgedrehte Servierplatte fest auf die Form pressen und die Form umdrehen. Die Terrine kalt mit der Vinaigrette servieren. Sie schmeckt aber auch warm oder lauwarm sehr gut.

Getränk: Dazu schmeckt ein leichter trockener Weißwein, z.B. ein Sancerre, ein Entre-deux mers oder ein Graves.

Fleischbällchen auf Ananas

Aus Thailand · Gelingt leicht

Maah Hoo

Zutaten für 4–6 Portionen:
200 g mittelgroße rohe Garnelen mit Kopf und Schwanz
2 EL Öl
200 g gemischtes Hackfleisch
100 g geröstete gesalzene Erdnüsse
5 Knoblauchzehen
3 Stengel frischer Koriander
½ TL schwarzer Pfeffer, frisch gemahlen
350 g Palmzucker, ersatzweise brauner Zucker
1 TL Salz
1 mittelgroße Ananas

Zubereitungszeit: 1 Std.

Bei 6 Portionen pro Portion: 2300 kJ/550 kcal

1 Von den Garnelen Kopf und Schwanzende abschneiden, Körper schälen, am Rücken einschneiden und den dünnen Darm entfernen. Garnelen waschen, trockentupfen und fein hacken.

2 Öl in einer Pfanne erhitzen und Garnelen sowie Hackfleisch bei mittlerer Hitze in 15–20 Min. garen, bis das ausgetretene Wasser vollständig verdampft ist. Zur Seite stellen. Erdnüsse im Mörser zerkleinern.

3 Knoblauch schälen. Koriander waschen, trockenschütteln, Blätter abzupfen und zur Seite stellen. Knoblauch, Korianderstengel und Pfeffer im Mörser zerstoßen.

4 Palmzucker in einem kleinen Topf erhitzen, bis er dickflüssig geworden ist. Knoblauchpaste dazugeben, gut durchrühren. Hackfleisch, gehackte Garnelen, Erdnüsse und Salz hinzufügen, alles 25–30 Min. leicht köcheln lassen, bis eine sehr zähe Masse entstanden ist. Abkühlen lassen.

5 Ananas schälen, die braunen Augen ausstechen, Frucht der Länge nach achteln. Den harten Strunk entfernen und die Achtel in mundgerechte Stücke schneiden. Ananasstücke auf eine große Platte legen, Hackfleisch-Garnelen-Masse zu kleinen Bällchen formen, auf die Ananasstücke legen und mit Korianderblättern garnieren.

Tip! Nehmen Sie anstelle der Ananas auch einmal säuerliche Orangenfilets.

Ananas

Ursprünglich kommt diese Frucht aus Südamerika; sie ist aber seit Jahrhunderten in Thailand heimisch und gedeiht besonders gut im Sandboden entlang der Küste im Süden. Seit einigen Jahren wird die Frucht in so großen Mengen angebaut, daß Thailand mittlerweile zu den führenden Exporteuren von Ananaskonserven zählt. Ananas wird frisch gegessen, als Saft getrunken und zerkleinert in vielen köstlichen Thai-Gerichten verwendet.

Die Ananas enthält wichtige Mineralstoffe (Eisen und Calcium), Zucker, Fruchtsäuren und Provitamin A, Vitamine der B-Gruppe und Vitamin C. Frische Früchte enthalten das Ferment Bromelin, das die Verdauung fördert. Achten Sie beim Kauf von frischen Ananas darauf, daß die Frucht intensiv duftet und die Schale gelbbraun ohne grüne Stellen ist. Das Fruchtfleisch sollte auf leichten Fingerdruck etwas nachgeben. Dann ist die Ananas reif.

Thailand zählt zu den führenden Exporteuren von Ananas.

SUPPEN

In vielen Ländern spielen Suppen eine wichtige Rolle, halten sie doch ganz besonders Leib und Seele zusammen. In fast allen Ländern werden sie nach oder vor der Vorspeise serviert. Einzig die Chinesen machen eine Ausnahme, dort wird die Suppe entweder als Zwischengang oder aber zum Schluß des Essens gereicht. In China „ißt" man seine Suppe auch nicht, man „trinkt" sie und verzehrt den Rest, die festen Bestandteile, mit den Stäbchen. Besondere Berühmtheit hat in China die sauer-scharfe Suppe erlangt, die Sie in diesem Kapitel finden. Berühmt ist auch die amerikanische Pumpkin Soup aus den Neuengland-staaten, die gerne im Herbst serviert wird, wenn die Kürbisse in der Halloween-Zeit Hochkonjunktur haben. Im Frühling, wenn es frischen Kerbel gibt, schmeckt die bayerische Kräutlsuppe, die man auch mit anderen Kräutern zubereiten kann.

Gemüse hat immer Saison: In aller Welt beliebt sind die italienische Minestrone und die französische Zwiebelsuppe. Beide eignen sich besonders gut für die Alltagsküche.

Es lohnt sich, auch mal etwas unbekanntere, aber besonders köstliche exotische Suppen auszuprobieren, z. B. eine feurige mexikanische Pilzsuppe, eine würzige arabische Fischsuppe, oder eine köstlich erfrischende Hühnersuppe mit Zitronengras aus Thailand. In diesem Sinne also: Hinein ins große Suppenvergnügen!

Pumpkin Soup

Aus Amerika · Herbstgericht

Kürbissuppe

Zutaten für 4 Portionen:
etwa 900 g Kürbis
(oder 600 g geputztes Kürbisfleisch)
50 g Butter
1 EL brauner Zucker
3/4 l Milch
1/2 TL Macis (Muskatblüte), gemahlen
etwas Muskatnuß, frisch gerieben
1 Msp. Nelkenpulver
Salz
weißer Pfeffer, frisch gemahlen

Zubereitungszeit: 30 Min.

Pro Portion: 1100 kJ/260 kcal

1 Den Kürbis schälen, die Fasern und Kerne entfernen. Das Fruchtfleisch klein würfeln. Die Butter in einem Topf zerlassen, das Kürbisfleisch einrühren und bei mittlerer Hitze rundherum anschwitzen.

2 Den Zucker darüber streuen und schmelzen lassen, dann nach und nach die Milch dazugießen. Alles mit Macis, Muskatnuß, Nelken, Salz und Pfeffer würzen, aufkochen und zugedeckt bei schwacher Hitze etwa 20 Min. köcheln lassen.

3 Die Suppe im Mixer oder mit dem Pürierstab direkt im Topf pürieren, noch einmal aufkochen, nach Belieben abschmecken und heiß servieren.

Variante: Schon die Indianer des Südwestens bereiteten aus Kürbis und Mais, ihren Grundnahrungsmitteln, eine Suppe zu. Dafür müssen Sie die Körner von 3–4 Maiskolben abtrennen, zerstoßen oder pürieren und zusammen mit dem Kürbisfleisch wie oben garen. Statt der frischen Maiskörner können Sie auch 1 Dose Mais verwenden.

Tip! Kürbisfleisch läßt sich gut einfrieren. Sie können es dafür klein würfeln und ganz kurz in kochendes Wasser geben, oder Sie frieren es fertig gegart und püriert ein.

Kürbis

Bereits die Indianer kannten die Vorteile der Kürbisse. Das haltbare, leicht zu züchtende, mineralstoffreiche und vielseitig verwendbare Gemüse lernten auch die neuen Siedler schnell schätzen. Für uns etwas verwirrend ist die Vielfalt der Sorten. Die Amerikaner kennen nicht nur den gelben Riesenkürbis, den »pumpkin«, sondern auch diverse »squashes«, Kürbissorten unterschiedlicher Größe und Farbe.
Überall im Land sind sie anzutreffen, aus dem saftigen Fruchtfleisch entstehen Suppen, Pürees, Aufläufe und sogar köstliche süße Kuchen.

Einige Kürbisse dieser Farm in Vermont werden für Halloween verwendet.

Zu ganz besonderen Ehren kommen Kürbisse am 31. Oktober, an Halloween. Dann werden die gelben Riesen ausgehöhlt, bekommen ein Gesicht verpaßt und werden mittels einer hineingestellten Kerze hell erleuchtet. Phantasievoll verkleidete Kinder ziehen an diesem Abend von Haus zu Haus, treiben Schabernack und erbitten an den Haustüren Süßigkeiten oder Spielsachen.

Pilzsuppe

Aus Zentralmexiko · Gelingt leicht

Sopa de hongos

Zutaten für 4–6 Portionen:
1 mittelgroße Zwiebel
500 g Champignons
2 EL Olivenöl
600 g Fleischtomaten
2 Chiles jalapeños (aus der Dose), oder 2 frische scharfe Chilischoten
¾ l Fleischbrühe (Fertigprodukt)
Salz
schwarzer Pfeffer, frisch gemahlen
1 Bund frischer Koriander (ersatzweise glatte Petersilie)

Zubereitungszeit: 45 Min.

Bei 6 Portionen pro Portion: 290 kJ/69 kcal

1 Zwiebel schälen und fein hacken. Pilze putzen, kurz abbrausen und blättrig schneiden. Olivenöl in einem Topf erhitzen und die Zwiebelwürfel darin andünsten.

2 Die Champignons dazugeben und alles bei schwacher Hitze etwa 10 Min. dünsten.

3 Inzwischen die Tomaten überbrühen, häuten, quer halbieren, vom Stielansatz befreien, entkernen und fein hacken. Chiles jalapeños entkernen und kleinschneiden. Vorsicht, sind sehr scharf. Hände nicht in die Nähe der Augen bringen! Die Chilischoten mit den Tomaten zu den anderen Zutaten in den Topf geben.

4 Mit der Fleischbrühe aufgießen, alles salzen und pfeffern und bei mittlerer Hitze etwa 15 Min. zugedeckt köcheln lassen.

5 Den Koriander waschen, trockenschütteln, die Blättchen abzupfen, grob hacken und zum Schluß in die Suppe streuen.

Tip! Falls es schnell gehen muß, können Sie anstelle der frischen Tomaten auch 1 Dose Tomaten samt Saft verwenden. Statt der Champignons können Sie auch Austernpilze nehmen oder gleich beide Sorten mischen.

Kartoffelsuppe mit Ei

Aus Mexiko · Gelingt leicht

Sopa de papa y huevo duro

Zutaten für 4 Portionen:
300 g Kartoffeln, mehligkochend
2 Eier
1 kleine Zwiebel
1 EL Öl
2 Knoblauchzehen
¾ l Fleischbrühe (Fertigprodukt)
Salz
schwarzer Pfeffer, frisch gemahlen
1 große Fleischtomate
1 Bund frischer Koriander (ersatzweise glatte Petersilie)

Zubereitungszeit: 55 Min.

Pro Portion: 600 kJ/140 kcal

1 Kartoffeln waschen und in einen Topf füllen. Knapp mit Wasser bedekken und bei mittlerer Hitze im geschlossenen Topf etwa 30 Min. garen. Inzwischen Eier in etwa 10 Min. hart kochen, eiskalt abschrecken und abkühlen lassen.

2 Zwiebel schälen und fein hacken. Öl in einem Topf erhitzen und die Zwiebel darin andünsten. Den Knoblauch schälen und dazupressen.

3 Die Kartoffeln pellen und durch die Kartoffelpresse zu den Zwiebeln in den Topf drücken. Mit der Fleischbrühe aufgießen, salzen, pfeffern und etwa 10 Min. zugedeckt köcheln lassen.

4 Die Tomate überbrühen, häuten, quer halbieren, vom Stielansatz befreien und entkernen. Das Fruchtfleisch in kleine Würfel schneiden und unter die Suppe mischen.

5 Eier pellen und fein würfeln. Koriander waschen, trockenschütteln, die Blättchen fein hacken und die Hälfte davon in die Suppe rühren.

6 Die Suppe abschmecken. Dann in vier Suppentassen verteilen. Mit den Eierwürfeln und dem restlichen Koriander bestreuen und servieren.

Minestrone di verdure

Aus Italien · Gelingt leicht

Gemüsesuppe

Zutaten für 6–8 Portionen:
50 g getrocknete weiße Bohnen (am besten Cannellini)
Salz
1 Salbeiblatt
1 Stange Lauch
3 Möhren
¼ Wirsing oder 5 Schwarzkohlblätter
1 Stange Bleichsellerie
3 mittelgroße Kartoffeln
1 Zucchino
2 reife Eiertomaten
1 EL Butter
4 EL Olivenöl
2 l Fleischbrühe (selbstgemacht oder aus Würfeln)
100 g kleine Nudeln (z. B. Ditalini, Chifferini oder Gramigna)
1 Knoblauchzehe
10–15 Rosmarinblätter
1 frische oder getrocknete Chilischote
Parmesan, frisch gerieben zum Bestreuen

Zubereitungszeit: 1½ Std. (+ 12 Std. Einweichen)

Bei 8 Portionen pro Portion: 700 kJ/170 kcal

1 Getrocknete weiße Bohnen am Vorabend in Salzwasser mit Salbeiblatt einweichen. Am nächsten Tag die Bohnen etwa 30–45 Min. vorgaren.

2 Lauch putzen und in ½ cm dicke Ringe schneiden. Möhren schälen und in Stücke schneiden. Wirsing oder Kohl vom Strunk befreien und in Streifen schneiden. Rippen der Bleichselleriestange entfasern. Die Stange in ½ cm lange Stücke schneiden. Kartoffeln schälen und würfeln. Zucchino in Scheiben schneiden, die beiden Enden entfernen. Alles Gemüse waschen und abtropfen lassen. Tomaten überbrühen, häuten, von den Stengelansätzen befreien, entkernen und achteln.

3 Butter und 2 EL Olivenöl in einem großen Kochtopf erhitzen. Lauchringe unter Rühren andünsten. Vorgegarte Bohnen in ein Sieb gießen, unter fließendem Wasser abspülen und hinzufügen. Nach und nach das vorbereitete Gemüse dazugeben und etwa 10 Min. dünsten.

4 Mit Fleischbrühe aufgießen. Zugedeckt 20–30 Min. bei mittlerer Hitze köcheln lassen. Ab und zu umrühren und mit Salz abschmecken.

5 Nudeln dazugeben und bei geringer Hitze al dente garen lassen.

6 Inzwischen Knoblauchzehe schälen, in Scheibchen schneiden. In einer kleinen Pfanne 2 EL Olivenöl erhitzen, Knoblauch, Rosmarinblätter und Chilischote im ganzen dazugeben und alles leicht anbraten. (Vorsicht! Knoblauch darf nicht anbrennen.)

7 Zum Schluß die Rosmarinsauce unter die Gemüsesuppe mischen. Die Minestrone in einer Suppenschüssel heiß servieren. Dazu geriebenen Parmesankäse reichen.

Variante:
Minestrone con piselli e pesto
(Minestrone mit Erbsen und Pestosauce)
Minestrone nach dem angegebenen Rezept zubereiten (ohne Rosmarinsauce). 150 g enthülste und blanchierte Erbsen (wenn's schnell gehen soll, tiefgekühlte) zusammen mit den Nudeln hinzufügen. Gut umrühren, im offenen Topf Nudeln al dente kochen. Eine Pestosauce getrennt zur Minestrone reichen: 3 Bund grobgeschnittenes Basilikum, 2 EL Pinienkerne, 2 EL frisch geriebener Parmesan, 2 EL frisch geriebener Pecorino mit 2 zerkleinerten Knoblauchzehen und 100 ml kaltgepreßtem Olivenöl im Mörser zu einer Paste verarbeiten (oder mit dem Mixer pürieren). Wenn die Paste zu fest ist, noch etwas Suppenflüssigkeit unterrühren. Bei Tisch rührt sich jeder einen Löffel Pesto in die Gemüsesuppe. Dazu paßt getoastetes Weißbrot, mit einer halbierten Knoblauchzehe eingerieben.

Consommé aux profiteroles

Aus Frankreich · Etwas schwieriger

Kraftbrühe mit Windbeutelchen

Zutaten für 8 Portionen:
Für die Consommé:
1 Stange Lauch · 1 große Möhre
einige Stengel Kerbel
250 g Hackfleisch vom Rind
2 Eiweiß
2 ½ l Fleischbrühe oder -fond
Salz

Für die Windbeutelchen:
30 g Butter · Salz · 60 g Mehl
20 g geriebener Gruyère · 1 Ei

Zubereitungszeit: 1 ½ Std.

Pro Portion: 800 kJ/190 kcal

1 Für die Consommé Lauch und Möhre putzen, waschen und in feinste Scheibchen schneiden. Kerbel waschen, trockentupfen und fein hacken. In einer Schüssel mit Hackfleisch und Eiweiß gut vermengen.

2 Fleischmischung mit der kalten Brühe in einen Topf geben und unter ständigem Umrühren zum Kochen bringen. Mit Salz abschmecken. Bei schwacher Hitze zugedeckt etwa 45 Min. sieden lassen. Eiweiß und Hackfleisch steigen an die Oberfläche, die Brühe wird klar. Brühe durch ein Tuch seihen.

3 Während die Brühe kocht, Brandteig bereiten. Butter in einer Kasserolle zerlassen. ⅛ l Wasser dazugeben, salzen. Einmal aufschäumen lassen. Die Kasserolle vom Herd nehmen und Mehl, Käse und Ei dazurühren. Die Kasserolle wieder aufsetzen und den Teig mit dem Holzlöffel umrühren, bis sich der Teig vom Topf löst.

4 Backofen auf 175° (Gas Stufe 2) vorheizen. Mit zwei Teelöffeln Teigbällchen in der Größe von Haselnüssen formen und auf ein gebuttertes Backblech setzen. Im Backofen (Mitte) in etwa 10 Min. backen.

5 Teigbällchen in eine Terrine geben, die Consommé darüber gießen. Servieren.

Soupe à l'oignon

Aus Frankreich · Gelingt leicht

Zwiebelsuppe

Zutaten für 6 Portionen:
250 g milde Zwiebeln
70 g Butter
1 EL Mehl
Salz
schwarzer Pfeffer aus der Mühle
6 dünne Scheiben Weißbrot
100 g geriebener Gruyère

Zubereitungszeit: 50 Min.

Pro Portion: 1200 kJ/290 kcal

1 Zwiebeln schälen und sehr fein hacken.

2 Zwiebeln nach Möglichkeit in einem Kupfertopf mit 50 g Butter goldgelb anbraten.

3 Mehl anstäuben, 1 ½ l Wasser angießen. Salzen, pfeffern. Etwa 30 Min. zugedeckt köcheln lassen. Backofen auf höchste Stufe vorheizen.

4 Brotscheiben in einer Pfanne oder im Backofen ohne Fett rösten. Suppe in feuerfeste Suppentassen gießen. Mit je 1 Scheibe abdecken. Käse darüber streuen. Butterflöckchen obenauf legen.

5 Im Backofen (Mitte) in etwa 7 Min. überbacken. Heiß servieren.

Variante: Zum Schluß mit 2 cl Portwein oder Cognac parfümieren.

Info: Soupe à l'oignon, in ganz Frankreich bekannt, ist eine Spezialität aus Paris, wo sich früher in den Kneipen um die Markthallen Frühaufsteher und Nachtschwärmer ein Stelldichein bei dampfender Zwiebelsuppe gaben. Die Markthallen gibt es nicht mehr – die Zwiebelsuppe jedoch ist nicht mit ihnen untergegangen.

Hamburger Aalsuppe

Aus Deutschland · Süß-sauer

Fleischbrühe mit Aal, Dörrobst und Schwemmklößchen

Zutaten für 4 Portionen:
1 geräucherter Schinkenknochen
(oder 500 g geräucherter Speck)
75 g Dörrpflaumen
75 g Dörrbirnen · 2 Möhren
2 Petersilienwurzeln
½ Stange Porree (Lauch)
100 g frische grüne Erbsen
150 g Spargel
300 g frischer Aal, küchenfertig vorbereitet (ohne Haut)
5 EL Weißweinessig
60 g Mehl · ⅛ l Milch
Salz · Zucker · 1 Ei · Muskat
2 EL gemischte gehackte Kräuter
schwarzer Pfeffer, frisch gemahlen

Zubereitungszeit: 1¼ Std.
(+ 2 Std. Garen)
Pro Portion: 1900 kJ/450 kcal

1 Schinkenknochen oder Speck in einen Topf mit gut 1 ½ l Wasser aufsetzen und etwa 2 Std. zugedeckt bei schwacher Hitze kochen lassen. Dörrobst mit ¼ l kochendem Wasser übergießen und ½–1 Std. quellen lassen.

2 Nach etwa 1 ½ Std. Gemüse waschen und putzen, Wurzelgemüse und Spargel schälen, alles in nicht zu kleine Stücke schneiden. Den Aal waschen, in etwa 5 cm lange Stücke schneiden und in eine Schüssel geben. 3 EL Essig mit ¼ l Wasser aufkochen, über den Aal gießen und etwa 20 Min. ziehen lassen.

3 Für die Schwemmklößchen das Mehl mit Milch, Salz und einer Prise Zucker in einen Topf geben und unter Rühren zu einem festen Brei kochen. Etwas abkühlen lassen, dann ein Ei verquirlen und untermischen. Mit Muskat würzen. Den Brei mit zwei Teelöffeln zu kleinen Klößchen formen.

4 Schinkenbrühe durch ein Sieb abgießen, auffangen, wieder aufkochen. Dörrobst mitsamt dem Einweichwasser, Wurzelgemüse und Porree etwa 5 Min. bei schwacher Hitze in der Brühe garen, dann den Aal abgießen und mitsamt dem Spargel und den Erbsen dazugeben, etwa 5 Min. weiter garen. Die gehackten Kräuter einrühren.

5 In die siedende Brühe die Schwemmklößchen geben und noch 7–10 Min. garen. Die Suppe sehr pikant mit Salz, Pfeffer und dem restlichen Essig abschmecken.

Kräutlsuppe

Aus Deutschland · Gelingt leicht

Suppe mit Kerbel oder Kräutern

Zutaten für 4 Portionen:
150 g Kerbel (ersatzweise gemischte Kräuter)
5 EL Butter
3 EL Mehl
1 l kräftige Fleischbrühe (selbstgemacht oder Fertigprodukt)
2 altbackene Semmeln (Brötchen)
125 g Rahm (süße Sahne)
Salz
Pfeffer, frisch gemahlen

Zubereitungszeit: 30 Min.

Pro Portion: 1400 kJ/330 kcal

1 Kerbel verlesen, waschen, trockenschütteln und fein hacken. In einem Topf 3 EL Butter schmelzen lassen, das Mehl darin hellgelb anrösten. Unter Rühren die Fleischbrühe aufgießen und etwa 10 Min. bei schwacher Hitze köcheln lassen.

2 Inzwischen die Semmeln in zentimeterdicke Scheiben schneiden, in der restlichen Butter auf beiden Seiten anrösten. Den Kerbel in die Suppe rühren, Rahm dazugießen, salzen und pfeffern, noch einmal aufkochen. Suppe auf vier Teller über die Semmelscheiben verteilen.

Info: Früher gab es am Gründonnerstag eine Fastenspeise mit frischen Kräutern, in Bayern vor allem die Kräutlsuppe, die heute nur noch mit Kerbel zubereitet wird. Ursprünglich gehörten aber genau neun Wildkräuter hinein, zum Beispiel Bachkresse und zarte Brennesselblätter, Sauerampfer, junger Löwenzahn, Gänseblümchen und Rapunzel (Acker-Glockenblume), Giersch sowie ein wenig Schafgarbe und Gundermann. Von letzterem mußte eine ungerade Zahl an Blättern verwendet werden – denn dann, so hieß es, sei er gegen Kopfschmerzen und als Wundheilmittel hilfreich.

Fischsuppe

Aus Syrien · Geht schnell

Schourabat el-Jabal

Zutaten für 4 Portionen:
500 g Fischfilet (z.B. Rotbarschfilet)
2 mittelgroße Zwiebeln
1 Bund glatte Petersilie
Salz
3 EL Olivenöl
1 EL Mehl
Saft von 1 Zitrone
schwarzer Pfeffer, frisch gemahlen
2 frische Eigelb

Zubereitungszeit: 30 Min.

Pro Portion:
1000 kJ/240 kcal

1 Fischfilet kalt abspülen und in etwa 3 cm große Stücke schneiden. Zwiebeln schälen und sehr fein hacken. Petersilie abbrausen und die Blättchen in feine Streifen schneiden.

2 In einem großen Topf 1 l Wasser mit 1 1/2 TL Salz zum Kochen bringen. Die Fischstücke hineingeben und etwa 3 Min. bei mittlerer Hitze darin ziehen lassen. Mit einem Schaumlöffel herausnehmen, beiseite stellen. Topf mit der Fischbrühe ebenfalls beiseite stellen.

3 Das Öl in einer Pfanne erhitzen, Zwiebeln darin bei mittlerer Hitze braten, bis sie weich, aber nicht braun sind. Dann das Mehl darüber streuen und mit dem Schneebesen gut untermengen. Mit 100 ml von der Fischbrühe ablöschen und unter Rühren aufkochen lassen. Alles in den Topf mit der Fischbrühe rühren und etwa 4 Min. bei mittlerer Hitze köcheln lassen.

4 Petersilie und Zitronensaft in die Suppe rühren, mit Pfeffer und wenig Salz abschmecken. Die Temperatur herunterschalten, die Fischstücke in die Suppe geben und noch etwa 5 Min. bei schwacher Hitze ziehen lassen.

5 Die Eigelbe mit 3 EL der Suppe verrühren, dann in die Fischsuppe einrühren. Die Suppe nochmals erhitzen, aber nicht mehr zum Kochen bringen, sonst flockt das Eigelb aus. Die Fischsuppe heiß mit frisch aufgebackenem Fladenbrot servieren.

Nudelsuppe mit Gemüse

Aus Tunesien · Braucht etwas Zeit

Hlalem

Zutaten für 4 Portionen:
50 g getrocknete Kichererbsen
1 mittelgroße Zwiebel
4 EL Olivenöl, kaltgepreßt
2 EL Tomatenmark
1/2 TL Harissa oder
1/4 TL Paprikapulver, scharf
1/2 Bund glatte Petersilie
2 Stengel Selleriegrün
schwarzer Pfeffer · Salz
1 TL Paprikapulver, edelsüß
3 kleine zarte Artischocken
100 g frische oder tiefgekühlte Saubohnenkerne
200 g frische oder tiefgekühlte Erbsen
150 g dünne, kleine getrocknete (Eier-)Spätzle
Zubereitungszeit: 45 Min. (+ 12 Std. Einweichen + 3 Std. Garen)
Pro Portion: 2000 kJ/480 kcal

1 Die Kichererbsen über Nacht einweichen. Abgießen und in einem Topf mit frischem Wasser bedeckt bei schwacher Hitze zugedeckt etwa 3 Std. (oder 1 Std. im Dampfkochtopf) garen. Den sich anfangs bildenden Schaum mit einem Schaumlöffel entfernen. Kichererbsen im Kochwasser erkalten, dann in einem Sieb abtropfen lassen.

2 Die Zwiebel schälen und klein würfeln. Das Öl in einem Suppentopf erhitzen und die Zwiebel darin glasig braten. Tomatenmark und Harissa in 1/4 l Wasser glattrühren, zur Zwiebel geben. Noch 1 1/4 l Wasser dazugeben. Petersilie und Selleriegrün abbrausen, die Blättchen hacken und hinzufügen, alles aufkochen. Die Brühe mit reichlich Pfeffer, Salz und Paprika abschmecken. Bei schwacher Hitze etwa 10 Min. zugedeckt weiterköcheln lassen.

3 Inzwischen die Artischocken waschen. Harte Blätter entfernen. Blattspitzen bis auf die fleischigen Ansätze großzügig abschneiden. Die Samenfäden aus dem Innern herauskratzen, die Stiele kürzen und dünn schälen. Die Artischockenherzen achteln.

4 Artischocken, Kichererbsen, Saubohnenkerne und Erbsen in die Brühe geben und alles etwa 10 Min. weiterköcheln lassen. Dann die Spätzle (sie ähneln den in Tunesien verwendeten Nudeln) in die Suppe rühren und etwa 15 Min. mitgaren. Die Suppe abschmecken und servieren.

Sauer-scharfe Suppe

Aus China · Raffiniert

Suan La Tang

Zutaten für 4 Portionen:
50 g Schweinefilet
5 getrocknete Mu-Err-Pilze
50 g junger Tofu (ersatzweise anderer Tofu)
30 g Spinat
30 g Bambussprossen
1 Stück Lauch (etwa 3 cm lang)
nach Belieben:
2–3 Zweige frischer Koriander
1½ EL Sesamöl
8 weiße Pfefferkörner
2 EL helle Sojasauce
1 EL Speisestärke, mit 3–4 EL Wasser verrührt
2 Eier · 2 EL brauner Essig
1 EL Sichuan-Pfeffer-Öl

Zubereitungszeit: 35 Min.

Pro Portion: 680 kJ/ 160 kcal

1 Schweinefilet mit gut ½ l Wasser zum Kochen bringen, dann etwa 15 Min. bei schwacher Hitze darin ziehen lassen.

2 Mu-Err-Pilze in warmem Wasser etwa 10 Min. einweichen. Inzwischen Tofu in 3 cm lange, 1 cm breite Streifen schneiden. Spinat waschen und in 3 cm große Stücke schneiden. Bambus in streichholzdicke Streifen schneiden. Lauch putzen und in feine Scheiben schneiden. Koriander waschen und mit dem Stiel in 1 cm lange Stücke schneiden. Mu-Err-Pilze aus dem Wasser nehmen und in Streifen schneiden.

3 Inzwischen Wasser in einem anderen Topf zum Kochen bringen. Spinat, Mu-Err-Pilze, Tofu und Bambus in kochendem Wasser etwa 1 Min. blanchieren. Fleisch aus dem Topf nehmen und in dünne Scheiben schneiden. Brühe aufheben.

4 Sesamöl in einem Topf erhitzen. Pfeffer kurz darin anbraten, dann wieder herausnehmen. Lauch ebenfalls kurz darin anbraten. Brühe angießen und zum Kochen bringen. Fleisch und die blanchierten Zutaten dazugeben.

5 Suppe mit Sojasauce abschmecken. Stärke einrühren und noch einmal aufkochen lassen. Eier in einer Schüssel verquirlen. In einem dünnen Strahl unter Rühren in die Suppe mischen.

6 Suppe mit Essig mischen. Mit Koriander bestreuen und mit Sichuan-Pfeffer-Öl beträufeln.

Rettichsuppe mit Garnelen

Wintergericht · Geht schnell

Luo Bo Hai Mi Tang

Zutaten für 4 Portionen:
20 g getrocknete Garnelen oder 100 g rohe Garnelen
100 g weißer Rettich
1 Frühlingszwiebel
2 EL Schweineschmalz
½ l Fleischbrühe (selbstgekocht) oder Wasser
1 TL Reiswein
1 Zweig frischer Koriander, ersatzweise Schnittlauch
Salz

Zubereitungszeit: 30 Min.

Pro Portion: 360 kJ/ 86 kcal

1 Getrocknete Garnelen in heißem Wasser 10 Min. einweichen. Inzwischen Rettich schälen, der Länge nach halbieren und in dünne Scheiben schneiden.

2 Getrocknete Garnelen waschen. Frische Garnelen von Kopf, Schale und dem dunklen, fadenförmigen Darm befreien. Frühlingszwiebel putzen und in feine Scheiben schneiden.

3 Topf oder Wok erhitzen. 1 EL Schweineschmalz hineingeben. Frühlingszwiebel darin kurz anbraten. Fleischbrühe oder Wasser und Reiswein dazugeben und erhitzen.

4 Rettich und eingeweichte Garnelen dazugeben. Die Rettichsuppe etwa 5 Min. bei mittlerer Hitze kochen. Wenn Sie frische Garnelen nehmen, 1 Min. vor Schluß zur heißen Suppe geben. Inzwischen Koriander waschen und die Blättchen abzupfen.

5 Schaum von der Suppe abschöpfen. Die Rettichsuppe mit Salz abschmecken und 1 EL Schweineschmalz untermischen. Mit Koriander garniert servieren.

Info: Rettichsuppe gilt in China als Ginseng-Tee für arme Leute, denn sie stärkt die Abwehrkräfte.

Leberknödelsuppe

Aus Österreich · Gelingt leicht

Klare Suppe mit Leberklößen

Zutaten für 4 Portionen:
2 Brötchen vom Vortag
½ l Milch
1 kleine Zwiebel
2 EL Butter
120 g Rinderleber
3 Sträußchen Petersilie
1 Ei
1 Msp. getrockneter, zerriebener Majoran
1 Knoblauchzehe
eventuell 2–3 EL Semmelbrösel
Salz
schwarzer Pfeffer, frisch gemahlen
1 Bund Schnittlauch
1 l Rindsuppe, selbst gekocht oder aus Würfeln

Zubereitungszeit: 40 Min.

Pro Portion: 890 kJ/210 kcal

1 Brötchen in Milch einweichen. Zwiebel schälen und fein hacken. Butter in einer Pfanne erhitzen, die Zwiebelwürfel darin glasig braten. Dann abkühlen lassen.

2 Leber von den Strängen und Häuten befreien, waschen, trockentupfen und in breite Streifen schneiden.

3 Brötchen ausdrücken. Zuerst die Leber, danach die Brötchen durch die feine Scheibe des Fleischwolfes drehen.

4 Petersilie waschen, trockenschütteln und fein hacken. Leber und Brötchen in einer Schüssel mit den gebratenen Zwiebelwürfeln vermischen. Ei, Petersilie und Majoran hinzufügen. Knoblauchzehe schälen und durch die Presse dazudrücken. Die Knödelmasse, wenn nötig, mit Semmelbröseln festigen. Mit Salz und Pfeffer würzen. Die Leberknödelmasse im Kühlschrank etwa 10 Min. zugedeckt ruhen lassen.

5 In einem Topf reichlich Salzwasser zum Kochen bringen. Mit feuchten Händen 8 kleine Knödel (Klöße) formen. Die Leberknödel in das kochende Salzwasser einlegen und bei schwacher Hitze offen in etwa 10 Min. gar ziehen lassen.

6 Schnittlauch waschen, trockenschütteln und in feine Röllchen schneiden. Rindsuppe erhitzen. Die Knödel aus dem Salzwasser nehmen und in Suppenteller geben. Die heiße Rindsuppe darüber gießen und Schnittlauch darüber streuen.

Speckknödelsuppe

Aus Österreich · Gelingt leicht

Klare Suppe mit Klößen aus Brötchen und Speck

Zutaten für 4 Portionen:
2 Brötchen vom Vortag
oder 100 g Knödelbrot
1 kleine Zwiebel
½ Bund glatte Petersilie
100 g durchwachsener
Räucherspeck ohne Schwarte
1 Ei · etwa 6 EL Milch
etwa 1 EL Mehl · 1 EL weiche Butter
1 TL getrockneter, zerriebener
Majoran · Salz
1 l Rindsuppe
1 Bund Schnittlauch

Zubereitungszeit: 40 Min.
(+ 30 Min. Ruhen)

Pro Portion:
1300 kJ/310 kcal

1 Brötchen in Würfel von etwa 1 cm Kantenlänge schneiden und in eine Schüssel geben bzw. das Knödelbrot hineingeben. Zwiebel schälen und fein hacken. Petersilie waschen, trockenschütteln und ebenfalls fein hacken.

2 Speck würfeln und in einer Pfanne auslassen. Zwiebel darin glasig braten und beides zu den Brötchenwürfeln geben. Ei mit Milch verquirlen und darüber gießen. Mehl, Butter, Petersilie, Majoran und etwas Salz hinzufügen. Alle Zutaten vermischen, zusammendrücken und etwa 30 Min. ruhen lassen.

3 In einem großen Topf reichlich Salzwasser zum Kochen bringen.

4 Mit feuchten Händen 4 Knödel (Klöße) formen. Falls die Knödelmasse zu fest oder zu weich ist, noch etwas Milch bzw. Mehl hinzufügen.

5 Die Knödel in das kochende Salzwasser geben und offen bei schwacher Hitze in etwa 12 Min. garen. Rindsuppe erhitzen.

6 Die Speckknödel in die Rindsuppe geben. Schnittlauch waschen, trockenschütteln, kleinschneiden und darüber streuen.

Safran-Mandel-Suppe

Aus Spanien · Festlich

Sopa de almendras con asafran

Zutaten für 4 Portionen:
200 g Mandeln, ungeschält
8 Scheiben Weißbrot vom Vortag
5 EL Olivenöl
5 Knoblauchzehen
1 Bund glatte Petersilie
Salz
schwarzer Pfeffer, frisch gemahlen
1 Prise Kreuzkümmel
1 Döschen Safran (0,2 g)
¾ l Fleischbrühe

Zubereitungszeit: 50 Min.

Pro Portion: 2200 kJ/520 kcal

1 Mandeln mit kochendem Wasser überbrühen und die Kerne aus den dünnen, braunen Schalen drücken.

2 Weißbrot in kleine Würfel schneiden. Olivenöl in einer Pfanne erhitzen und die Brotwürfel darin kroß rösten, herausnehmen und beiseite stellen.

3 Knoblauch schälen und mit den Mandeln im verbliebenen Olivenöl bei mittlerer Hitze goldgelb anbraten. Petersilie waschen, trockenschütteln, abzupfen und die Hälfte der Blättchen unterrühren und etwa 3 Min. mitdünsten. Restliche Petersilie aufbewahren.

4 Pfanneninhalt im Mixer pürieren, in einen Topf geben, mit Salz, Pfeffer, Kreuzkümmel und Safran würzen. Fleischbrühe dazugießen, langsam aufkochen und zugedeckt bei schwacher Hitze etwa 20 Min. köcheln lassen.

5 Inzwischen die restliche Petersilie fein hacken. Die Hälfte der Brotwürfel in die Suppe geben, abschmecken und nachwürzen, die Brotwürfel saugen viel Würzkraft auf. Zum Schluß die Petersilie einstreuen. Die restlichen Brotwürfel darüber streuen und servieren.

Safran

Das teuerste Gewürz der Welt, in Spanien auch als das »Gold Kastiliens« bezeichnet, stammt von einem prächtig violett blühenden Liliengewächs. Etwa 170 Blüten braucht man für ein einziges Gramm Safran. Für ein Kilo werden im Einzelhandel deshalb etwa 17 000 Mark gezahlt. Die Pflanze wurde von den Mauren nach Spanien gebracht. Auf dem trockenen Boden, vor allem im Gebiet zwischen Toledo und Alicante hat sie ideale Wachstumsbedingungen. Mehr als zwei Drittel der Weltproduktion kommen aus Spanien. Hervorragende Qualitäten werden jedoch auch in Ägypten, im Iran und sogar in Österreich (Wachau) angebaut.

Safran muß in den frühen Vormittagsstunden geerntet werden.

Im Herbst verwandeln die Pflanzen die Landschaft über Nacht in ein violettfarbenes Blütenmeer. Wer die Farbenpracht genießen möchte, muß früh aufstehen, da die Pflanze wegen des Aromas am frühen Vormittag gepflückt werden muß. Von den Blüten wird dann nur der Narbenstengel, der Safranfaden ausgezupft, das erklärt den hohen Preis. Dank seines intensiven Aromas kann Safran sehr sparsam verwendet werden. Das Gewürz wird gemahlen in Döschen oder Briefchen verkauft. Sie können auch Safranfäden in Döschen kaufen.

Linsensuppe

Aus Nordgriechenland · Gelingt leicht

Soúpa fakés

Zutaten für 4 Portionen:
250 g grüne Linsen
1 mittelgroße Zwiebel
2 Knoblauchzehen · 200 g Möhren
1 Stange Bleichsellerie
300 g Tomaten · 4 EL Olivenöl
1 EL Tomatenmark · 2 Lorbeerblätter
1 Zweig frischer Thymian · Salz
schwarzer Pfeffer, frisch gemahlen
1 Bund Petersilie · Rotweinessig
100 g grüne oder schwarze Oliven

Zubereitungszeit: 40 Min.
(+ 1 Std. Einweichen
+ 40 Min. Garen)

Pro Portion: 1700 kJ/400 kcal

1 Linsen in ein Sieb geben, kalt abspülen und mit Wasser bedeckt etwa 1 Std. einweichen. Inzwischen Zwiebel und Knoblauch schälen und klein würfeln. Möhren schälen, längs halbieren und in Scheibchen schneiden. Sellerie waschen, klein würfeln, das Grün hacken. Die Tomaten häuten, Stielansätze entfernen und Fruchtfleisch würfeln.

2 Linsen in ein Sieb gießen und abtropfen lassen. In einem Suppentopf Olivenöl erhitzen. Das Gemüse und Tomatenmark etwa 2 Min. unter Rühren bei mittlerer Hitze schmoren. 1½ l Wasser dazugießen. Linsen, Lorbeerblätter und Thymian unterrühren und die Suppe aufkochen.

3 Die Suppe 30–40 Min. zugedeckt bei schwacher Hitze kochen, bis die Linsen weich sind, dann mit Salz und Pfeffer abschmecken. Petersilie abspülen, trockenschütteln, die Blättchen hacken und in die Suppe rühren. Essig in einem kleinen Kännchen mitservieren, ebenso die Oliven. Bei Tisch nach Geschmack 1–2 TL Essig und 3–4 Oliven in die Suppe rühren.

Variante: Linsensuppe mit Spinat
Statt der Tomaten 500 g gewaschenen, geputzten und grobgehackten Spinat etwa 10 Min. vor Ende der Garzeit in der Suppe mitkochen.

Hühnersuppe mit Ei und Zitrone

Aus Griechenland · Gelingt leicht

Kotosóupa avgolémono

Zutaten für 4 Portionen:
1 Huhn, küchenfertig zubereitet
(etwa 1,2 kg)
Salz · 1 Lorbeerblatt
200 g Möhren · 1 Zwiebel
1 dünne Stange Lauch
1 Stange Bleichsellerie
60 g Langkornreis
schwarzer Pfeffer, frisch gemahlen
2 Eier
Saft von 1 Zitrone
½ Bund Petersilie

Zubereitungszeit: 30 Min.
(+ 1½ Std. Garen)

Pro Portion:
2100 kJ/500 kcal

1 Huhn abspülen und in einen Suppentopf legen. Salz, Lorbeerblatt und 1½ l kaltes Wasser hinzufügen und zum Kochen bringen. Schaum abschöpfen, dann das Huhn zugedeckt bei schwacher Hitze etwa 1 Std. garen.

2 Möhren und Zwiebeln schälen und würfeln. Vom Lauch grüne Blätter und Wurzelansatz abschneiden, die Stange längs halbieren, abspülen und in Streifchen schneiden. Ansatz der Selleriestange entfernen. Stange waschen und in Stückchen schneiden, Blätter grob hacken. Reis in einem Sieb abspülen.

3 Huhn zum Abkühlen aus der Brühe nehmen. Gemüse und Reis in der Brühe etwa 25 Min. garen. Fleisch vom Huhn ablösen, in mundgerechte Stücke schneiden, zum gegarten Gemüse geben. Nach Bedarf die Suppe mit etwas Wasser strecken, beiseite stellen.

4 Suppe mit Salz und Pfeffer abschmecken. Eier und Zitronensaft gründlich verquirlen, mit dem Schneebesen in die leicht abgekühlte Suppe rühren. Erneut erhitzen, doch nicht mehr aufkochen, sonst gerinnt sie. Petersilie abspülen, Blättchen hacken, auf die Suppe streuen und servieren.

Info: »Avgolémono« bezeichnet eine für die griechische Küche typische Zubereitungsart.

Hühnersuppe mit Zitronengras

Aus Thailand · Scharf

Tom Khaa Gai

Zutaten für 4 Portionen:
2 Stengel frisches Zitronengras
1 Stück frischer Galgant (5 cm)
3 Kaffir-Zitronenblätter
250 g Austernpilze oder Champignons
2 mittelgroße Tomaten
3 frische thailändische Chilischoten
500 g rohes Hühnerbrustfilet
1 Dose ungesüßte Kokosmilch (400 ml)
frischer Koriander zum Garnieren
4 EL Limettensaft
4 EL Fischsauce

Zubereitungszeit: 30 Min.

Pro Portion: 680 kJ/160 kcal

1 Zitronengras waschen und in etwa 3 cm lange Stücke schneiden. Galgant waschen, schälen und in dünne Scheiben schneiden. Zitronenblätter waschen, trockentupfen und evtl. vierteln.

2 Pilze putzen, kurz überbrausen und in mundgerechte Stücke schneiden. Kleine Pilze können auch ganz bleiben. Tomaten waschen, vierteln und von den Stielansätzen befreien. Chilischoten waschen, Stielansatz entfernen und in dünne Ringe schneiden. Vorsicht, die Hände keinesfalls an die Augen bringen, Chili brennt wie Feuer! Am besten Hände gründlich waschen. Hühnerbrust in etwa 1 cm breite und 4 cm lange Streifen schneiden.

3 Kokosmilch in einem Topf erhitzen. Zitronengras und -blätter und Galgantscheiben dazugeben, alles bei mittlerer Hitze ohne Deckel etwa 2 Min. kochen lassen. $^3/_4$ l Wasser dazugießen, erhitzen, Hühnerbrust, Pilze und Tomatenviertel dazugeben und bei schwacher Hitze etwa 5 Min. köcheln lassen. Nach Belieben Zitronengras- und Galgantstückchen herausfischen. Galgant wird nicht gegessen, die Zitronengrasstückchen können Sie probieren. Koriander waschen, trockenschütteln und Blättchen abzupfen.

4 Chiliringe, Limettensaft und Fischsauce in eine Suppenschüssel geben, heiße Suppe hineingießen, mit Koriander garnieren und servieren.

Galgant schmeckt nicht nur gut, er ist auch gesund.

Galgant

Galgant wird oft als Thai-Ingwer bezeichnet und ist mit Ingwer auch verwandt, allerdings sind die Galgantwurzeln größer und heller, ihre Spitzen sind rosa gefärbt. Andere Bezeichnungen für Galgant sind Laos oder Alpinia. Galgant wird von den Thais gerne für Suppen und Currys verwendet. Er gibt ein feines Aroma ab, das ein wenig an Medizin erinnert. Tatsächlich hat Galgant auch heilende Wirkung, er fördert die Verdauung, hilft bei Erkrankungen der Atemwege und bei Magenverstimmungen. Um sie als Heilmittel zu nehmen, raspeln die Thais die Galgantwurzel, vermischen sie mit Zitronensaft und nehmen sie ein – ein wahres Wundermittel. Sie bekommen die Galgantwurzeln meistens problemlos im Asien-Laden. Notfalls können Sie Galgant durch jungen, frischen Ingwer ersetzen, aber das Aroma ist nicht das gleiche. Kaufen Sie ruhig größere Mengen Galgant, er kann im Gefrierfach des Kühlschrankes gut aufbewahrt werden.

NUDELN, REIS & TEIGGERICHTE

Nudeln, Reis und Teiggerichte nehmen einen wichtigen Platz in der Alltagsküche der verschiedenen Nationen ein. Im Lauf der Geschichte oft als Armenküche deklariert, stehen diese herzhaften Gerichte heute ganz hoch in der Gunst. Groß ist der Einfallsreichtum und die Liebe, mit der diese Speisen zubereitet werden. Dabei scheinen viele Grundideen sozusagen »grenzüberschreitend« zu sein – entstanden entweder durch kulinarischen Austausch zwischen Nachbarstaaten oder als eigenständige Entwicklungen in weit entfernten Ländern. Köstliche Pizzen kennt man zum Beispiel nicht nur in Italien, auch in der Türkei ißt man belegte Fladen, die dort nach den Gewürzen der Basare schmecken.
Auch Teigtäschchen sind in vielen Ländern beliebt, man findet sie als Calzone in Italien, als Dim Sum in China und als Taco-Rollen in Mexiko.
Nudeln kennt man in aller Welt. Der Bogen spannt sich von China und Thailand bis nach Italien. Dabei ist die Herkunft der Nudel noch immer strittig. Die beliebteste Version behauptet, daß die Nudel eine chinesische Erfindung war und von Marco Polo nach Italien gebracht wurde.
Da Reis in vielen Ländern wächst, teilweise auch als Grundnahrungsmittel, gibt es unendlich viele, ganz verschiedene Reisgerichte. Die bekanntesten Reiszubereitungen Europas sind die Risotti aus Oberitalien und die beliebte spanische Paella. Aber auch die hohe Kochkultur Asiens kreierte phantastische Reisgerichte – am besten Sie probieren selbst.

Pizza türkische Art

Aus der Türkei · Braucht etwas Zeit

Lahmacun

Zutaten für 4 Portionen, 8 Pizzen:
Für den Teig: 450 g Mehl + Mehl zum Ausrollen · Salz · 21 g Hefe (½ Würfel)
Für den Belag: 4 Frühlingszwiebeln
2 große Tomaten (300 g)
2 grüne milde oder scharfe Peperoni
2 Bund glatte Petersilie
250 g zweimal durchgedrehtes Lammhackfleisch
2 TL Paprikaflocken (Pulbiber) · Salz
schwarzer Pfeffer, frisch gemahlen
¼ TL gemahlener Kreuzkümmel
2 EL Olivenöl + Öl für die Backbleche
2 mittelgroße rote Zwiebeln (200 g)
1 TL Sumak

Zubereitungszeit: 1 Std. (+ 45 Min. Ruhen + 40 Min. – 1 Std. Backen)

Pro Pizza: 1700 kJ/400 kcal

1 Mehl und Salz in eine Schüssel sieben. Hefe in ¼ l lauwarmem Wasser auflösen, in das Mehl eine Mulde drükken, zu einem Vorteig verrühren und zugedeckt etwa 15 Min. an einem warmen Platz gehen lassen. Alles vermengen, etwa 10 Min. mit den Händen durchkneten, 8 Kugeln formen, zugedeckt etwa 30 Min. gehen lassen. Backofen auf 250° (Gas Stufe 5) vorheizen.

2 Frühlingszwiebeln putzen, waschen und klein würfeln. Tomaten mit kochendem Wasser übergießen, kurz stehenlassen, häuten, Stielansätze herausschneiden und das Fruchtfleisch hacken. Peperoni waschen, längs halbieren, Kerne und Stiele entfernen. Schotenhälften ausspülen und in Streifchen schneiden. Petersilie waschen und trockenschütteln, die Blättchen von 1 Bund Petersilie fein hacken.

3 Gemüse und Kräuter mit Hackfleisch, Paprika, Salz, Pfeffer und Kreuzkümmel verkneten. Backblech einfetten. Teigkugeln auf bemehlter Arbeitsfläche zu tellergroßen Platten ausrollen, je ⅛ der Hackfleischmischung darauf streichen. Je 2 Pizzen auf 1 Backblech setzen, mit etwas Olivenöl beträufelt 10–15 Min. nacheinander im vorgeheizten Backofen (Mitte) backen.

4 Zwiebeln schälen, in feine Ringe schneiden und mit Sumak vermischen. Die Blättchen der übrigen Petersilie abzupfen. Auf die fertigen Lahmacun Zwiebeln und Petersilie verteilen und sofort servieren.

Fladenbrot

Aus der Türkei · Gelingt leicht

Pide

Zutaten für 4 Brote:
900 g Mehl
+ Mehl für die Arbeitsfläche
2 TL Salz · 84 g Hefe (2 Würfel)
Sonnenblumenöl für die Backbleche
4 EL Hartweizengrieß · 1 Ei
1 TL Zucker
1 EL Olivenöl + Öl zum Einölen
4 EL Sesamkörner
1 EL Çörekotu (Schwarzkümmel)

Zubereitungszeit: 45 Min. (+ 40 Min. Ruhen + 20–24 Min. Backen)

Pro Brot: 3900 kJ/930 kcal

1 Mehl mit Salz in eine Rührschüssel sieben. Hefe in 600 ml lauwarmem Wasser glattrühren, unter das Mehl mischen. Alles zu einem weichen Teig verarbeiten und etwa 5 Min. kräftig durchkneten, bis er nicht mehr an den Händen klebt. Zugedeckt an einem warmen Platz etwa 30 Min. gehen lassen.

2 Backofen auf 250° (Gas Stufe 5) vorheizen. 2 große Backbleche einfetten. Teig mit bemehlten Händen nochmals kurz durchkneten, zu 4 gleich großen Kugeln formen. Arbeitsfläche mit etwas Mehl und Grieß bestreuen. Jede Kugel mit den Händen zu einem runden Fladen von etwa 25 cm Durchmesser flachdrücken, je 2 auf ein Blech legen. Zugedeckt weitere 10 Min. gehen lassen.

3 Ei mit Zucker und Olivenöl verquirlen, Fingerspitzen einer Hand einölen, damit in die Fladen im Abstand von 4–5 cm ein Rautenmuster eindrücken. Brote mit der Eimischung einpinseln, mit Sesam und Schwarzkümmel bestreuen. Nacheinander in Ofenmitte in 10–12 Min. goldbraun backen.

4 Nach 5–6 Min. Backzeit die Ofentür kurz öffnen. ¼ Tasse kaltes Wasser rasch auf den Ofenboden gießen und die Tür sofort schließen. Brot zu Ende backen. Es läßt sich auch gut einfrieren.

Pizzette di patate

Aus Italien · Gelingt leicht

Kleine Pizzen aus Kartoffelteig

Zutaten für 4 Portionen:
500 g mehlige Kartoffeln
Salz · 1 große Zwiebel
150 g geräucherter, durchwachsener Speck ohne Schwarte in Scheiben
100 g Mehl
(+ Mehl für das Backbrett)
1 Ei · 1 Prise Muskatnuß, gerieben
2 EL Olivenöl
(+ Öl für das Backblech)
400 g frische Tomaten
(oder aus der Dose)
1 Bund Petersilie

Zubereitungszeit: 1 Std.

Pro Portion: 2400 kJ/570 kcal

1 Die Kartoffeln schälen, vierteln und in einem Topf mit Salzwasser in etwa 20 Min. garen.

2 Zwiebel schälen, in dünne Ringe schneiden. Den Speck in Würfel schneiden und in einer Pfanne auslassen. Speckwürfel mit einem Schaumlöffel aus dem Fett nehmen und beiseite stellen. Die Zwiebeln in die Pfanne geben und im ausgelassenen Fett glasig werden lassen.

3 Die noch heißen Kartoffeln durch die Kartoffelpresse auf ein bemehltes Backbrett drücken und abkühlen lassen. Mehl und Ei dazugeben, mit etwas Salz und 1 Prise Muskatnuß würzen. 1 EL Olivenöl unter die Kartoffelmasse arbeiten und alles zu einem glatten Teig kneten. Kartoffelteig in vier Portionen teilen. Jede Portion zu 1 cm dicken Pizzafladen (etwa 18 cm Ø) ausrollen.

4 Backofen auf 220° (Gas Stufe 4) vorheizen. Tomaten überbrühen, enthäuten, Stengelansätze und Kerne entfernen (Tomaten aus der Dose abtropfen lassen). Das Fruchtfleisch zerkleinern. Petersilie waschen und fein hacken. Das Backblech mit Öl einfetten. Fladen darauf setzen und mit Speck, Zwiebeln, Tomaten und Petersilie belegen. Salzen und pfeffern. Kartoffelpizzen im Backofen 20–25 Min. backen. Dann mit einigen Tröpfchen Olivenöl beträufeln.

Calzone

Aus Italien · Herzhaft

Gefüllte Pizzataschen

Zutaten für 4 Portionen:
Für den Teig:
ca. $\frac{1}{8}$–$\frac{1}{4}$ l Wasser · 20 g Hefe
1 Prise Zucker
300 g Mehl · 1 TL Salz
2 EL Olivenöl (+ Olivenöl für das Backblech)
Für die Füllung:
500 g frische Champignons
1 EL Butter · Salz
weißer Pfeffer aus der Mühle
300 g gekochter Schinken
300 g Mozzarella
50 g Parmesan, frisch gerieben
1 TL Oregano · 4 EL Olivenöl

Zubereitungszeit: 2 Std.

Pro Portion: 3700 kJ/880 kcal

1 Einen Pizzateig zubereiten nach dem Rezept S. 69. Zum Schluß das Öl unterkneten.

2 Die Pilze putzen, abbrausen, trockentupfen und in dünne Scheiben schneiden. In einer Kasserolle Butter zerlassen, die Pilze bei starker Hitze etwa 5 Min. andünsten, bis die Flüssigkeit verdampft ist. Mit Salz und Pfeffer würzen und abkühlen lassen.

3 Schinken in feine Streifen, gut abgetropften Mozzarella in kleine Würfel schneiden. Schinkenstreifen und Mozzarellawürfel in einer Schüssel mit geriebenem Parmesan mischen. Abgekühlte Pilze unterheben. Mit Oregano, Salz und Pfeffer abschmecken.

4 Backofen auf 250° (Gas Stufe 5) vorheizen. Das Backblech mit Olivenöl einfetten. Den Teig auf bemehlter Fläche nochmals kräftig durchkneten und zu 4 dünnen, runden Fladen ausrollen.

5 Je eine Hälfte der Teigplatten mit $\frac{1}{4}$ der Füllung bestreichen, dabei die Ränder freilassen. Die andere Hälfte darüber klappen, Ränder fest andrücken, bis sie dicht schließen. Calzone auf das gefettete Blech legen, mit je 1 EL Olivenöl bestreichen und im Backofen (Mitte) etwa 20 Min. backen.

Wein: Dazu schmeckt ein Rotwein aus der Lombardei, z. B. ein Rosso Valtellina.

OLIO EXTRA VERGINE DI OLIVA
LIGUSTRO

Käsekroketten

Niederlande · Gut vorzubereiten

Kaaskroketten

Zutaten für 4 Portionen:
200 g alter Holland-Gouda am Stück
3 EL Butter
100 g Mehl
400 ml Milch
Salz
schwarzer Pfeffer, frisch gemahlen
1 Prise Muskatnuß, frisch gerieben
2 Eier
2 EL Mehl
4 EL Paniermehl
1 l Speiseöl zum Ausbacken

Zubereitungszeit: 1 Std.
Pro Portion: 3400 kJ/810 kcal

1 Käse entrinden und grob reiben. Butter in einem Topf bei mittlerer Hitze schmelzen, das Mehl unterrühren und goldgelb werden lassen. Die Milch unter Rühren langsam dazugießen. Mit Salz, Pfeffer und Muskat würzen und so lange mit dem Schneebesen rühren, bis eine dicke Sauce entstanden ist.

2 Den Käse dazugeben und weiterrühren, bis er sich ganz aufgelöst hat. Die Masse auf eine Platte geben und etwa 15 Min. abkühlen lassen.

3 Eier auf einem Teller verquirlen. Mehl und Paniermehl getrennt voneinander auf zwei Teller geben. Aus der abgekühlten Käsemasse eine Rolle von etwa 1 ½ cm Durchmesser formen. In ungefähr 20 Stücke schneiden und aus diesen etwa 4 cm lange Kroketten formen. Die Kroketten erst in Mehl, dann in den verquirlten Eiern und zum Schluß im Paniermehl wenden. Fett in einem hohen Topf erhitzen. Steigen an einem Holzstäbchen, das man ins Fett hält, Bläschen auf, immer 4–5 Kroketten portionsweise in den Topf geben und bei starker Hitze in 3–4 Min. goldbraun fritieren. Dann herausnehmen, abtropfen lassen und warm stellen.

Info: Käsekroketten werden gerne zur typisch holländischen Kaffeetafel gegessen. Bei diesem üppigen Nachmittagsschmaus werden nicht nur Kuchen, Sahne und Kaffee, sondern auch Fleisch, Wurst, Käse und andere pikante Köstlichkeiten serviert.

Speckpfannkuchen

Aus den Niederlanden · Traditionell

Spekpannekoeken

Zutaten für 4 Portionen:
250 g Mehl
½ Würfel Hefe (etwa 20 g)
⅜ l Milch
1 EL Zucker
2 Eier
1 Prise Salz
200 g Schinkenspeck, ohne Schwarte
4 TL Speiseöl zum Ausbacken
4 EL Rübenkraut (Rübensirup)

Zubereitungszeit: 30 Min.
(+ 40 Min. Gehen lassen)

Pro Portion: 3000 kJ/710 kcal

1 Mehl in eine Schüssel sieben und in die Mitte eine Mulde drücken. Hefe hineinbröckeln. Von der Milch 2 EL abnehmen, mit dem Zucker in die Mulde geben und mit der Hefe zu einem Vorteig verrühren. Zugedeckt an einem warmen Ort etwa 20 Min. gehen lassen.

2 Dann Eier, Salz und restliche Milch dazugeben, alles zu einem dickflüssigen Teig verarbeiten und weitere 20 Min. zugedeckt gehen lassen.

3 Den Schinkenspeck in etwa ½ cm breite Streifen schneiden. Etwas Öl in einer mittelgroßen Pfanne erhitzen und ein Achtel des Specks darin bei mittlerer Hitze in 2–3 Min. knusprig braten. Ein Achtel des Teiges darüber gießen, einen Pfannkuchen von etwa 16 cm Durchmesser formen, fest werden lassen, wenden und fertigbraten. Auf diese Weise nacheinander 8 Speckpfannkuchen zubereiten und warm halten.

4 Die Speckpfannkuchen warm mit Rübenkraut beträufelt servieren.

Info: Speckpfannkuchen ißt man ebenfalls zur typisch holländischen Kaffeetafel, aber auch als Mittagessen, manchmal mit Kompott als Beilage.

Tip! Sie können zusätzlich noch 2 Äpfel schälen, vierteln, das Kerngehäuse entfernen, die Äpfel in Scheiben schneiden und mit dem Speck andünsten. Ohne Speck und nur mit Äpfeln haben Sie ein leckeres Dessert.

Risotto alla padovana

Aus Italien · Gelingt leicht

Risotto mit Kalbfleisch und Erbsen

Zutaten für 4 Portionen:
1 mittelgroße Zwiebel
1 Stange Bleichsellerie
150 g Kalbfleisch
100 g Geflügelleber
1 l Hühnerbrühe (selbstgemacht oder instant)
2 EL Olivenöl
2 EL Butter
200 g enthülste Erbsen (ersatzweise tiefgekühlte)
Salz
250 g Vialone- oder Arborio-Reis
3 EL Parmesan, frisch gerieben

Zubereitungszeit: 1 Std.

Pro Portion: 2000 kJ/480 kcal

1 Zwiebel schälen, Sellerie putzen, waschen. Beides fein hacken. Kalbfleisch waschen, trockentupfen, in ganz kleine Würfel schneiden. Geflügelleber waschen, putzen, grob hacken.

2 Brühe zum Kochen bringen. In einer Kasserolle das Öl und die Butter erhitzen. Zwiebel und Sellerie 5 Min. bei schwacher Hitze anbraten. Fleisch, Erbsen und Leber dazugeben, salzen. 5 Min. unter Rühren mitbraten.

3 Reis unterrühren, kurz ziehen lassen. 2 Tassen kochende Brühe angießen, offen bei mittlerer Hitze kochen lassen, ab und zu umrühren. Nach und nach Brühe angießen, bis der Risotto gar ist. Nach etwa 20 Min. restliche Butter und den Parmesan locker untermischen.

Wein: Zu diesem Risotto paßt ein trockener roter Valpolicella.

Variante: Risotto al pomodoro
(Risotto mit Tomaten)
Zusätzlich eine fein gehackte Möhre mit anbraten. Keine Erbsen verwenden. Ein sehr fein gehacktes Hühnerklein (Magen, Herz, Leber) und 30 g Rindermark mit dem Kalbfleisch braten, 300 g geschälte gehackte Tomaten dazugeben, etwa 10 Min. bei schwacher Hitze schmoren, Reis untermischen und nach Rezept weiterarbeiten.

Risotto coi funghi

Aus Italien · Gelingt leicht

Risotto mit Pilzen

Zutaten für 4 Portionen:
1 mittelgroße Zwiebel
1 Knoblauchzehe
1 Bund Petersilie
300 g Steinpilze (ersatzweise Champignons, Maronenpilze oder Hallimasch)
etwa 1 l Fleischbrühe (selbstgemacht oder instant)
60 g Butter
300 g Vialone- oder Arborio-Reis
1/8 l trockener Weißwein
Salz
weißer Pfeffer, frisch gemahlen
50 g Parmesan, frisch gerieben

Zubereitungszeit: 1 Std.

Pro Portion: 2000 kJ/480 kcal

1 Zwiebel und Knoblauch schälen und fein hacken. Petersilie kleinhacken. Pilze putzen, kurz abbrausen, trockentupfen, in nicht zu kleine Stücke schneiden. Brühe zum Kochen bringen.

2 In einer Kasserolle die Hälfte der Butter zerlassen, die Zwiebel bei schwacher Hitze etwa 5 Min. anbraten, Reis einstreuen, mitbraten, bis er glasig ist. Mit Wein ablöschen. Nach und nach kochendheiße Brühe angießen und den Reis bei mittlerer Hitze offen etwa 20 Min. kochen lassen, immer wieder umrühren.

3 Inzwischen restliche Butter in einer Pfanne erhitzen, Knoblauch und Pilze bei starker Hitze unter ständigem Rühren braten, bis die Flüssigkeit verdampft ist. Mit Salz und Pfeffer würzen. Kurz vor Ende der Garzeit Pilze mit Petersilie unter den Risotto mischen. Dann Parmesan unterrühren.

Variante: Risotto alla milanese
(Safranrisotto)
30 g zerkleinertes Rindermark mit der Zwiebel braten, den Reis dazugeben, mit dem Wein ablöschen, nach Rezept, jedoch ohne Pilze zu verwenden, weiterarbeiten. Kurz vor Ende der Garzeit 125 mg Safran in 3 EL Brühe auflösen und untermischen. Vor dem Servieren 3 EL Butter und 75 g frisch geriebenen Parmesan unterrühren. Klassische Beilage zu »Ossobuco alla milanese« (Rezept S. 142).

Reis-Linsen-Gemüse-Eintopf

Aus Indien · Pikant

Khitschuri

Zutaten für 4–6 Portionen:
½ Blumenkohl (etwa 300 g)
1 Kartoffel, festkochend (etwa 100 g)
2 mittelgroße Zwiebeln
2 mittelgroße Tomaten
1 frische Chilischote
6 EL Ghee, ersatzweise Butterschmalz
3 Lorbeerblätter
1 TL Kurkumapulver
1 TL Kreuzkümmelpulver
1½ TL Paprikapulver, edelsüß
¼ TL Chilipulver · 200 g Basmatireis
200 g Masoor Dal (rote Linsen)
100 g Erbsen, tiefgefroren
Salz · 1 TL Garam Masala

Zubereitungszeit: 45 Min. (+ 25 Min. Garen)

Bei 6 Portionen pro Portion: 1500 kJ/360 kcal

1 Blumenkohl in Röschen von etwa 3 cm Durchmesser schneiden und waschen. Kartoffel waschen, schälen und in etwa 3 cm große Würfel schneiden.

2 Zwiebeln schälen und kleinschneiden. Tomaten waschen, vom Stielansatz befreien und kleinschneiden. Chilischote waschen, vom Stielansatz befreien und kleinschneiden. Danach nicht mit den Händen an Augen oder Schleimhäute fassen, das brennt höllisch. Hände sehr gründlich waschen.

3 In einem Topf 4 EL Ghee erhitzen. Zwiebeln darin bei mittlerer Hitze unter Rühren dunkelbraun anbraten. Chilischote, Lorbeerblätter, Kurkuma, Kreuzkümmel, Paprika und Chilipulver hinzufügen und bei mittlerer Hitze etwa 2 Min. anbraten.

4 Reis, Linsen, Kartoffeln, Blumenkohl, Tomaten und Erbsen dazugeben und alles gut verrühren. Reichlich Salz und 1½ l Wasser dazugeben. Wenn es zu kochen beginnt, die Hitze reduzieren und das Gericht zugedeckt bei schwacher Hitze etwa 25. Min. köcheln lassen, bis alles gar ist.

5 In einer kleinen Pfanne 2 EL Ghee schmelzen lassen und über das fertige Gericht gießen. Garam Masala darüber streuen. Nach Belieben mit fertig gekauftem Papadam und Knoblauch-Pickles servieren.

Schwarzer Kreuzkümmel (o.) schmeckt aromatischer als der helle (u.).

Kreuzkümmel

Kreuzkümmel, auch römischer Kümmel oder Cumin genannt, ist eines der wichtigsten Gewürze in der indischen Küche. Die Pflanze ähnelt äußerlich dem Wiesenkümmel; die Samen, die als Gewürz verwendet werden, sind jedoch von bitterscharfem Geschmack und duften nach Kampfer. Als Heilpflanze ist der Kreuzkümmel schon seit der Antike bekannt. Die Samen enthalten 3% ätherisches Öl, verschiedene Bitterstoffe und wirken appetitanregend. In Indien werden große Mengen von Kreuzkümmel angebaut, es gibt zwei Sorten: den gewöhnlichen Kreuzkümmel, der helle Samen hat und überwiegend verwendet wird, und den sogenannten schwarzen Kreuzkümmel, der teurer, aber auch aromatischer ist. Am besten, Sie kaufen die ganzen Samen und mahlen sie bei Bedarf. Der gemahlene Kreuzkümmel hält sich gut verpackt etwa 1 Jahr, ohne sein Aroma zu verlieren.

Paella

Aus Spanien · Für Gäste

Reispfanne

Zutaten für 6 Portionen:
2 rote Paprikaschoten (etwa 300 g)
600 g Fleischtomaten
1 große Zwiebel · 5 Knoblauchzehen
300 g frische oder aufgetaute Erbsen
1 Hähnchen, küchenfertig vorbereitet (etwa 1,2 kg)
250 g Schweinelende
400 g Venusmuscheln
6 große rohe Garnelen, ungeschält
8 EL Olivenöl · Salz
schwarzer Pfeffer, frisch gemahlen
1 Döschen Safran (0,2 g)
1 TL mildes Paprikapulver
1 Lorbeerblatt · 1¼ l Fleischbrühe
500 g spanischer Rundkornreis (ersatzweise italienischer Arborio oder Vialone)
1 Zitrone

Zubereitungszeit: 45 Min. (+ 1½ Std. Garen)

Pro Portion: 3800 kJ/900 kcal

1 Den Backofen auf 250° (Gas Stufe 3) vorheizen. Paprikaschoten etwa 20 Min. auf den Rost legen, bis die Haut braun wird und Blasen wirft. Dann herausnehmen, häuten, vom Kernhaus befreien und in schmale Streifen schneiden. Den Backofen auf 180° (Gas Stufe 2) zurückschalten.

2 Tomaten überbrühen, häuten, quer halbieren, entkernen, Stielansatz entfernen und grob hacken. Zwiebel und Knoblauch schälen und fein hacken. Frische Erbsen palen.

3 Hähnchen in 12 Stücke teilen. Schweinelende in Würfel schneiden. Muscheln gründlich unter fließendem Wasser abbürsten. Scampis abspülen.

4 Olivenöl in einer Paellapfanne erhitzen und die Geflügelstücke darin bei starker Hitze von allen Seiten anbraten, mit Salz und Pfeffer würzen und herausnehmen. Danach mit den Fleischwürfeln ebenso verfahren. Dann die Muscheln anbraten, bis sie sich geöffnet haben. Alle, die nach dem Anbraten nicht geöffnet sind, wegwerfen, sie sind nicht genießbar. Scampis ebenfalls anbraten, bis sie eine schöne rote Farbe bekommen haben. Fleisch, Geflügel und Meeresfrüchte warm stellen.

5 Im verbliebenen Bratfett Zwiebel und Knoblauch glasig dünsten. Tomaten und Erbsen dazugeben und etwa 5 Min. dünsten. Safran und Paprikapulver unterrühren, mit Salz und Pfeffer kräftig würzen, Lorbeerblatt dazugeben. Dann in einem Topf die Brühe aufkochen.

6 Reis zu den anderen Zutaten in die Pfanne geben, mit der kochenden Brühe aufgießen und etwa 25 Min. köcheln lassen, bis der Reis fast alle Flüssigkeit aufgesogen hat. Paprikastreifen untermischen, abschmecken und falls nötig nachwürzen.

7 Hähnchenstücke, Fleischwürfel, Muscheln und Scampis dekorativ auf dem Reis verteilen. Die Paellapfanne mit Alufolie abdecken und im vorgeheizten Backofen (Mitte) weitere 15 Min. ziehen lassen. Paella in der Pfanne auf den Tisch bringen.

Getränk: Ein weißer Rioja schmeckt gut dazu oder ein Weißwein aus Val de peñas.

Info: Das Wesentliche bei der Paella ist die Reissorte. Der Reis muß ganz körnig sein. Darum läßt man ihn nur so kurz wie möglich mitgaren. Die Kunst des Paella-Kochens besteht also im exakten Zufügen der Zutaten zum richtigen Zeitpunkt, so daß sich die Aromen zwar gut vermischen, das Fleisch und der Fisch aber saftig bleiben, das Gemüse schön knackig und der Reis noch ganz körnig ist.

Tip! Wer keine Paellapfanne hat, kann auch eine große Reine verwenden. In Spanien bereitet man die Paella zu Festen auf offenem Feuer, weil die Flammen am Rand der Pfanne entlangzüngeln und so den Inhalt ganz gleichmäßig erwärmen können. Deshalb bereiten Sie zu Hause die Paella am besten in der Rundum-Wärme des Backofens, nicht direkt auf dem Herd. Sie sollten unbedingt Fingerschalen mit warmem Wasser und Zitronenschnitze sowie Teller für Muschelschalen und Knochen bereitstellen.

Thailändischer Duftreis

Grundrezept · Geht schnell

Khao Suay

Zutaten für 4 Portionen:
250 g thailändischer Duftreis
etwa ¾ l Wasser

Zubereitungszeit: 20 Min.

Pro Portion: 910 kJ/220 kcal

1 Reis in ein Sieb geben, mit kaltem Wasser gründlich abspülen und dann in einen großen Topf geben. So viel Wasser hinzufügen, daß es etwa 2 cm über dem Reis steht.

2 Reis zugedeckt zum Kochen bringen, dann den Deckel abnehmen und die Hitze verringern. Wenn der Reis leicht köchelt, Deckel wieder auflegen und den Reis bei schwacher Hitze etwa 20 Min. leicht kochen lassen, bis er das Wasser vollständig aufgenommen hat.

Tip! Lassen Sie für Gerichte mit gebratenem Reis den Reis ohne Deckel vollständig auskühlen.

Reis mit gelbem Currypulver

Aus Südthailand · Gelingt leicht

Khao Pad Pong Garrieh

Zutaten für 4 Portionen:
400 g Hühnerbrustfilet
1 EL Currypulver
4 EL Fischsauce
3 mittelgroße Kartoffeln, festkochend
einige Eissalatblätter zum Garnieren
½ Salatgurke
5 Schalotten
8 EL Öl
750 g gekochter, abgekühlter Reis (aus 250 g ungekochtem thailändischem Reis, s. o.)
1 Schale Peperoni in Essig (s. Tip)
2 TL Zucker

Zubereitungszeit: 30 Min. (+ 20 Min. Marinieren + 20 Min. für den Reis + 5 Min. für die Peperoni)

Pro Portion: 2100 kJ/500 kcal

1 Hühnerbrust in mundgerechte Würfel schneiden. Currypulver mit 1 EL Fischsauce verrühren, dann die Fleischwürfel untermischen und etwa 20 Min. zugedeckt im Kühlschrank marinieren lassen.

2 Inzwischen Kartoffeln schälen und in 2 cm große Würfel schneiden. Kartoffelwürfel in einen Topf mit Wasser geben und in etwa 20 Min. nicht zu weich kochen. In ein Sieb gießen und zur Seite stellen. Salatblätter waschen und trockenschütteln. Gurke waschen und in dünne Scheiben schneiden.

3 Schalotten schälen, halbieren und in Scheiben schneiden. Öl in einer großen Pfanne oder im Wok stark erhitzen, Schalotten darin bei starker Hitze kurz anbraten. Marinierte Hühnerbrustwürfel und Kartoffelwürfel hinzufügen. Bei starker Hitze unter ständigem Rühren etwa 2 Min. garen. Reis und 3 EL Fischsauce dazugeben, alles gut vermischen und bei mittlerer Hitze in etwa 2 Min. heiß werden lassen.

4 Salatblätter und Gurkenscheiben auf einer Platte anrichten, das Gericht daraufgeben. Dazu passen Peperoni in Essig, die mit 2 TL Zucker vermischt werden.

Variante: Sie können diesen Reis auch mit gebratenen Hähnchenteilen zubereiten. Dazu braten Sie die mit Currypulver und Fischsauce marinierten Hähnchenteile im Backofen in der Mitte bei 190° (Gas Stufe 2) etwa 30 Min.

Tip! Peperoni in Essig: Je 1 frische rote und grüne Peperoni in Ringe schneiden und mit ⅛ l Reisessig, ersatzweise mildem Weinessig verrühren.

Nudelauflauf

Aus Griechenland · Gut vorzubereiten

Pastítsio

Zutaten für 4–6 Portionen:
500 g Makkaroni · Salz
1 große Zwiebel · 4 EL Olivenöl
600 g Rinderhackfleisch
700 g Tomaten
je 1 Msp. Zimt- und Pimentpulver
1/4 l trockener Weißwein
40 g Butter und Butter für die Form
4 EL Mehl · 3/4 l Milch
schwarzer Pfeffer, frisch gemahlen
1 Prise Muskat · 1 EL Zitronensaft
3 Eier · 200 g Kefalotiri-Käse, gerieben · 1 Bund Petersilie

Zubereitungszeit: 2 Std. (+ 45 Min. Backen)

Bei 6 Portionen pro Portion: 3400 kJ/810 kcal

1 Makkaroni in reichlich Wasser bißfest kochen, abgießen. Zwiebel schälen und klein würfeln. Olivenöl erhitzen und die Zwiebel bei mittlerer Hitze glasig braten. Hackfleisch dazugeben, zerkleinern und rundum kräftig anbraten.

2 Tomaten häuten, Stielansätze entfernen, kleinwürfeln und unter das Hackfleisch rühren. Gewürze, Salz, Wein und 1/8 l Wasser untermischen. Alles bei schwacher Hitze etwa 10 Min. kochen. Backofen auf 180° (Gas Stufe 2) vorheizen.

3 Butter in einer Kasserolle erhitzen, Mehl einrühren und anschwitzen. Langsam Milch unterrühren und aufkochen. Sauce mit Salz, Pfeffer, Muskat und Zitronensaft abschmecken. Leicht abkühlen lassen. 2 Eier verquirlen und unterrühren.

4 Eine feuerfeste Form einfetten. Die Hälfte der Makkaroni auf den Boden schichten. Etwas Käse darüber streuen. Petersilie abspülen, trockenschütteln und Blättchen hacken, mit 1 Ei unter das Hackfleisch rühren und auf die Makkaroni streichen.

5 Restliche Makkaroni darüber legen und mit der Sauce begießen. Restlichen Käse darüber streuen. Den Auflauf im Backofen (Mitte) etwa 45 Min. backen, bis sich die Oberfläche bräunt. In Stücke schneiden und servieren.

Muschelreis

Aus Griechenland

Mídia me rísi

Zutaten für 4 Portionen:
1,5 kg Mies- oder Venusmuscheln
2 Zwiebeln (etwa 200 g)
2 Knoblauchzehen · 3 EL Olivenöl
1/8 l trockener Weißwein · Salz
1 TL schwarze Pfefferkörner
1/2 Lorbeerblatt
1 Bund Petersilie · 200 g Tomaten
40 g Butter · 1 TL Tomatenmark
1 Msp. Zucker
schwarzer Pfeffer, frisch gemahlen
1/2 TL getrockneter Oregano
225 g Langkornreis

Zubereitungszeit: etwa 55 Min.

Pro Portion: 2400 kJ/570 kcal

1 Muscheln unter fließendem Wasser abbürsten, Bartfäden abschneiden. Bereits geöffnete wegwerfen. 1 Zwiebel und 1 Knoblauchzehe schälen, halbieren. In einem großen Topf mit Olivenöl glasig braten. Wein und 1/2 l Wasser zugießen, Salz, Pfefferkörner, 1/2 Lorbeerblatt und 3 Zweige Petersilie hinzufügen und aufkochen.

2 Muscheln hineingeben und zugedeckt bei starker Hitze etwa 10 Min. kochen. Muscheln herausnehmen, nicht geöffnete Exemplare wegwerfen. Sud durch ein Sieb gießen und aufheben. 1 Zwiebel und 1 Knoblauchzehe schälen und fein würfeln. Tomaten häuten, Stielansätze entfernen und kleinwürfeln.

3 In einem Topf Zwiebel und Knoblauch in Butter glasig braten. Tomaten und Tomatenmark unterrühren, kurz mitschmoren. Wein und 3/4 l Muschelsud dazugießen, aufkochen, mit Salz, Zucker, Pfeffer und Oregano würzen. Reis unterrühren, aufkochen und bei schwacher Hitze in 25 Min. garen, gelegentlich umrühren. Nach Bedarf noch Muschelsud hinzufügen.

4 Einige Muscheln als Dekoration beiseite legen, aus den übrigen Fleisch entnehmen. Muschelfleisch und restliche gehackte Petersilie unter den Reis mischen, mit Muscheln garniert servieren.

Pasta alla Norma

Aus Italien · Gelingt leicht

Nudeln mit Auberginen und Tomaten

Zutaten für 4 Portionen:
700 g gut reife Tomaten
2 Knoblauchzehen
6 EL Olivenöl, kaltgepreßt
1/8 l trockener Rotwein
2 mittelgroße Auberginen (500 g)
Salz
schwarzer Pfeffer, frisch gemahlen
4 Zweige Basilikum
500 g Penne (Röhrennudeln)
100 g fester Ricotta
(Ricotta salata)

Zubereitungszeit: 45 Min.

Pro Portion: 3000 kJ/710 kcal

1 Tomaten mit kochendheißem Wasser übergießen und häuten. Stielansätze und Kerne entfernen. Tomatenfleisch würfeln. Knoblauch schälen und hacken. 2 EL Öl in einer Kasserolle bei mittlerer Hitze heiß werden lassen, den Knoblauch darin glasig braten, die Tomaten und den Wein unterrühren, aufkochen lassen.

2 Backofen auf 75° vorheizen. Alles 15–20 Min. zugedeckt bei mittlerer Hitze köcheln, bis eine dickliche Sauce entstanden ist. Diese gelegentlich umrühren.

3 Inzwischen die Auberginen waschen, von den Stielansätzen befreien und schräg in etwa 1/2 cm dicke Scheiben schneiden. Diese leicht mit Salz bestreut etwa 5 Min. ruhen lassen, dann mit Küchenpapier gut trockentupfen. 2 EL Öl in einer Pfanne bei mittlerer Hitze heiß werden lassen und die Hälfte der Auberginen von beiden Seiten 3–4 Min. braun braten, die andere Hälfte im restlichen Öl ebenso braten. Die Tomatensauce mit Salz und Pfeffer abschmecken. Basilikum waschen, trockenschütteln und die Blätter unzerteilt unterrühren. Sauce und die Auberginen im Backofen (Umluft 50°) warm stellen.

4 Nudeln in reichlich kochendem Wasser mit 1 TL Salz bißfest garen, abgießen, abtropfen lassen und auf tiefe Teller verteilen. Ricotta zerbröckeln, die Hälfte über die Nudeln streuen. Die Auberginenscheiben darauf verteilen, mit Sauce übergießen, und mit dem restlichen Ricotta bestreuen.

Getränk: Dazu paßt ein Etna Rosso aus Catania.

Info: Dieses Gericht wurde um die Jahrhundertwende nach der Titelheldin von Vicenzo Bellinis Oper »Norma« benannt. Der Komponist stammt aus Catania.

Auberginen

Auberginen kommen in Süditalien, vor allem in Kalabrien und auf Sizilien, in vielen verschiedenen Zubereitungsarten auf den Tisch. Auf den Märkten findet man hauptsächlich eine runde, pralle Sorte in leuchtendem Lila bis purpurfarben mit einem weißen Rand unterhalb des fünfzipfeligen Blütenkelches oder mit weißen Schattierungen auf der Frucht. Doch werden auch längliche, schlanke, dunkelviolette Auberginen angeboten. Auberginen brauchen viel Wärme und Sonne, werden heute häufig unter Glas oder Folie gezogen. Ihre natürliche Erntezeit ist der Sommer, dann schmecken sie, im Freien gewachsen, am besten. Auberginen gehören, wie Paprika und Tomaten, zu den Nachtschattengewächsen. Sie kommen aus Indien oder China. Vermutlich brachten die Araber sie im 13. Jh. nach Italien. Das Fleisch der Auberginen ist wattig und ohne besonderen Geschmack, mit kleinen weißlichen, eßbaren Kernen. Es enthält (teils herausgezüchtet), Bitterstoffe und das giftige Solanin (z.B. auch in rohen grünen Tomaten und grünen Bohnen enthalten), das durch Braten oder Kochen zerstört wird. Indem man Auberginenscheiben oder -würfel salzt, werden Bitterstoffe und Wasser entzogen. Ihr angenehmes Aroma entfaltet die Frucht erst mit der Zubereitung, durch Braten in Olivenöl oder in Verbindung mit Knoblauch und Tomaten, Kräutern und Gewürzen, Käse und anderen aromatischen Zutaten. Auberginen enthalten bis zu 92 Prozent Wasser, geringe Anteile Calcium, Eisen, sowie Vitamin B und C.

Auberginen kann man nicht roh, sondern nur gebraten oder gekocht essen.

Nudeln mit Rindfleisch

Aus China · Braucht etwas Zeit

Niu Rou Chao Mian

Zutaten für 1 Servierteller (2 Portionen):
150 g Rinderfilet
1 TL trockene Speisestärke
30 g frische Tongku-Pilze (Shiitake)
30 g Bambussprossen (eventuell weglassen)
1–2 Frühlingszwiebeln
2 dünne Scheiben Ingwerwurzel
150 g Pack choi, ersatzweise Spinat
250 g mitteldicke chinesische Nudeln
6 EL Pflanzenöl · 1 TL Reiswein
3 EL helle Sojasauce
5 EL Fleischbrühe oder Wasser · Salz
weißer Pfeffer, frisch gemahlen

Zubereitungszeit: 40 Min.

Pro Portion: 3500 kJ/ 830 kcal

1 Rindfleisch waschen und trockentupfen. Dann in dünne Scheiben oder Streifen schneiden und mit Stärke mischen. Pilze putzen und in Scheiben schneiden. Bambus auch in Scheiben schneiden. Frühlingszwiebel putzen und in dünne Scheiben schneiden. Ingwer schälen und hacken. Pack choi oder Spinat waschen, putzen und in etwa 2 cm große Stücke schneiden.

2 In einem Topf reichlich Wasser zum Kochen bringen. Nudeln hineingeben und nicht ganz gar kochen (Die chinesischen Nudeln haben eine viel kürzere Garzeit als die italienischen. Sie müssen ab und zu eine Nudel probieren, und wenn Sie für Ihren Geschmack noch etwas zu viel Biß hat, herausnehmen). Abschrecken und gut abtropfen lassen. Mit 1 EL Öl mischen, damit die Nudeln nicht zusammenkleben.

3 In einer Pfanne oder im Wok 2 EL Öl erhitzen. Rindfleisch und Ingwer hineingeben und unter Rühren bei starker Hitze kurz braten. Reiswein und 1 EL Sojasauce dazugeben. Das Fleisch herausnehmen.

4 Restliches Öl erhitzen. Frühlingszwiebel, Bambus, Tongku-Pilze und Gemüse dazugeben und unter Rühren 1–2 Min. braten, bis das Gemüse bißfest ist.

5 Nudeln dazugeben und mit der Brühe bzw. Wasser, 2 EL Sojasauce, Salz und Pfeffer würzen. Fleisch wieder untermischen und nochmals erwärmen.

Nudelsorten

Ein Großteil der chinesischen Nudeln wird aus Weizenmehl, Wasser und Salz – mit oder ohne Eier – hergestellt. Daneben gibt es auch Nudeln aus Reismehl und Sojamehl. Eine Besonderheit der chinesischen Küche sind Glasnudeln, die aus gemahlenen Mungobohnen hergestellt werden. Diese Sorten bekommen Sie problemlos in Asien-Läden und großen Supermärkten. Am beliebtesten sind in China frische Nudeln, die je nach Gegend verschieden geformt sind. Bezüglich der Form können Sie zwischen unterschiedlichen Längen und Breiten wählen, beliebt sind auch »Nestnudeln«, dünn wie feine Spaghetti und zu Nestern gedreht. Dünne Nudeln verwendet man meist für Nudelsuppe. Für Gerichte mit gebratenen Nudeln eignen sich breite Nudeln, ähnlich den italienischen Bandnudeln, am besten, da sie ihre Form beim Braten nicht verlieren. Aber auch Reisnudeln – in der gleichen Breite – können Sie gut verwenden.

Ein guter Nudelmacher kann die Nudeln kilometerlang ziehen.

Reisnudeln mit Tintenfisch

Aus Thailand · Geht schnell

Guai Thiau Plaah Mük

Zutaten für 4 Portionen:
500 g Tintenfisch (ohne Kopf und Fangarme), küchenfertig vorbereitet
200 g Broccoli
5 Knoblauchzehen
2 mittelgroße Zwiebeln
200 g Reisnudeln (1–2 cm breit)
8 EL Öl
2 EL süße Sojasauce
3 EL Fischsauce
1 EL Zucker
außerdem: 1 Schale Peperoni in Essig (Tip S. 80)
etwas Zucker
etwas Chilipulver

Zubereitungszeit: 25 Min.
(+ 5 Min. für die Peperoni)

Pro Portion: 1900 kJ/450 kcal

1 Tintenfisch unter fließendem Wasser säubern und der Länge nach vierteln. Tintenfischviertel kreuzweise einschneiden, dann in etwa 5 cm lange und 2 cm breite Streifen schneiden.

2 Broccoli putzen, in Röschen teilen und waschen. Stiele schälen, von holzigen Stellen befreien und in feine Scheiben schneiden. Knoblauch schälen und fein hacken. Zwiebeln schälen und vierteln.

3 In einem Topf reichlich Wasser zum Kochen bringen. Nudeln in etwa 3 Min. blanchieren (sprudelnd kochen), in ein Sieb gießen, mit kaltem Wasser abspülen und gut abtropfen lassen. Öl in einer Pfanne oder im Wok erhitzen, Knoblauch, Zwiebelviertel und Tintenfischstücke hineingeben und bei starker Hitze etwa 1 Min. braten. Dabei ständig rühren.

4 Broccoli dazugeben, alles nochmals etwa 2 Min. braten. Nudeln, Soja- und Fischsauce sowie den Zucker dazugeben, alles gut verrühren und heiß werden lassen.

5 Am Tisch werden zu diesem Gericht nach Belieben eine Portion Peperoni in Essig (S. 80) und je ein kleines Schälchen Zucker und Chilipulver gereicht; jeder schmeckt nach Belieben ab.

Tip! Die gekochten Nudeln dürfen keinesfalls trocken werden, da sie sonst nicht mit den anderen Zutaten zu vermischen sind. Daher müssen Sie bei Arbeitsschritt 3 und 4 zügig arbeiten.

Eiernudeln mit Sojasprossen

Bamie Pad

Aus Thailand · Geht schnell

Zutaten für 4 Portionen:
300 g chinesische Eiernudeln
200 g Sojabohnensprossen
2 Frühlingszwiebeln
3 Knoblauchzehen
50 g roher Schinken
3 EL Öl
2 EL Fischsauce
2 EL Austernsauce
1 EL Zucker

Zubereitungszeit: 20 Min.

Pro Portion: 1700 kJ/400 kcal

1 In einem Topf reichlich Wasser zum Kochen bringen. Nudeln hineingeben und etwa 4 Min. (nach Packungsvorschrift) garen. In ein Sieb gießen, mit kaltem Wasser kurz abspülen und gründlich abtropfen lassen.

2 Sojabohnensprossen waschen, evtl. braune Enden abschneiden. Frühlingszwiebeln putzen, der Länge nach halbieren, waschen und in etwa 3 cm lange Stücke schneiden. Knoblauch schälen und fein hacken. Schinken in kleine Würfel schneiden.

3 Öl in einer Pfanne oder im Wok erhitzen, Knoblauch und Schinken darin bei mittlerer Hitze etwa 1 Min. anbraten. Abgetropfte Nudeln dazugeben, gut untermischen und alles etwa 1 Min. braten.

4 Sojabohnensprossen, Frühlingszwiebeln, Fisch- und Austernsauce sowie den Zucker hinzufügen, alles gut vermischen und bei mittlerer Hitze etwa 2 Min. garen, bis die Zutaten heiß sind. Die Sojabohnensprossen sollten noch knackig sein. Das Gericht sofort servieren.

Info: Die braune Austernsauce (Naam Manhoy) ist relativ dickflüssig und wird aus fermentierten Austern und Fischen hergestellt. Sie wird meist zum Abschmecken bestimmter Gerichte verwendet, bei denen man eine Sauce erhalten möchte. Eher selten dient sie zum Nachwürzen am Tisch.

Teigtaschen mit Lammsauce

Aus Slowenien · Braucht etwas Zeit

Zlinkrofi mit Bakalca

Zutaten für 4 Portionen:
Für den Teig:
250 g Mehl
2 Eier
Salz
Mehl für die Arbeitsfläche

Für die Füllung:
250 g Kartoffeln, mehligkochend
1 kleine Zwiebel
50 g Schinken, geräuchert, ohne Schwarte
1 EL Speiseöl
1 Bund Schnittlauch
1/2 TL Majoran, getrocknet
schwarzer Pfeffer, frisch gemahlen

Für die Sauce:
600 g Lammfleisch (aus der Schulter)
1 große Zwiebel
1 große Möhre (etwa 100 g)
2 EL Speiseöl
1/4 l Fleischbrühe (selbstgemacht oder instant)
1 Lorbeerblatt
1 TL Thymian, getrocknet
3–5 EL Rotweinessig nach Geschmack
1 TL Speisestärke

Zubereitungszeit: 1 3/4 Std. (+ 20 Min. Schmoren)

Pro Portion: 3300 kJ/790 kcal

1 Für den Teig Mehl, Eier, 1 Prise Salz und 100 ml Wasser verkneten. Eine Kugel formen, mit Mehl bestäuben und zugedeckt etwa 30 Min. ruhen lassen. Für die Füllung die Kartoffeln waschen und in einem Topf knapp mit Wasser bedeckt in etwa 30 Min. bei mittlerer Hitze fertiggaren.

2 Inzwischen die Zwiebel schälen und fein hacken. Den Schinken in kleine Würfel schneiden. Das Öl in einem Topf erhitzen und die Zwiebel darin bei mittlerer Hitze weich dünsten. Den Schinken untermischen.

3 Die Kartoffeln abgießen, etwas abkühlen lassen, pellen und durch die Kartoffelpresse zum Zwiebel-Schinken-Gemisch drücken. Schnittlauch waschen, trockenschütteln, kleinschneiden, etwa 1 EL davon beiseite stellen. Rest mit dem Majoran zum Kartoffelbrei geben und alles gut vermengen. Salzen, pfeffern, beiseite stellen.

4 Für die Sauce das Lammfleisch in sehr kleine Würfel schneiden. Zwiebel schälen und fein hacken. Möhre schälen und fein raspeln.

5 Öl in einer großen Pfanne erhitzen. Das Fleisch darin portionsweise bei starker Hitze anbraten, herausnehmen. Dann das Fleisch wieder in die Pfanne geben, Zwiebel und Möhre hinzufügen und alles etwa 5 Min. bei mittlerer Hitze dünsten. Mit der Fleischbrühe ablöschen, salzen, pfeffern, Lorbeer und Thymian sowie den Essig unterrühren. Zugedeckt alles bei schwacher Hitze etwa 20 Min. schmoren.

6 Speisestärke mit etwas kaltem Wasser glattrühren. In die Sauce geben, aufkochen, etwa 3 Min. bei mittlerer Hitze kochen lassen, abschmecken, bei schwächster Hitze warm halten.

7 Den Nudelteig auf einer bemehlten Arbeitsfläche so dünn wie möglich ausrollen. Teig mit einem Teigrädchen oder einem Messer in Quadrate von etwa 5 x 5 cm teilen.

8 Jeweils in die Mitte ein Häufchen der Kartoffelfüllung setzen. Quadrate über der Füllung diagonal zusammenklappen, Ränder festdrücken. Reichlich Salzwasser zum Kochen bringen. Teigtaschen portionsweise im siedenden Wasser in etwa 5 Min. gar ziehen lassen, bis sie an der Oberfläche schwimmen. Mit einem Schaumlöffel herausnehmen und warm stellen. Wenn alle Teigtaschen fertig sind, auf warmen Tellern anrichten und mit der Lammfleischsauce übergießen und dem beiseite gestellten Schnittlauch garnieren.

Teigtaschen mit Bohnen

Aus China · Vegetarisch

Don Jiao Su Bao Zi

Zutaten für etwa 40 Stück (als Hauptgericht für 4–6 Portionen):
500 g Mehl
20 g Hefe (1/2 Würfel)
25 g mittelgroße getrocknete Mu-Err-Pilze
400 g grüne Bohnen
50 g frische Tongku-Pilze (Shiitake), ersatzweise Austernpilze
50 g Bambussprossen
3 EL Pflanzenöl
2 EL helle Sojasauce
Salz
3 EL Sesamöl
außerdem: Bambusdämpfer, ersatzweise Dunsteinsatz

Zubereitungszeit: 1 1/2 Std.

Bei 6 Portionen pro Portion: 2600 kJ/ 620 kcal

1 Mehl in eine Schüssel geben. Hefe in 1/4 l lauwarmem Wasser auflösen und dazugeben. Teig gründlich verkneten und unter einem leicht angefeuchteten Tuch etwa 30 Min. an einem warmen Ort gehen lassen.

2 Inzwischen Mu-Err-Pilze in heißem Wasser etwa 10 Min. einweichen, dann abtropfen lassen. Bohnen putzen, waschen und in sehr feine Scheiben schneiden. Tongku- oder Austernpilze putzen. Bambus und Pilze fein zerkleinern.

3 Pflanzenöl in einer Pfanne oder im Wok erhitzen. Bohnen darin unter Rühren bei starker Hitze etwa 1 Min. anbraten. Beide Pilzsorten und die Bambussprossen dazugeben und unter Rühren alles 4–5 Minuten braten. Dann das Gemüse mit Sojasauce und Salz abschmecken und abkühlen lassen. Erst dann das Sesamöl untermischen.

4 Teig noch einmal gut durchkneten. Dann zu einer Rolle formen und anschließend in etwa 40 Stücke teilen.

5 Die Teigstücke in runde Stücke von etwa 10 cm Durchmesser rollen. Die Mitte soll dünner als der Rand sein.

6 Je etwa 1 EL Füllung in der Mitte verteilen und mit dem Löffel etwas zusammendrücken. Den Teig an einem Ende nach oben ziehen. Den Teig nun in Falten um die Füllung zusammenlegen. Dabei den Teig immer wieder etwas nach oben ziehen, damit er gleichmäßig dick wird. Zum Schluß das obere Ende etwas zusammendrehen.

7 In einen Topf Wasser geben und zum Kochen bringen. Bambusdämpfer mit einem feuchten Tuch auskleiden und in den Topf stellen. Die Teigtaschen mit mindestens 2 cm Entfernung voneinander hineingeben und portionsweise bei starker Hitze über dem heißen Dampf zugedeckt etwa 6 Min. dämpfen. (Sie können auch eine Bißprobe machen. Aber bitte den Deckel schnell wieder auflegen). Ansonsten im Dunsteinsatz dämpfen.

Variante: Ein bekanntes Gericht aus Shanghai geht folgendermaßen: Die Teigtaschen werden in Öl gebraten und anschließend mit Sesam bestreut. Auch für übriggebliebene Teigtaschen ist das eine gute Lösung.
Als Füllung können Sie anstelle der Bohnen übrigens auch Fleisch oder Fleisch mit Gemüse nehmen.

Schinkenfleckerln

Aus Österreich · Etwas aufwendiger

Überbackene Schinkennudeln

Zutaten für 4 Portionen:
300 g Mehl + Mehl zum Ausrollen
5 Eier
Salz
200 g gekochter, magerer Schinken im Stück
1 mittelgroße Zwiebel
2 EL Butter + Butter für die Form
1 EL Öl
125 g saure Sahne
1 Bund glatte Petersilie
1 Prise Muskatnuß, frisch gerieben
schwarzer Pfeffer, frisch gemahlen
1 EL Semmelbrösel + Semmelbrösel für die Form
1 EL kalte Butter

Zubereitungszeit: 1¼ Std.
(+ 30 Min. Ruhen + 30 Min. Backen)

Pro Portion: 2900 kJ/690 kcal

1 Mehl hügelartig auf eine Arbeitsfläche sieben. In die Mitte eine Mulde drücken. 3 Eier hineinschlagen und 1 Prise Salz hinzufügen. Alles von außen nach innen rasch zu einem glatten Teig verkneten. Wenn nötig, ganz wenig kaltes Wasser zugeben, damit sich alle Zutaten gut verbinden.

2 Den Teig mit dem Handballen etwa 15 Min. durchkneten, bis er seidig glänzt. Anschließend unter einer umgestülpten Schüssel etwa 30 Min. ruhen lassen.

3 Danach den Teig auf einer bemehlten Arbeitsfläche messerrückendick ausrollen und etwa 10 Min. trocknen lassen.

4 Inzwischen Schinken mittelfein hacken. Zwiebel schälen und fein hacken. Butter in einer Pfanne erhitzen, die Zwiebelwürfel darin glasig braten und auskühlen lassen.

5 Den Fleckerlteig erst längs und dann quer in etwa 1 cm große Quadrate (Fleckerln) schneiden.

6 Etwa 3 l Wasser zum Kochen bringen, Öl und 1½ TL Salz hinzufügen. Fleckerln darin in etwa 6 Min. bißfest garen, danach in ein großes Sieb schütten und gut abtropfen lassen.

7 Den Backofen auf 200° (Gas Stufe 3) vorheizen. Eine feuerfeste Form mit Butter ausstreichen und mit Semmelbröseln ausstreuen.

8 Petersilie waschen, trockenschütteln, von den groben Stengeln befreien und fein hacken.

9 Restliche Eier in Eigelb und Eiweiß trennen. Die Eigelbe in einer Schüssel mit saurer Sahne verquirlen. Abgetropfte Fleckerln, gehackten Schinken und Zwiebelwürfel samt Butter untermengen. Gehackte Petersilie und Muskat hinzufügen, alles salzen und pfeffern. Die Eiweiße zu sehr steifem Schnee schlagen und vorsichtig unterziehen.

10 Die Schinkenfleckerlmasse in die Form füllen, 1 EL Semmelbrösel darüber streuen und Butter in Flöckchen obenauf setzen.

11 Die Schinkenfleckerln im Backofen (Mitte) in etwa 30 Min. goldbraun überbacken. Dazu paßt grüner Salat.

Getränke: Nehmen Sie einen leichten Landwein, weiß oder rot, oder kühles Bier.

Variante: Krautfleckerln
1 kleinen Kopf Weißkraut (Weißkohl) vierteln, waschen, vom Strunk befreien und fein hobeln. 3 TL Butter erhitzen, 1 mittelgroße, feingehackte Zwiebel darin braten. 1 EL Zucker darüber karamelisieren lassen. Mit 1 EL Essig ablöschen und mit ⅛ l heißer Fleischbrühe oder Wasser aufgießen. Das Kraut darin unter häufigem Umrühren in etwa 30 Min. garen. Mit Salz, Pfeffer und 1 TL Kümmelpulver würzen. Die gegarten Fleckerln unter das fertige Kraut mischen und ohne Überbacken servieren.

Malfatti

Aus Italien · Vegetarisch

Spinatklößchen

Zutaten für 6–8 Portionen:
600 g frischer Blattspinat (ersatzweise 300 g tiefgekühlter)
1 kleine Zwiebel
120 g Butter
150 g Ricotta (ersatzweise gut abgetropfter Magerquark)
100 g Parmesan, frisch gerieben
2 Eier
1 Eigelb
Salz
schwarzer Pfeffer, frisch gemahlen
Muskatnuß, frisch gerieben
200 g Mehl

Zubereitungszeit: 1 Std.

Bei 8 Portionen pro Portion:
1400 kJ/330 kcal

1 Spinat putzen, waschen, tropfnaß in einen Topf geben, zugedeckt bei mittlerer Hitze dünsten, bis er zusammenfällt. Auskühlen lassen, die Blätter ausdrücken und fein hacken. Zwiebel schälen, fein hacken, in 30 g zerlassener Butter bei mittlerer Hitze glasig braten, den Spinat untermischen, vom Herd nehmen und abkühlen lassen.

2 Ricotta glatttrühren, Spinat und die Hälfte des Parmesans untermischen. Die Eier und das Eigelb einrühren, mit Salz, Pfeffer und Muskatnuß kräftig würzen. Nach und nach das Mehl einarbeiten, mit dem Mixer zu einem glatten Teig rühren.

3 Backofen auf 175° vorheizen. In einem großen Topf 3 l Salzwasser zum Kochen bringen. Mit 2 Teelöffeln aus der Teigmasse Klößchen formen, ins kochende Wasser gleiten lassen. Offen bei schwacher Hitze so lange ziehen lassen, bis sie oben schwimmen.

4 Klößchen mit dem Schaumlöffel herausnehmen, abtropfen lassen und in eine gefettete Gratinform geben. Restliche Butter zerlassen, Klößchen damit beträufeln. Restlichen Parmesan darüber streuen. Im Backofen (Mitte; Gas Stufe 2) etwa 5 Min. überbacken lassen, dann sofort servieren.

Wein: Dazu paßt ein trockener Pinot bianco di Franciacorta.

Gnocchi al gorgonzola

Aus Italien · Braucht etwas Zeit

Kartoffelklößchen mit Sahne und Gorgonzola

Zutaten für 4–6 Portionen:
Für den Teig:
1 kg Kartoffeln, mehligkochend
Salz
etwa 250 g Mehl
Für die Sauce:
200 g Gorgonzola
3 EL Butter · 1/8 l Sahne
3 EL Parmesan, frisch gerieben
Salz
weißer Pfeffer, frisch gemahlen

Zubereitungszeit: 1 1/4 Std.

Bei 6 Portionen pro Portion:
2300 kJ/550 kcal

1 Kartoffeln waschen, in Salzwasser garen. Pellen, noch heiß durch eine Kartoffelpresse auf bemehlte Arbeitsfläche drücken.

2 Püree leicht salzen. Mit Mehl verkneten, bis ein glatter Teig entsteht. Zugedeckt etwa 10 Min. ruhen lassen.

3 Teig in 8–10 Portionen teilen, mit bemehlten Händen daraus daumendicke Rollen formen, in 3 cm lange Stücke schneiden, mit Gabel nach Belieben ein Rillenmuster eindrücken. Auf bemehltem Tuch ruhen lassen, Salzwasser in großem Topf erhitzen.

4 Inzwischen Gorgonzola in kleine Würfel schneiden. In kleiner Pfanne Butter und Gorgonzola bei schwacher Hitze so lange erwärmen, bis der Käse geschmolzen ist. Langsam unter ständigem Rühren Sahne und Parmesan dazugeben, salzen und pfeffern.

5 Gnocchi ins kochende Wasser geben, vorsichtig umrühren. Wenn sie oben schwimmen, mit Schaumlöffel herausnehmen, abtropfen lassen.

6 Gnocchi in vorgewärmte Schüssel schichten, über jede Schicht heiße Käsecreme verteilen. Sofort servieren.

»Gefillte«

Aus Deutschland · Deftig

Gefüllte Kartoffelknödel mit Schnittlauchbröseln

Zutaten für 4 Portionen:
500 g gekochte kalte Kartoffeln vom Vortag, mehligkochend
500 g rohe Kartoffeln, mehligkochend
2 Eier
etwa 100 g Mehl · Salz
Muskatnuß, frisch gerieben
1 Zwiebel
½ Bund Petersilie
30 g fetter Speck
200 g Hackfleisch (vom Schwein oder gemischt)
schwarzer Pfeffer, frisch gemahlen
Mehl zum Ausrollen
1 Bund Schnittlauch
100 g Butter
4 EL Semmelbrösel

Zubereitungszeit: 1 Std.

Pro Portion: 3000 kJ/710 kcal

1 Die gekochten Kartoffeln schälen und durch die Kartoffelpresse drücken. Die rohen Kartoffeln schälen und fein reiben. Ein Sieb mit einem Tuch auslegen, das rohe Kartoffelmus hineinschütten und abtropfen lassen, dabei den Saft auffangen, zuletzt im Tuch fest auspressen.

2 In einer Schüssel beide Kartoffelmassen zusammen mit Eiern, Mehl, Salz und einer guten Prise Muskat verkneten. Den Kartoffelsaft über der am Boden abgesetzten Stärke vorsichtig abgießen, die Stärke unter den Kartoffelteig mischen. Den Teig etwa 30 Min. kühl gestellt ausquellen lassen.

3 Für die Füllung die Zwiebel schälen und fein würfeln. Petersilie waschen, trockenschütteln und fein hacken. Den Speck fein würfeln und in einer Pfanne auslassen, die Zwiebelwürfel dazugeben und knusprig braten. Zuletzt die Petersilie kurz mitdünsten. Alles unter das Hackfleisch mischen, mit Salz und Pfeffer abschmecken.

4 Den Kartoffelteig auf bemehlter Arbeitsfläche zu einer dicken Rolle formen, in 8 Stücke zerteilen. Jeweils etwas Hackfleisch auf ein Teigstück geben, dieses zum Knödel formen und so mit Hackfleischmasse füllen. Mit dem Rest genauso verfahren.

5 In einem großen Topf reichlich Salzwasser aufkochen und die Knödel darin etwa 25 Min. bei schwacher Hitze gar ziehen lassen, das Wasser darf dabei nicht kochen, sonst zerfallen die »Gefillte«.

6 Für die Sauce den Schnittlauch waschen, trockenschütteln und in feine Röllchen schneiden. Die Butter in einem Töpfchen erhitzen, Semmelbrösel darin hellbraun anrösten, Schnittlauch unterrühren.

7 Klöße mit einem Schaumlöffel aus dem Topf heben, abtropfen lassen und mit den heißen Bröseln übergossen servieren. Dazu reicht man eine große Schüssel mit grünem Salat.

Getränke: Zu den Klößen passen trockene herzhafte Weißweine, möglichst ein Mosel-Saar-Ruwer-Riesling, zum Beispiel aus Leiwen an der Mosel. Aber auch ein frisches herbes Pils schmeckt gut dazu.

Info: Gefüllte Klöße spiegeln eine typische Eigenart der Saarländer wider, nämlich ihre Vorliebe für »Grumbeer'n« (Kartoffeln), die sie in vielen Variationen zubereiten. Die Klöße werden auch auf Sauerkraut serviert und dann »Herzdriggerte« genannt. Sie sind im Saarland wie im Hunsrück sehr beliebt. Oft wird für die Füllung das Hackfleisch, das nicht zu mager sein soll, ebenfalls angebraten – dann durchzieht sein pikanter Geschmack die Knödel noch würziger.

Schwammerl mit Knödeln

Aus Deutschland · Herzhaft

Pilzragout mit Sahne zu Knödeln

Zutaten für 4 Portionen:
6 altbackene Semmeln (Brötchen, etwa 240 g)
200 ml Milch · 1½ Zwiebeln
1 Bund Petersilie · 5 EL Butter
2 Eier · Salz
schwarzer Pfeffer, frisch gemahlen
600 g Steinpilze oder Reherl (Pfifferlinge), Rotkappen, Birkenpilze, Egerlinge (braune Champignons)
50 g Wammerl (geräucherter Bauchspeck), ohne Schwarte
300 ml Kalbsfond (selbstgemacht oder Fertigprodukt)
300 g Rahm (süße Sahne)
1 EL Zitronensaft

Zubereitungszeit: 45 Min. (+ 30 Min. Ruhen)
Pro Portion: 3200 kJ/760 kcal

1 Die Semmeln in sehr dünne Scheiben schneiden. Milch etwas erhitzen und darüber träufeln. Die halbe Zwiebel schälen, fein würfeln. Petersilie waschen, fein hacken, die Hälfte davon mit den Zwiebeln in 1 EL Butter andünsten, zu den Semmeln geben. Eier untermischen, salzen und pfeffern und zu einem nicht zu glatten Teig verkneten. Offen etwa 30 Min. ruhen lassen.

2 Inzwischen für das Ragout die Pilze putzen, dann in Scheiben schneiden. Die Zwiebel schälen und fein würfeln, den Speck ebenfalls fein würfeln. Beides 2–3 Min. in der restlichen Butter andünsten, die Pilze dazugeben und bei starker Hitze offen braten, bis die ausgetretene Flüssigkeit verdampft ist.

3 Inzwischen aus dem Semmelteig mit nassen Händen 6–8 etwa tennisballgroße Knödel formen und in reichlich siedendem Salzwasser bei schwacher Hitze offen etwa 20 Min. garen.

4 Die Pilze mit Fond und Rahm aufgießen, mit Salz, Pfeffer und Zitronensaft abschmecken. Die fertigen Knödel abtropfen lassen, auf den mit der restlichen Petersilie bestreuten Schwammerln anrichten.

Info: »Schwammerl« werden in Bayern alle Pilze genannt, das Gericht heißt dort »Schwammerlsuppe«, was Fremde irritiert, denn in Wirklichkeit ist es ein herzhaftes Hauptgericht.

Saure Linsen mit Spätzle

Aus Deutschland · Deftig

Linsengemüse, sauer abgeschmeckt

Zutaten für 4 Portionen:
300 g getrocknete Linsen
75 g Räucherspeck, durchwachsen, ohne Schwarte
1 Zwiebel
1 Bund Suppengemüse
1 EL Butterschmalz
1 Lorbeerblatt
3 Nelken · 1 Zweig Liebstöckel
3/4 l Fleischbrühe (selbstgemacht oder Fertigprodukt)
300 g Mehl
3 Eier
Salz · Muskat
schwarzer Pfeffer, frisch gemahlen
2–3 EL Weißweinessig
4 Paar Saitenwürstle (Wiener Würstchen)
3 EL Butter · 3 EL Semmelbrösel

Zubereitungszeit: 45 Min. (+ 12 Std. Einweichen + 45 Min. Garen)

Pro Portion: 4600 kJ/1100 kcal

1 Die Linsen abspülen und in kaltem Wasser über Nacht einweichen. Am nächsten Tag Speck würfeln. Zwiebel schälen und hacken. Suppengemüse putzen und fein würfeln. Speckwürfel in Butterschmalz auslassen, Zwiebelwürfel darin anrösten, das Suppengemüse dazugeben, kurz dünsten. Die Linsen abgießen, abtropfen lassen, dann Lorbeerblatt, Nelken, Liebstöckel und Fleischbrühe hinzufügen und etwa 45 Min. zugedeckt bei schwacher Hitze köcheln lassen.

2 Backofen auf 75° vorheizen. Für die Spätzle Mehl mit 8–10 EL kaltem Wasser, Eiern, Salz und Muskat zu einem glatten, zähflüssigen Teig verrühren, etwa 15 Min. quellen lassen. In einem Topf reichlich Salzwasser aufkochen.

3 Den Teig portionsweise durch den Spätzlehobler drücken. Oder den Teig portionsweise etwa messerrückendick auf die vordere Hälfte eines nassen Holzbretts streichen und mit einem langen, immer wieder angefeuchteten Messer schmale Streifen ins kochende Wasser schieben. Sobald die Spätzle oben schwimmen, mit einem Schaumlöffel herausheben und in einer feuerfesten Schüssel im Backofen (Gas niedrigste Stufe, Umluft 50°) warm stellen.

4 Die Linsen mit Salz, Pfeffer und Essig abschmecken. Die Würstchen dazugeben und etwa 10 Min. erhitzen, aber nicht kochen lassen. In einem Töpfchen Butter zerlassen, die Semmelbrösel darin bräunen, über die Spätzle gießen und diese zu den Linsen mit Würstchen servieren.

Spinatpastete

Spanakópitta

Aus Griechenland · Braucht etwas Zeit

Zutaten für eine runde feuerfeste Form von 28–30 cm Ø, für 4 Portionen:
1 kg frischer Blattspinat
1 Bund Frühlingszwiebeln (etwa 200 g)
4 EL Olivenöl
2 Bund Dill
200 g Feta-Käse (Schafkäse)
schwarzer Pfeffer, frisch gemahlen
Salz
2 Eier
⅛ l Milch
80 g Butter
3 Yufka-Teigblätter

Zubereitungszeit: 1 Std. (+ 40 Min. Backen)

Pro Portion: 2700 kJ/640 kcal

1 Spinat waschen, Wurzelansätze und harte Stiele abschneiden. Frühlingszwiebeln von harten Röhren und Wurzeln befreien, abspülen, zweimal längs halbieren und quer in Stückchen schneiden.

2 3 EL Olivenöl in einer Pfanne erhitzen und die Zwiebeln glasig dünsten. Den tropfnassen Spinat hineingeben und bei starker Hitze zusammenfallen und die Flüssigkeit verdampfen lassen. Die Pfanne vom Herd nehmen, Spinat kurz abkühlen lassen, auf einem Brett fein hacken und in eine Schüssel geben.

3 Dill hacken. Den Käse fein zerkrümeln und unter den Spinat mischen. Mit Pfeffer und Salz abschmecken. Eier verquirlen und unterziehen.

4 Die Yufka-Blätter aus der Folie nehmen, auseinanderfalten, mit Wasser fein besprühen und mit einem feuchten Tuch bedeckt etwa 30 Min. ruhen lassen, damit sie geschmeidig werden. Den Backofen auf 200° (Gas Stufe 3) vorheizen. Form mit 1 EL Öl einpinseln. Butter mit Milch in einem Töpfchen erwärmen.

5 Das erste Yufka-Blatt in die Form legen, Ränder überhängen lassen. Das Teigblatt mit Butter-Milch-Mischung großzügig einpinseln.

6 Das zweite Blatt halbieren. Die Hälften kreuz und quer übereinander auf den Boden der Form legen, dabei jeweils großzügig einpinseln. Ränder überhängen lassen. Spinat in die Form geben, gut andrücken.

7 Das dritte Blatt halbieren, den Spinat damit abdecken, jede Lage einpinseln. Die Ränder über die Pastete klappen, mit der restlichen Butter-Milch-Mischung einpinseln.

8 Die oberen Schichten der Pastete quadratisch einschneiden. Im Ofen (Mitte) 35–40 Min. goldgelb backen, etwas abkühlen lassen. Die Quadrate richtig durchschneiden und die Pastete warm oder kalt servieren.

Info: Die Spinatpastete wird von den griechischen Hausfrauen mit etwas dicker ausgerolltem Teig zubereitet, der dem türkischen Yufka mehr entspricht als der industriell hergestellte, exportierte dünne Fillo.

Weizen-Tortillas

Aus Nordmexiko · Gelingt leicht

Tortillas de harina

Zutaten für 8 Stück:
175 g Weizenmehl
1 TL Salz

Zubereitungszeit: 45 Min.

Pro Stück: 310 kJ/74 kcal

1 Mehl in eine Schüssel geben und Salz hinzufügen. Langsam unter ständigem Rühren 100 ml lauwarmes Wasser dazugießen.

2 Den Teig am besten mit den Händen kneten, bis er geschmeidig ist und nicht mehr klebt. Zugedeckt etwa 15 Min. ruhen lassen.

3 Den Teig in 8 gleich große Portionsstücke teilen. Jede Portion auf einer bemehlten Arbeitsfläche zu einem dünnen kreisrunden Fladen von etwa 15 cm Durchmesser ausrollen.

4 Eine beschichtete Pfanne ohne Fett erhitzen und die Tortillas nacheinander darin von jeder Seite etwa 1 Min. bei mittlerer Hitze backen. Sobald sich die Tortillas aufblähen, den Teig mit einem Pfannenwender sanft auf den Pfannenboden drücken, damit sie gleichmäßig gebacken werden. Die Tortillas sind gar, wenn sie dunkelbraune Flecken oder Punkte bekommen. Zum Warmhalten der fertigen Tortillas eignet sich z. B. ein Körbchen, das Sie mit Servietten auslegen können.

Tip! Tortillas lassen sich gut auf Vorrat backen und einfrieren. Sie können zu vielen Gerichten als Beilage wie Brot gegessen werden.

Tacos mit Fleischfüllung

Aus Nordmexiko · Braucht etwas Zeit

Tacos con relleno de carne de res

Zutaten für 8 Stück:
1/4 l Fleischbrühe (Fertigprodukt)
350 g Rinderfilet · Salz
8 fertige Weizen-Tortillas (S. 104) · Öl
8 große Kopfsalat-Blätter
8 EL Rote-Bohnen-Sauce
(siehe Glossar, ersatzweise fertige grüne Chili Salsa)
2 kleine Fleischtomaten
8 EL Crème fraîche
8 EL kalte Tomatensauce
(siehe Glossar, ersatzweise fertige grüne Chili Salsa)
100 g Gouda, mittelalt
Zubereitungszeit: 1 Std.
(+ 45 Min. für die Weizen-Tortillas
+ 20 Min. für die Bohnensauce
+ 20 Min. für die Tomatensauce)
Pro Stück: 1200 kJ/290 kcal

1 Fleischbrühe in einen kleinen Topf gießen und aufkochen. Rinderfilet hineinlegen und zugedeckt bei mittlerer Hitze in etwa 30 Min. gar ziehen lassen.

2 Das Fleisch aus der Brühe nehmen, abkühlen lassen, zerzupfen oder kleinschneiden und leicht salzen.

3 Die fertigen Weizen-Tortillas in einer Pfanne im heißen Öl kurz nacheinander wenden, damit sie weich werden. Dann herausnehmen und auf die Arbeitsplatte legen.

4 Salatblätter waschen und trockenschütteln. Die Bohnensauce auf die Tortillas streichen und mit je einem Salatblatt belegen. Dann das zerkleinerte Rindfleisch darauf verteilen.

5 Tomaten waschen, halbieren, vom Stielansatz befreien und klein würfeln. Die Tomatenwürfel auf die Tortillas legen, je 1 EL Crème fraîche und die Tomatensauce daraufgeben.

6 Den Gouda auf einer groben Reibe direkt darauf raspeln. Die Tortillas aufrollen und sofort servieren.

Tip! Die Saucen können Sie schon einige Tage vorher zubereiten. Sie sind im Kühlschrank etwa 3–4 Tage haltbar.

FISCH & MEERESFRÜCHTE

Fisch und Meeresfrüchte haben viele Nationen zu köstlichen Gerichten inspiriert. Länder mit langen Meeresküsten können aus einem reichen Angebot aus fangfrischem Fisch und vielfältigen Meeresfrüchten wählen. Aber auch Binnenländer wie zum Beispiel Österreich sind mit Fisch bestens versorgt, denn in den klaren Seen und Bächen können die Angler viele verschiedene Süßwasserfische fangen. Außerdem gibt es in den meisten Ländern Zuchtbetriebe, zum Beispiel für Forellen und Karpfen.

Die Fischgerichte der Welt spiegeln die ganze Vielfalt der verschiedenen Küchenstile wieder. Die Gewürzpalette der einzelnen kulinarischen Traditionen gibt den Fischgerichten immer wieder ein anderes unverwechselbares Aroma. Probieren Sie einmal einen Fisch in Zwiebelsauce aus Indien, mit Kurkuma, Kreuzkümmel und Ingwer raffiniert abgeschmeckt. Oder ein Fischgratin mit Mandelsauce aus Mexiko. Die Verwendung von Mandeln geht hier übrigens auf spanischen Einfluß zurück. Oder Sie bereiten einmal eine Dorade mit Sojasauce zu, ein typisches Gericht aus Taiwan. Viel europäischer schmecken die Sardinen aus dem Ofen, mit viel Petersilie, Knoblauch und Öl im Ofen geschmort.

Besonders beliebt sind bei den Meeresfrüchten heutzutage die Garnelen. Man kann sie auch schon in jedem Supermarkt in guter Qualität kaufen. Deshalb finden Sie in diesem Kapitel relativ viele Garnelenrezepte. Ein besonders traditionsreiches und köstliches Garnelengericht ist der Reis-Garnelen-Topf Jambalaya aus New Orleans. Aber auch für andere Meeresfrüchte finden Sie hier Rezepte: Wenn Sie Ihren Gästen einmal etwas Edles servieren wollen, sollten Sie die Jakobsmuscheln galizisch auswählen, die Crab Cakes aus Amerika (Maryland) oder den gemischten Fischeintopf aus Viareggio. Und nun: jede Menge Kochspaß mit frischen Fischen, zarten Calamari, knusprigen Garnelen und, und, und....

Schwertfisch

Aus Mexiko · Gelingt leicht

Pez espada

Zutaten für 4 Portionen:
4 Frühlingszwiebeln
1 Bund frischer Koriander (ersatzweise glatte Petersilie)
500 g Fleischtomaten
Saft von 1 Limette
3 EL Olivenöl
Salz
schwarzer Pfeffer, frisch gemahlen
Öl für die Form
4 Schwertfischsteaks (je etwa 180 g)

Zubereitungszeit: 40 Min.

Pro Portion: 1200 kJ/290 kcal

1 Frühlingszwiebeln putzen, waschen und in schmale Ringe schneiden. Koriander abbrausen, trockenschütteln und die Blättchen fein hacken.

2 Fleischtomaten überbrühen, häuten, quer halbieren, entkernen und vom Stielansatz befreien. Das Fruchtfleisch klein würfeln. Den Backofen auf 200° (Gas Stufe 3) vorheizen.

3 Die Frühlingszwiebeln mit Koriander, Tomatenwürfeln, Limettensaft und Olivenöl in einer Schüssel mischen, mit Salz und Pfeffer würzen. Eine Auflaufform mit Öl auspinseln.

4 Die Schwertfischsteaks kalt abspülen, trockentupfen, salzen, pfeffern und nebeneinander in die Form legen. Die Gemüsemischung gleichmäßig auf dem Fisch verteilen und diesen im Backofen (Mitte) 10–15 Min. garen.

Variante: Sie können auch 4 mittelgroße gehäutete Tomaten in Scheiben schneiden und auf 4 große Stücke Alufolie verteilen. Darauf je 1 Schwertfischsteak legen und mit gehacktem Knoblauch und etwas Koriander bestreuen. Das Ganze dann mit Öl beträufeln, einpacken und bei 200° (Gas Stufe 4) 15–20 Min. im Ofen (Mitte) garen.

Fischgratin mit Mandelsauce

Aus Mexiko · Gelingt leicht

Robalo en salsa de almendras

Zutaten für 4 Portionen:
4 Seebarschfilets (je etwa 200 g)
Saft von 1 Zitrone
Salz
schwarzer Pfeffer, frisch gemahlen
100 g Mandeln, ungeschält
1 Knoblauchzehe
1 frische mittelscharfe Chilischote
6 EL Crème fraîche · 2 EL Öl
Fett für die Form
100 g Queso fresco (ersatzweise Feta-Schafkäse)
Nach Belieben: kleingehackter Koriander und halbierte Zitronenachtel zum Garnieren

Zubereitungszeit: 50 Min.

Pro Portion: 2500 kJ/600 kcal

1 Fischfilets kalt abspülen und trockentupfen. Fischfilets mit Zitronensaft beidseitig beträufeln, salzen, pfeffern und zugedeckt im Kühlschrank etwa 30 Min. ziehen lassen.

2 Inzwischen Mandeln überbrühen und aus den braunen Häutchen drücken. Den Knoblauch schälen. Chilischote entkernen und waschen. Vorsicht, Hände nicht in die Nähe der Augen bringen! Zusammen mit Mandeln, Knoblauch und Crème fraîche im Mixer oder mit dem Pürierstab pürieren. Das Püree mit Salz und Pfeffer abschmecken.

3 Den Backofen auf 200° (Gas Stufe 3) vorheizen. Öl in einer Pfanne erhitzen und den Fisch darin bei mittlerer Hitze etwa 2 Min. beidseitig anbraten. Eine Auflaufform ausfetten und die Fischscheiben hineinlegen.

4 Die Mandelsauce gleichmäßig darauf verteilen. Den Käse auf der Gemüsereibe direkt darüber raspeln. Die Form in den Backofen (Mitte) stellen und den Fisch etwa 10 Min. garen, bis der Käse leicht zu schmelzen beginnt und leicht bräunt. Nach Belieben mit Koriander sowie mit Zitrone garnieren.

Fisch in Zwiebelsauce

Aus Indien · Gelingt leicht

Macher Kalia

Zutaten für 4 Portionen:
1 kleine Lachsforelle (etwa 1 kg), küchenfertig vorbereitet, ersatzweise 800 g Filet
Salz
1 TL Kurkumapulver
3 mittelgroße Zwiebeln
3 mittelgroße Tomaten
1 Stück frischer Ingwer (4 cm)
2 frische Chilischoten
2 Knoblauchzehen
3 EL Ghee, ersatzweise Butterschmalz
2 Lorbeerblätter
½ TL Kreuzkümmelsamen
2 EL Joghurt (3,5 % Fett)
1 TL Garam Masala

Zubereitungszeit: 40 Min.

Pro Portion: 1600 kJ/380 kcal

1 Fisch waschen, trockentupfen, Kopf und Schwanz abschneiden und Lachsforelle quer in etwa 6 cm große Stücke schneiden. Die Fischstücke auf einem Teller mit etwas Salz und ½ TL Kurkuma bestreuen und ruhen lassen.

2 Inzwischen Zwiebeln schälen und kleinschneiden. Tomaten waschen, vierteln und Stielansätze entfernen. Ingwer schälen und auf der Gemüsereibe fein reiben. Chilischoten waschen, vom Stielansatz befreien und längs ein paarmal einschneiden. Danach mit den Händen nicht in die Nähe der Augen kommen, am besten die Hände sehr gründlich waschen! Knoblauch schälen und fein hacken.

3 In einer Karai oder einem Topf Ghee erhitzen, Lorbeerblätter und Kreuzkümmel etwa 1 Min. bei starker Hitze anbraten. Zwiebeln dazugeben und dunkelbraun anbraten. Nach und nach bei mittlerer Hitze unter ständigem Rühren Ingwer, Knoblauch, Chilischoten und ½ TL Kurkuma dazugeben und etwa 2 Min. braten.

4 Tomatenviertel und Joghurt hinzufügen und unter Rühren etwa 3 Min. erhitzen. 150 ml Wasser dazugießen und alles zum Kochen bringen. Sobald die Sauce kocht, die Temperatur reduzieren, etwas Salz hinzufügen und die Fischstücke mit einem Pfannenwender vorsichtig hineinlegen. Mit einem Schöpflöffel Sauce auf die Fischstücke geben, bis sie ganz bedeckt sind. Das Gericht zugedeckt bei schwacher Hitze in etwa 10 Min. garziehen lassen.

5 Fisch etwas abkühlen lassen und Garam Masala darüber streuen. Fischstücke vorsichtig in der Sauce wenden, damit sie nicht zerfallen. Sofort mit Basmatireis servieren. Zu diesem Gericht passen Pickles.

Gegrillte Forelle

Aus Thailand · Scharf

Plaah Samrieh Prung Rot

Zutaten für 4 Portionen:
4 mittelgroße Forellen (je 200–250 g), küchenfertig vorbereitet
9 EL Limettensaft · 1 TL Salz
schwarzer Pfeffer, frisch gemahlen
¼ Kopf Weißkohl (300 g)
1 große Möhre
10 Knoblauchzehen
7 EL Öl
+ 2 EL Öl zum Bestreichen
1 EL Chilipulver
2 EL Zucker
3 EL Fischsauce
nach Belieben: 1 Bananenblatt zum Dekorieren (gewaschen und zerschnitten)

Zubereitungszeit: 35 Min.

Pro Portion: 1800 kJ/430 kcal

1 Forellen kalt waschen und trockentupfen. Beide Seiten im Abstand von etwa 2 cm nicht zu tief einkerben. Mit 4 EL Limettensaft und Salz innen und außen würzen, etwas Pfeffer aus der Mühle darüber streuen.

2 Weißkohl und Möhre putzen und waschen und in sehr feine Streifen schneiden. Am Rand einer großen ovalen Platte (evtl. auf den Bananenblättern) anrichten. Oder für jeden Fische eine eigene Platte nehmen. Knoblauch schälen und kleinhacken.

3 In einem kleinen Topf 5 EL Öl erhitzen, Knoblauch bei mittlerer Hitze in etwa 2 Min. goldgelb braten und mit dem Öl in einer kleinen Schale beiseite stellen. Für die Sauce 2 EL Öl im selben Topf erhitzen, Chilipulver darin kurz anrösten. Topf vom Herd nehmen, Zucker, Fischsauce und 5 EL Limettensaft dazugeben und so lange rühren, bis sich der Zucker gelöst hat. Backofengrill auf 200° (Gas Stufe 3) vorheizen.

4 Forellen mit 2 EL Öl bepinseln und auf dem Holzkohlengrill oder im Backofengrill in der Mitte etwa 15 Min. garen. Ab und zu mit Öl bepinseln.

5 Fische auf der vorbereiteten Platte anrichten, Knoblauch über die Forellen geben und die lauwarme Chilisauce darüber gießen oder separat reichen.

Butterfisch mit Limettensauce

Aus Thailand · Geht schnell

Plaah Nüng Manau

Zutaten für 4 Portionen:
1 Butterfisch (etwa 1 kg; ersatzweise 2 Seezungen, filetiert, oder 8 Seezungenfilets), küchenfertig vorbereitet
10 Knoblauchzehen
5 frische thailändische Chilischoten
1 Bund Schnittlauch
5 EL Limettensaft
1 TL Salz
3 EL helle Sojasauce

Zubereitungszeit: 20 Min. (+ 20 Min. Garen)

Pro Portion: 700 kJ/170 kcal

1 Butterfisch kalt abspülen, trockentupfen und beide Seiten im Abstand von 2 cm nicht zu tief einkerben. Seezungenfilets kurz kalt abspülen. Fisch bzw. Fischfilets in eine feuerfeste Auflaufform legen. Backofen auf 200° (Gas Stufe 3) vorheizen.

2 Knoblauch schälen und in feine Scheiben schneiden. Chilischoten waschen, entstielen und in dünne Ringe schneiden. Danach gründlich die Hände waschen, keinesfalls an die Augen bringen, Chili brennt höllisch! Schnittlauch waschen, trockenschütteln und in etwa 3 cm lange Stücke schneiden.

3 Chiliringe, Knoblauchscheiben, Limettensaft, Salz, Sojasauce und etwa ⅛ l Wasser in einer Schüssel gut verrühren, über den Fisch gießen. Fisch im Backofen in der Mitte in etwa 20 Min. garen. Schnittlauch darüber streuen.

Info: Sie können auch Zahnbrassen, Seebarsch oder Heilbutt verwenden. (Für das Foto wurden Seezungenfilets verwendet.)

Tip! Falls Sie einen Topf mit einem gut schließenden Deckel und einem Dämpfeinsatz haben, können Sie den Fisch auch darin in etwa 25 Min. dämpfen.

Dorade in Sojasauce

Aus Taiwan · Scharfwürzig

Jiang You Chi Zong

Zutaten für 2–3 Portionen:
1 Dorade (etwa 400–500 g), küchenfertig vorbereitet
1 Frühlingszwiebel
3 scharfe rote Peperoni
1 Scheibe Ingwer, etwa 1 cm dick
6 EL neutrales Pflanzenöl
1 ½ EL dunkle Sojasauce
weißer Pfeffer, frisch gemahlen
1 EL Reiswein
150 ml Hühnerbrühe (selbstgemacht oder instant)

Zubereitungszeit: 35 Min.
Bei 3 Portionen pro Portion: 1300 kJ/310 kcal

1 Die Dorade kalt abspülen, trockentupfen und längs auf beiden Seiten 2- bis 3mal etwa 1 cm tief einschneiden.

2 Frühlingszwiebel putzen, waschen und in etwa 5 cm lange Stücke schneiden. Peperoni aufschlitzen, von Kernen und Stielansätzen befreien, in etwa 4 cm lange Stücke schneiden und waschen. Vorsicht, danach nicht mit den Händen an die Augen kommen! Ingwer schälen und in dünne Streifen schneiden.

3 Wok oder Pfanne bei starker Hitze in etwa 1 Min. heiß werden lassen. Öl angießen, die Dorade hineingeben und auf jeder Seite etwa 2 Min. anbraten, dabei vorsichtig wenden. Vorsicht, Spritzgefahr! Die Dorade herausnehmen und das Fett abtropfen lassen.

4 Frühlingszwiebel, Peperoni und Ingwer im Restöl bei schwacher Hitze etwa ½ Min. anbraten. Sojasauce, 1 TL Pfeffer und den Reiswein dazugeben. Hühnerbrühe angießen. Alles gut durchrühren und die Dorade hineingeben. Zugedeckt bei starker Hitze 2–3 Min. kochen, bis die Sauce leicht dickflüssig ist. Die Dorade anschließend servieren.

Süß-saure Karpfenfilets

Aus Taiwan · Wintergericht

Tang Cu Li Yu

Zutaten für 2–3 Portionen:
400 g Karpfenfilet
1 scharfe rote Peperoni
1 Scheibe Ingwer, etwa 2 cm dick
2 Knoblauchzehen
1 Frühlingszwiebel
2 EL neutrales Pflanzenöl
3 EL Zucker · Salz
weißer Pfeffer, frisch gemahlen
1 EL Reiswein · 150 ml Hühnerbrühe (selbstgemacht oder instant)
je 1 EL dunkler und heller Reisessig
1 EL Speisestärke
½ TL Sesamöl
zum Garnieren: 1 Stück rote Paprika

Zubereitungszeit: 30 Min.
Bei 3 Portionen pro Portion: 510 kJ/120 kcal

1 Die Karpfenfilets auf einen hitzebeständigen Teller legen, in einen Bambusdämpfer (siehe Glossar S. 272) stellen und zudecken. ½ l Wasser in einen Wok gießen und den Dämpfer darauf setzen. Filets im Wok zugedeckt etwa 10 Min. bei starker Hitze dämpfen.

2 Inzwischen Peperoni waschen, von Kernen und Stielansatz befreien und fein hacken. Vorsicht, danach nicht mit den Händen an die Augen kommen! Ingwer schälen, Knoblauch häuten, beides fein hacken. Frühlingszwiebel putzen, waschen und fein hacken. Dämpfer mit den Karpfenfilets vom Wok nehmen.

3 Wasser aus dem Wok abgießen, Wok trocknen und bei mittlerer Hitze in etwa 1 Min. heiß werden lassen. Pflanzenöl angießen, Peperoni, Ingwer, Knoblauch und Frühlingszwiebel hineingeben. Unter Rühren etwa 1 Min. braten. Dann Zucker, je 1 Prise Salz und Pfeffer dazugeben, Reiswein, Hühnerbrühe und Essig angießen. Alles bei starker Hitze zum Kochen bringen.

4 Speisestärke mit 2 EL Wasser anrühren, untermischen und die Sauce damit binden. Filets aus dem Dämpfer nehmen, mit der Sauce begießen, mit Sesamöl beträufeln und mit der z.B. zum Hummer ausgestochenen Paprika servieren.

Info: Der Karpfen gehört zu den begehrtesten Süßwasserfischen in China und wird seit Jahrhunderten in speziellen Fischteichen gezüchtet. Sein Fleisch wird meist mit Reiswein und Essig aromatisch gewürzt.

Sardinen aus dem Ofen

Aus Griechenland · Gelingt leicht

Sardélles sto foúrno

Zutaten für 4 Portionen:
1 kg frische Sardinen, möglichst küchenfertig vorbereitet
Salz
5 Knoblauchzehen
2 Bund Petersilie
4 EL Olivenöl
Saft von 1 Zitrone
1 TL getrockneter Oregano
schwarzer Pfeffer, frisch gemahlen

Zubereitungszeit: 20 Min. (+ 20–30 Min. Garen)

Pro Portion: 1600 kJ/380 kcal

1 Falls die Sardinen nicht küchenfertig vorbereitet wurden: vom Schwanz bis zum Kopf mit der stumpfen Seite eines Küchenmesserchens schuppen, ohne die Haut zu verletzen.

2 Köpfe abschneiden. Sardinen am Bauch aufschneiden und die Innereien mit den schwarzen Häutchen an den Bauchlappen entfernen. Die Sardinen innen und außen kalt abspülen, mit Küchenpapier abtrocknen.

3 Backofen auf 180° (Gas Stufe 2) vorheizen. Sardinen innen leicht mit Salz bestreuen und dicht nebeneinander in eine feuerfeste Form legen. Knoblauch schälen und in Scheibchen schneiden. Petersilie abspülen, trockenschütteln und die Blättchen hacken. Die Hälfte mit dem Knoblauch in ein Schüsselchen geben.

4 Öl und Zitronensaft, etwas Salz, Oregano und 1 gute Prise Pfeffer dazugeben, alles gründlich verrühren und über die Fische träufeln. Dann einige Knoblauchscheibchen zwischen die Fische schieben.

5 Form mit den Sardinen in den Ofen (Mitte) schieben und 20–30 Min. – je nach Größe der Fische – garen, bis man mit einer Gabel leicht hineinstechen kann. Mit der restlichen Petersilie bestreuen und mit frischem Weißbrot servieren.

Getränk: Dazu paßt ein trockener Weißwein von der Vulkaninsel Santorin mit seinem charakteristischen Aroma.

Variante: Sardinen aus der Pfanne
Dazu die Sardinen wie beschrieben vorbereiten. Dann 2 Knoblauchzehen schälen und in Stücke schneiden. In einer Pfanne 4 EL Olivenöl erhitzen, den Knoblauch bei mittlerer Hitze glasig braten. Die Sardinen nebeneinander hineinlegen, mit Salz, Pfeffer und 1 Bund gehackter Petersilie bestreuen und mit 3 in Scheiben geschnittenen Tomaten belegen. 1/8 l trockenen Weißwein oder Wasser mit dem Saft von 1/2 Zitrone angießen. Die Fische zugedeckt bei mittlerer Hitze 10–15 Min. schmoren. Pfanne zwischendurch leicht rütteln. Das Gericht mit Brot servieren.

Truites au champagne

Aus Frankreich · Gelingt leicht

Forellen in Champagner

Zutaten für 4 Portionen:
insgesamt etwa 200 g kalte Butter
1 Bund Petersilie
3–5 Zweige Thymian
2 frische Lachsforellen (von je etwa 550 g), küchenfertig vorbereitet
Salz · Koriander, frisch gemahlen (ersatzweise weißer Pfeffer)
knapp 1 Flasche Champagner
1 EL Mehl · 4 ganz frische Eigelb
1 EL Essig von altem Weißwein (ersatzweise Saft von 1/4 Zitrone)
1–2 EL Crème fraîche

Zubereitungszeit: 55 Min.

Pro Portion: 3200 kJ/760 kcal

1 Feuerfeste Form (in der beide Forellen Platz nebeneinander haben) mit 1 EL Butter einfetten. Backofen auf 175° vorheizen. Kräuter waschen, trockenschütteln, Blättchen abzupfen, in die Form streuen. Forellen waschen, trockentupfen. Innen und außen mit Salz und Koriander würzen. Fische in die Form legen. Etwa 3 EL Butter bei schwacher Hitze schmelzen, über die Forellen gießen. Forellen etwa 5 Min. im Backofen (Mitte; Gas Stufe 2) garen. Dann 1/4 l Champagner über die Fische gießen, weitere 10–15 Min. garen. Öfters mit dem Fischsud begießen.

2 Für die Sauce 1 EL Butter in einem Topf erhitzen. Mehl unter Rühren bei schwacher Hitze in 1–2 Min. hell anschwitzen. Etwa 1/4 l Champagner dazugießen und offen etwa 10 Min. bei schwacher Hitze köcheln. Forellen im ausgeschalteten Backofen warm halten. Fischsud durchsieben, zur Sauce geben und diese dann offen bei starker Hitze auf 4 EL einkochen. Eigelbe mit Essig, Crème fraîche und 2–3 EL Champagner verrühren. Unter die Sauce rühren. 50–70 g Butter in Scheibchen schneiden, bei schwacher Hitze nach und nach mit dem Schneebesen nur soviel Butter in die Sauce schlagen, bis die Sauce cremig ist. Salzen.

3 Haut der Forellen mit einem Löffel vorsichtig abschieben. Forellen auf einer warmen Platte anrichten. Sauce darüber gießen. Nach Belieben mit Selleriepüree servieren. Restlichen Champagner als Aperitif reichen.

Féras aux amandes

Aus Frankreich · Gelingt leicht

Felchen mit Mandelblättchen

Zutaten für 4 Portionen:
½ Bund Petersilie
4 frische Felchen (von je etwa 200 g), küchenfertig vorbereitet (ersatzweise 4 frische Forellen)
Salz
weißer Pfeffer, frisch gemahlen
2 EL Mehl
1 EL Öl
etwa 75 g Butter
400 g Crème double
Saft von 1 Zitrone
100 g Mandelblättchen
1 Zitrone zum Garnieren

Zubereitungszeit: 40 Min.

Pro Portion: 3600 kJ/860 kcal

1 Backofen auf 175° vorheizen. Petersilie waschen, trockenschütteln, und fein hacken. Felchen waschen, trockentupfen. Innen und außen salzen und pfeffern. Mit Mehl bestäuben. In einer großen Pfanne Öl und 2 EL Butter erhitzen. Fische darin offen bei starker Hitze auf beiden Seiten in je 1–2 Min. goldbraun anbraten, in eine Gratinform legen. Bratenfett entfernen.

2 Crème double mit dem Saft von ½ Zitrone, Salz und Pfeffer aufkochen. Gleichzeitig eine Pfanne ohne Fett heiß werden lassen, Mandelblättchen hineingeben, bei mittlerer Hitze etwa 1 Min. (!) rühren, bis die Spitzen hellbraun werden. (Vorsicht, verbrennt schnell!) Pfanne vom Herd nehmen. 1 EL Butter unterrühren. Crème double und Mandeln über die Fische geben. Im Backofen (Mitte; Gas Stufe 2) 5–10 Min. garen. Sauce evtl. mit restlichem Zitronensaft abschmecken.

3 Die zweite Zitrone waschen, in Scheiben schneiden. In der gehackten Petersilie wenden. Felchen damit garnieren. Fische sofort mit Baguette oder Selleriepüree servieren.

Variante: Truites grenobloises
(Forellen nach Grenobler Art)
4 frische Forellen wie im Rezept angegeben vorbereiten und bei mittlerer Hitze auf beiden Seiten in 3–4 Min. knusprig braun braten. Mit in Streifen geschnittenem Fruchtfleisch von 2 Zitronen, 2 EL Kapern, Petersilienblättchen und Croûtons bestreuen.

Rotbarben aus dem Ofen

Aus der Türkei · Braucht etwas Zeit

Barbunya buğulaması

Zutaten für 4–6 Portionen:
1 kg küchenfertig vorbereitete Rotbarben
Salz
schwarzer Pfeffer, frisch gemahlen
5 EL Olivenöl
4 mittelgroße Tomaten (400 g)
2 mittelgroße Zwiebeln (200 g)
1 Bund glatte Petersilie
1 unbehandelte Zitrone
3 Lorbeerblätter
Pergamentpapier oder Alufolie

Zubereitungszeit: 20 Min.
(+ 35–45 Min. Garen)

Bei 6 Portionen pro Portion:
1200 kJ/290 kcal

1 Backofen auf 200° (Gas Stufe 3) vorheizen. Fische unter fließendem Wasser außen und innen abspülen und trockentupfen. Rotbarben mit Salz und Pfeffer bestreuen. Eine große Auflaufform mit 2 EL Olivenöl einpinseln, die Fische nebeneinander hineinlegen.

2 Tomaten waschen und in Scheiben schneiden, dabei die Stielansätze entfernen. Zwiebeln schälen und in dünne Ringe schneiden.

3 Petersilie waschen und trockenschütteln, die Blättchen grob hacken und auf den Fischen verteilen. 3 EL Olivenöl darüber träufeln. Zitrone heiß waschen, in Scheiben schneiden und diese mit den Lorbeerblättern auf das Gericht legen. Alles mit Tomatenscheiben und Zwiebelringen abwechselnd bedecken, mit Salz und Pfeffer bestreuen. Die Auflaufform gut mit Pergamentpapier oder Alufolie abdecken.

4 Auflaufform in den Backofen (Mitte) schieben und die Fische in 30–40 Min. garen. Dann den Backofen auf 225° (Gas Stufe 4) schalten, Papier oder Folie von den Fischen nehmen und diese offen etwa 5 Min. backen. Rotbarben in der Form mit Fladenbrot (S. 69) servieren.

Getränk: Ein trockener Rosé, z.B. ein Lal von Kavaklıdere aus dem Hinterland der Ägäis, paßt gut dazu.

Meeräsche mit Olivenöl

Aus der Türkei · Gelingt leicht

Kefal pilakisi

Zutaten für 4 Portionen:
1 kg etwa 30–40 cm lange, küchenfertig vorbereitete Meeräschen (ersatzweise Merlan oder Kabeljau)
2 mittelgroße Zwiebeln (200 g)
3 Knoblauchzehen
3 mittelgroße Möhren (300 g)
3 Kartoffeln (300 g) · 6 EL Olivenöl
2 mittelgroße Tomaten (200 g)
1 TL Tomatenmark · Salz · ½ TL Zucker
schwarzer Pfeffer, frisch gemahlen
2 unbehandelte Zitronen
½ Bund Petersilie · ½ Bund Dill

Zubereitungszeit: 30 Min.
(+ 30 Min. Dünsten)

Pro Portion: 1800 kJ/430 kcal

1 Fische unter fließendem kaltem Wasser außen und innen abspülen und trockentupfen. Mit einer Küchenschere Flossen und Köpfe entfernen. Meeräschen mitsamt den Gräten in etwa 2 cm große Stücke schneiden.

2 Zwiebeln und Knoblauch schälen und in dünne Scheiben schneiden. Möhren und Kartoffeln schälen und in etwa 2 cm große Stücke schneiden. Olivenöl in einer Pfanne mit hohem Rand erhitzen. Gemüse bei mittlerer Hitze unter Rühren etwa 10 Min. dünsten.

3 Tomaten mit kochendem Wasser übergießen, kurz stehenlassen, häuten, Stielansätze herausschneiden, das Fruchtfleisch kleinhacken und zum Gemüse geben. Tomatenmark, Salz, Zucker, Pfeffer und ⅛ l Wasser unterrühren und kurz aufkochen lassen. Fischstücke zwischen das Gemüse betten.

4 Zitronen heiß waschen. 1 Zitrone achteln und beiseite stellen, die andere in dünne Scheiben schneiden und damit das Gericht bedecken. Deckel auf die Pfanne setzen und alles bei schwacher Hitze in etwa 30 Min. dünsten. Kräuter waschen und trockenschütteln, die Blättchen hacken. Nach dem Garen Zitronenscheiben entfernen. Kräuter unter das Gericht heben. Dieses lauwarm mit den Zitronenachteln zum Beträufeln servieren.

Matjessalat

Niederlande · Braucht etwas Zeit

Haringsla

Zutaten für 4 Portionen:
500 g Kartoffeln, festkochend
2 Rote Bete (etwa 400 g)
2 Eier · 1 mittelgroße Zwiebel
2 Essiggurken
1 mittelgroßer Apfel (säuerliche Sorte)
Saft von 1/2 Zitrone · 4 Salzheringe, gewässert und filetiert
1 Bund Petersilie · 5 EL Essig
1 TL Senf · 5 EL Speiseöl · Salz
schwarzer Pfeffer, frisch gemahlen

Zubereitungszeit: 1 Std. (+ 30 Min. Ziehen lassen)

Pro Portion: 2700 kJ/640 kcal

1 Kartoffeln und Rote Bete getrennt voneinander in zwei Töpfen mit Wasser bedeckt jeweils etwa 30 Min. bei mittlerer Hitze zugedeckt garen, abgießen und dann abkühlen lassen. Eier etwa 10 Min. kochen, abschrecken und pellen.

2 Zwiebel schälen und fein hacken, Gurken in kleine Würfel schneiden. Apfel schälen, vierteln, Kerngehäuse entfernen, Apfel kleinwürfeln und mit Zitronensaft beträufeln, damit das Fruchtfleisch nicht braun wird.

3 Kartoffeln und Rote Bete schälen und in kleine Würfel schneiden. Mit der Zwiebel, den Gurken und dem Apfel in einer Schüssel mischen. Heringe kalt abspülen, trockentupfen, quer in breite Streifen schneiden und dazugeben.

4 Petersilie waschen, Blättchen abzupfen und fein hacken. Essig, Senf, Öl, Salz und Pfeffer gut verrühren, mit der Petersilie über den Salat geben. Alles gut mischen und etwa 30 Min. durchziehen lassen. Eier vierteln, Salat damit garnieren.

Variante: Matjessalat mit Senfsauce
8 Matjesfilets kleinschneiden, mit 150 g gekochten grünen Bohnen und 1 gehackten Zwiebel mischen. 3 EL Öl, 2 EL Senf, 1 Prise Zucker, Salz, Pfeffer und 2 EL Weißweinessig zur Sauce und unter den Matjessalat rühren.

Holländer essen Matjes als kleinen Happen zwischendurch.

Matjes

Der junge, noch nicht geschlechtsreife Hering wurde von holländischen Fischern »Matjes«, junges Mädchen, genannt. Gleich nach dem Fang, in der Zeit zwischen Ende Mai bis Ende Juli, werden die jungen Heringe noch an Bord bis auf den Magen ausgenommen, im ganzen eingesalzen und in Fässer geschichtet. Dort bildet sich eine Lake, in der die Fische etwa zwei Wochen lang reifen. Danach ist der Matjes verzehrfertig, und so kann im Mai, Juni ein Höhepunkt des Fischjahres beginnen. In Holland bekommt noch heute das erste Matjesfäßchen der Saison die Königin. Der »nieuwe Haring« wird an kleinen Buden angeboten, wo man ihn gleich pur aus der Hand ißt oder ihn vorher noch in feingehackten Zwiebeln wendet. Matjes werden im ganzen oder schon filetiert angeboten. Ihr Fleisch ist fest, prall und rosa schimmernd. Sie schmecken als Salat oder in verschiedene Saucen eingelegt. Dazu ißt man neue Pellkartoffeln. Matjes enthalten viel leichtverdauliches Eiweiß, reichlich Vitamin A und D sowie Mineralstoffe, besonders Kalium und Phosphor.

Tonno alla Favignana

Aus Italien · Geht schnell

Thunfisch nach Art der Insel Favignana

Zutaten für 4 Portionen:
4 Scheiben Thunfisch (je etwa 150 g)
Salz
schwarzer Pfeffer, frisch gemahlen
Olivenöl für die Form
50 g grüne Oliven, entsteint
1 EL Kapern
1/2 Bund glatte Petersilie
2 EL Paniermehl
3 EL Olivenöl, kaltgepreßt

Zubereitungszeit: 20 Min.
(+ 20 Min. Garen)

Pro Portion: 1900 kJ/450 kcal

1 Den Backofen auf 180° vorheizen. Die Thunfischscheiben kalt abspülen und trockentupfen. Sparsam mit Salz und Pfeffer bestreuen. Eine große flache Auflaufform mit Olivenöl einpinseln und den Fisch hineinlegen.

2 Die Oliven vierteln und mit den Kapern vermischen, über den Fischscheiben verteilen. Die Petersilie waschen, trockenschütteln, die Blättchen, bis auf ein paar wenige, fein hacken und über die Fischscheiben streuen.

3 Zuletzt alles mit dem Paniermehl bestreuen und mit Olivenöl beträufeln. Den Thunfisch in den Ofen (Mitte, Umluft 160°) schieben und etwa 20 Min. backen, mit den restlichen Petersilienblättchen garnieren und sofort servieren.

Variante: Tonno alla Siracusana
(Thunfisch nach Art von Syracus)
Eine große, dicke Scheibe Thunfisch von 600 g mit 3 in Stifte geschnittenen Knoblauchzehen und 4 Gewürznelken spicken. Aus 2 Kardamomkapseln die Samenkerne entnehmen, im Mörser grob zerstoßen, mit ein wenig Salz und Pfeffer vermischen und den Fisch von beiden Seiten damit bestreuen. 5 EL Olivenöl in einer Pfanne mittelstark erhitzen und den Thunfisch mit 1 großen in Streifen geschnittenen Zwiebel von jeder Seite etwa 2 Min. anbraten. 1 große, reife gewürfelte Tomate überstreuen. 1/8 l Weißwein mit 1/8 l Wasser und 4 EL Weinessig vermischen und über den Fisch gießen. Mit 1 TL getrocknetem Oregano bestreuen und den Fisch zugedeckt in 6–7 Minuten fertiggaren. Den Fisch warm oder kalt servieren.

Cozze alla paesana

Miesmuscheln in Tomatensauce

Aus Italien · Gelingt leicht

Zutaten für 4 Portionen:
2 kg Miesmuscheln, vorgereinigt
2 Zwiebeln · 4 Knoblauchzehen
1 Stange Lauch
2 Stangen Bleichsellerie
6 EL Olivenöl, kaltgepreßt
2 kleine frische oder getrocknete Peperoncini
2 Lorbeerblätter
je 1 kleiner Zweig frischer Rosmarin und Thymian (oder je 1 gute Msp. getrocknete Kräuter)
1 große Dose geschälte Tomaten (480 g Abtropfgewicht)
1/2 l trockener Weißwein · Salz
schwarzer Pfeffer, frisch gemahlen

Zubereitungszeit: 50 Min.

Pro Portion: 1100 kJ/260 kcal

1 Die Muscheln in einer großen Schüssel mit kaltem Wasser bedeckt 15–20 Min. stehenlassen. Inzwischen Zwiebeln und Knoblauch schälen und in dünne Scheiben schneiden. Vom Lauch harte Blätter und Wurzelansatz abschneiden, Lauch waschen und in Streifchen schneiden. Selleriestangen waschen, in Scheibchen schneiden.

2 In einem großen Topf das Olivenöl mittelstark erhitzen. Das Gemüse unter Rühren darin andünsten. Die Peperoncini waschen und im Ganzen mit den Lorbeerblättern hinzufügen. Die Kräuter waschen, trockenschütteln und dazugeben. Die Tomaten mit Saft unter das Gemüse rühren und zerdrücken, offen bei schwacher Hitze etwa 10 Min. sanft köcheln lassen.

3 Inzwischen geöffnete Muscheln aussortieren und wegwerfen. Die übrigen in frischem Wasser waschen, bis sich kein Sand mehr am Schüsselboden absetzt. Die Muscheln abgießen und in einem Sieb abtropfen lassen.

4 Den Wein unter die Tomatensauce rühren und bei starker Hitze aufkochen. Die Sauce mit Salz und Pfeffer würzen. Die Muscheln hineingeben und zugedeckt bei starker Hitze 6–7 Min. kochen, zwischendurch den Topf mehrmals rütteln. Geschlossene Muscheln entfernen und wegwerfen. Geöffnete Muscheln und die Sauce in eine Schüssel schütten, Rosmarin- und Thymianzweig entfernen und servieren. Dazu Weißbrot reichen.

Hechtnockerln in Dillrahm

Aus Österreich · Gelingt leicht

Klößchen aus Hechtfilet in Dillsauce

Zutaten für 4–6 Portionen:

70 g Weißbrot ohne Rinde
250 g Sahne
1 mittelgroße Zwiebel
2 EL Butter
350 g Hechtfilet
1 Ei
1 Prise Muskatnuß, frisch gerieben
Salz
weißer Pfeffer, frisch gemahlen
$^3/_4$ l Fischbrühe, selbst gekocht (ersatzweise Salzwasser)
1 Bund Dill
1 EL Mehl
eventuell $^3/_8$ l Gemüsebrühe, selbst gekocht oder aus Würfeln
4 EL Rahm (saure Sahne)
1 EL Zitronensaft

Zubereitungszeit: 1$^1/_4$ Std.

Bei 6 Portionen pro Portion: 1200 kJ/290 kcal

1 Weißbrot in kleine Würfel schneiden, in Sahne einweichen und kalt stellen.

2 Zwiebel schälen und fein hacken. 1 EL Butter in einer Pfanne erhitzen und die Hälfte der Zwiebelwürfel darin glasig braten. Dann auskühlen lassen. Die restlichen Zwiebelwürfel für die Sauce bereithalten.

3 Hechtfilet von eventuell vorhandenen Gräten befreien, kalt abspülen, trockentupfen und in Streifen schneiden.

4 Die Hechtfiletstreifen mit den gebratenen Zwiebelwürfeln zweimal durch die feine Scheibe des Fleischwolfes drehen, ersatzweise im Mixer zerkleinern oder mit dem Pürierstab pürieren. Dann in einer Schüssel mit Weißbrotwürfeln und Sahne vermischen.

5 Ei hinzufügen und die Nockerlmasse mit Salz, Pfeffer und Muskat abschmecken, durch ein Sieb streichen und kurze Zeit kalt stellen.

6 Fischbrühe oder Salzwasser in einem weiten Topf zum Kochen bringen.

7 Aus der Fischmasse mit einem in heißes Wasser getauchtem Eßlöffel Nockerln (längliche Klößchen) formen und in die leicht kochende Fischbrühe oder das Salzwasser einlegen.

8 Die Hechtnockerln bei schwacher Hitze in etwa 10 Min. offen garen.

9 Inzwischen Dill waschen, trockenschütteln, Stengel beiseite legen und Dillspitzen fein hacken.

10 Die Hechtnockerln aus der Fischbrühe oder dem Salzwasser nehmen, gut abtropfen lassen und warm stellen. Falls Fischbrühe zum Kochen der Nockerln verwendet wurde, etwa die Hälfte davon für die Sauce bereithalten.

11 In einer Pfanne 1 EL Butter erhitzen und die verbliebenen Zwiebelwürfel darin glasig braten. Mehl darüber streuen, mit Fisch- bzw. Gemüsebrühe aufgießen. Dillstengel hinzufügen und die Sauce aufkochen lassen, dann vom Herd nehmen.

12 Die Sauce durch ein Sieb gießen und Rahm (saure Sahne) einrühren. Dillspitzen hinzufügen, mit Salz, Pfeffer und Zitronensaft abschmecken. Den Dillrahm auf Teller geben, die Hechtnockerln darauf legen.

Crab Cakes

Aus Amerika · Gelingt leicht

Krebsküchlein

Zutaten für 4 Portionen:
1/2 Bund glatte Petersilie
2 Schalotten · 1 Ei
2 EL Mayonnaise
1/2 TL mittelscharfer Senf
Salz · Cayennepfeffer
75 g Kastenweißbrot · 75 ml Milch
400g Krebsfleisch (aus der Dose)
Für die Sauce:
2 Schalotten
1/4 Bund Schnittlauch
1/2 Bund Petersilie
1 EL Kapern · 1 Gewürzgurke
150 g Salatmayonnaise
100 g Vollmilchjoghurt
1 TL Senfpulver · Salz
Cayennepfeffer · 1 Zitrone
Öl zum Braten

Zubereitungszeit: 30 Min.
(+ 1 Std. Kühlen)
Pro Portion: 1200 kJ/290 kcal

1 Die Petersilie waschen und trockenschütteln, die Schalotten schälen. Beides sehr fein hacken und mit dem Ei, der Mayonnaise und dem Senf gründlich verrühren, mit Salz und Cayennepfeffer würzen.

2 Das Kastenweißbrot entrinden und zerzupfen, in einer kleinen Schüssel mit der Milch beträufeln.

3 Das Krebsfleisch kleinschneiden, mit dem Weißbrot zur Petersilienmischung geben und alles gründlich vermischen. Die Mischung zu 8 kleinen runden Küchlein formen, diese auf ein Brett legen und mit Pergamentpapier bedeckt etwa 1 Std. kalt stellen.

4 Inzwischen für die Sauce die Schalotten schälen, die Kräuter waschen und trockenschütteln. Alles ebenso wie die Kapern und die Gurke fein hacken, mit der Mayonnaise, Joghurt, Senf, Salz und Cayennepfeffer verrühren und abschmecken.

5 Zitrone waschen und trocknen. Reichlich Öl in einer tiefen Pfanne bei mittlerer Hitze erwärmen, portionsweise die Krebsküchlein darin von jeder Seite in 2–3 Min. goldbraun backen.

6 Fertige Küchlein auf Küchenpapier abtrocknen lassen, zusammen mit der Sauce anrichten. Zitrone in Spalten schneiden und die Küchlein damit garnieren.

Jambalaya

Aus Amerika · Pikant

Reistopf mit Garnelen

Zutaten für 4 Portionen:
Salz · 200 g Rundkornreis
2 mittelgroße Zwiebeln
1 Knoblauchzehe
2 frische scharfe Chilischoten
3 Stangen Sellerie · 1 Paprikaschote
1 Bund Petersilie · 3 EL Butter
1 kleine Dose geschälte Tomaten
(400 g Nettogewicht)
1 EL Tomatenmark
1 Msp. Nelkenpulver
schwarzer Pfeffer, frisch gemahlen
Cayennepfeffer
200 g gekochter Schinken
(1 fingerdicke Scheibe)
250 g gekochte, geschälte
Tiefseegarnelen

Zubereitungszeit: 45 Min.

Pro Portion: 1900 kJ/450 kcal

1 Etwa 600 ml leicht gesalzenes Wasser in einem Topf aufkochen. Den Reis hineinstreuen und zugedeckt bei schwacher Hitze etwa 20 Min. garen.

2 Inzwischen die Zwiebeln schälen und klein würfeln, den Knoblauch schälen und hacken. Die Chilischoten aufschlitzen, entkernen und waschen, in feine Ringe schneiden. Vorsicht, Hände danach nicht in die Nähe der Augen bringen!

3 Den Sellerie waschen, putzen und in feine Scheiben schneiden. Die Paprikaschote halbieren, putzen, waschen und in feine Streifen schneiden. Die Petersilie waschen, trockenschütteln, die Blättchen fein hacken.

4 Die Butter in einem großen Topf bei mittlerer Hitze aufschäumen, die Zwiebelwürfel darin glasig werden lassen. Knoblauch, Chili, Sellerie und Paprika dazugeben, alles etwa 5 Min. unter Rühren anschwitzen.

5 Die Tomaten mit ihrem Saft dazugeben, mit einem Kochlöffel etwas zerdrücken. Die Hälfte der Petersilie einrühren, alles mit Tomatenmark, Nelkenpulver, schwarzem Pfeffer, Cayennepfeffer und Salz würzen, bei schwacher Hitze etwa 5 Min. köcheln lassen. Inzwischen den Reis in ein Sieb abgießen und abtropfen lassen.

6 Den Schinken in etwa 1 cm große Würfel schneiden. Die Garnelen in einem Sieb mit kaltem Wasser abspülen. Reis, Schinken und Garnelen unter die Tomatensauce mengen. Alles noch etwa 5 Min. zusammen erhitzen, dann abschmecken und mit der restlichen Petersilie bestreut servieren.

Cacciucco alla viareggina

Aus Italien · Festlich

Gemischter Fischeintopf

Zutaten für 6 Portionen:
600 g gemischte kleinere ganze Fische (z. B. Makrele, Meerbarbe)
500 g verschiedene Fischfilets (z. B. Brasse, Dorsch, Meeräsche, Seebarsch, Seeteufel, Seezunge)
300 g kleine Tintenfische, küchenfertig vorbereitet
500 g Miesmuscheln
300 g Garnelen
Salz
1 Zwiebel
6 Knoblauchzehen
1 Möhre
2 Stangen Bleichsellerie
6 EL Olivenöl, kaltgepreßt
2 getrocknete Chilischoten
600 g reife Tomaten (oder aus der Dose)
¼ l trockener Weißwein
nach Belieben 1 Briefchen von 125 mg Safran
1 Bund Petersilie
frisches Weißbrot in Scheiben

Zubereitungszeit: 2 Std.

Pro Portion: 1900 kJ/450 kcal

1 Kleinere Fische ausnehmen, schuppen, unter fließendem Wasser gründlich waschen. Köpfe und Flossen abschneiden. Fischfilets in 3 cm große Portionsstücke teilen. Tintenfische putzen, abspülen und in etwa 1 cm breite Ringe schneiden. Miesmuscheln waschen, abbürsten und entbarten. Geöffnete Muscheln aussondern. Garnelen waschen, schälen und den Darm entfernen.

2 Ganze Fische in 1 l Salzwasser in einem Topf erhitzen. Zwiebel und Knoblauch schälen, Gemüse putzen, waschen, grob zerkleinern und mit 2 Knoblauchzehen in die kochende Fischbrühe geben. Etwa ½ Std. bei schwacher Hitze köcheln. Fische herausnehmen, das Fleisch von den Gräten ablösen. Brühe durch ein Sieb gießen, Fischstücke durchpassieren und zurück in den Topf geben.

3 In einem anderen Topf ¼ l Wasser zum Kochen bringen. Miesmuscheln zugedeckt bei starker Hitze dämpfen, bis sich die Muscheln geöffnet haben (etwa 5 Min.). Ungeöffnete Muscheln wegwerfen. Den Muschelsud durch ein feines Sieb filtern und zur Fischbrühe gießen. 8 Muscheln mit Schalen für die Dekoration aufbewahren, die übrigen aus den Schalen lösen und in eine Schüssel geben.

4 In einer großen Kasserolle 5 EL Olivenöl erhitzen. 3 ganze Knoblauchzehen mit den Tintenfischstücken andünsten. Chilischoten im ganzen hinzufügen. Tomaten überbrühen, enthäuten, vom Stengelansatz befreien, zerkleinern und dazugeben. Wenn die Sauce eingedickt ist, den Wein angießen. 15 Min. zugedeckt köcheln, salzen und nach Belieben mit Safran würzen.

5 Die festfleischigen Fischfilets in die Tomatensauce einlegen, die Hälfte der vorbereiteten Fischbrühe angießen und etwa 5 Min. leicht garen.

6 Die zartfleischigen Fischsorten (Seezunge, Seeteufel) und die ausgelösten Muscheln und Garnelen dazugeben und die restliche Fischbrühe angießen. Weitere 2 Min. ziehen lassen. Petersilie waschen, trockenschütteln, fein hacken und einstreuen. Knoblauchzehen und Chilischoten herausnehmen.

7 Weißbrotscheiben im Toaster rösten, mit 1 Knoblauchzehe einreiben und mit 1 EL Olivenöl beträufeln. Die gerösteten Brotscheiben getrennt zum Fischeintopf reichen.

Wein: Ein trockener Weißwein aus der Toskana, z. B. ein Vernaccia di San Gimignano, paßt immer.

Variante: Weißbrotscheiben in die Suppenteller legen und den Fischeintopf darüber verteilen.

Jakobsmuscheln galizisch

Aus Spanien · Geht schnell

Veiras a la gallega

Zutaten für 4 Portionen:
16 Jakobsmuscheln mit Corail
Saft von 1 Zitrone
1 Zwiebel
4 EL Olivenöl
2 Knoblauchzehen
4 cl Aguardiente de orujo (ersatzweise Grappa)
Salz
schwarzer Pfeffer, frisch gemahlen
1 TL mildes Paprikapulver
1 Prise Cayennepfeffer
1 Prise Zimt
200 ml trockener Weißwein
1 Bund glatte Petersilie
4 EL Semmelbrösel
8 Muschelschalen

Zubereitungszeit: 35 Min. (+ 12 Min. Überbacken)

Pro Portion: 1100 kJ/260 kcal

1 Corails von den Jakobsmuscheln entfernen. Die Jakobsmuscheln mit Zitronensaft beträufeln und kalt stellen. Den Backofen auf 200° (Gas Stufe 3) vorheizen.

2 Zwiebel schälen, fein hacken und in 1 EL heißem Olivenöl weich dünsten. Knoblauch schälen und dazupressen. Corails sehr klein schneiden und daruntermischen. Mit Aguardiente de orujo ablöschen und mit Salz, Pfeffer, Paprikapulver, Cayennepfeffer und Zimt würzen. Weißwein dazugießen und aufkochen.

3 Petersilie waschen, trockenschütteln, abzupfen, fein hacken und mit den Semmelbröseln mischen.
Die Muschelschalen oder eine Auflaufform einölen und die Jakobsmuscheln hineinlegen.

4 Die Sauce auf den Jakobsmuscheln verteilen und mit der Semmelbröselmischung gleichmäßig bestreuen. Mit dem restlichen Olivenöl beträufeln und im vorgeheizten Backofen (Mitte) etwa 10–12 Min. goldgelb überbacken (Muschelschalen auf einer dicken Schicht Salz auf ein Blech setzen, damit sie nicht kippen). Als Beilage Weißbrot reichen.

Getränk: Ein trockener Weißwein, z.B. Alabrino aus Galizien, schmeckt ausgezeichnet dazu.

Tip! Muschelschalen können Sie im Fischgeschäft kaufen.

Zitronen

Die Zitrone ist aus der spanischen Küche nicht wegzudenken. Zu Fischgerichten ist sie ebenso unentbehrlich wie zu Fleisch, Gemüse und Salat. Aber auch in Desserts und Getränken verfeinert sie den Geschmack. In Scheiben oder Achtel geschnitten eignet sie sich hervorragend als Dekoration. Der Zitronenbaum war ursprünglich in Asien beheimatet. Erst durch die Mauren gelang er nach Europa und seither wird er im Mittelmeerraum angebaut. Obwohl die Zitrone als tropische Frucht gilt, hat sie sich dem mediterranen Klima gut angepaßt. In Spanien werden auf rund 150 000 Hektar Zitronen angebaut, hauptsächlich in den Regionen Valencia, Murcia und Andalusien. Spanische Zitronen sind in der ganzen Welt beliebt und werden das ganze Jahr über angeboten. Die Zitrone gehört zur Familie der Rautengewächse. Der Zitronenbaum wird 3 bis 6 m hoch und ist mit kräftigen Dornen bewehrt. Er hat immergrüne Blätter und stark duftende Blüten, von denen sich nur 10% zu Früchten entwickeln. Vitamin C, der Hauptbestandteil der gelben, saftigen Frucht, (60 mg pro 100 ml Saft) ist für den Stoffwechsel wichtig und verstärkt die natürlichen Abwehrkräfte.

Der Zitronenbaum gelangte erst durch die Mauren nach Europa.

Tintenfische in Tomatensauce

Aus Ägypten · Für Gäste

Um al-Hibr bi Salsat Bandoura

Zutaten für 4 Portionen:
700 g kleine Tintenfische (Kalmare, oder je 350 g Kalmare und Sepie), küchenfertig vorbereitet
4 mittelgroße Zwiebeln
4 EL neutrales Pflanzenöl
1 kleine Dose geschälte Tomaten (240 g Abtropfgewicht)
2 EL Tomatenmark
Salz
schwarzer Pfeffer, frisch gemahlen
1/2 TL Kreuzkümmel (Kumin), gemahlen
1/4 TL Pimentpulver
1/2 Bund glatte Petersilie
2 Knoblauchzehen

Zubereitungszeit: 1 Std.
Pro Portion: 970 kJ/230 kcal

1 Die Tintenfische kalt abspülen. Von jedem Kalmar das Säckchen und den ringähnlichen Teil, an dem die Fangarme sitzen, vom Kopfteil abschneiden. Diesen wegwerfen. Die Säckchen umstülpen oder aufschneiden und säubern (Säckchen der Sepie ebenfalls säubern).

2 Die Zwiebeln schälen und klein würfeln. Das Öl in einer hohen Pfanne stark erhitzen. Die Zwiebeln darin goldgelb anbraten, dann auf mittlere Hitze schalten. Die Tomaten in Stücke schneiden und mit dem Saft zu den Zwiebeln geben, alles aufkochen.

3 Das Tomatenmark in 125 ml Wasser glattrühren und hinzufügen. Salz, 1/2 TL Pfeffer, Kreuzkümmel und Piment unterrühren. Die Sauce offen etwa 10 Min. kochen, bis sie dicklich wird. Inzwischen Backofen auf 200° (Umluft 180°) vorheizen.

4 Petersilie abbrausen, die Blättchen hacken. Knoblauch häuten, durch die Knoblauchpresse drücken und mit der Petersilie unter die Sauce rühren. Diese nochmals mit Salz abschmecken.

5 Die Tomatensauce in eine Auflaufform geben und die Tintenfische darin verteilen. Im Ofen (Mitte) offen etwa 10 Min. garen. Dann die Hitze auf 175° (Umluft 160°) herunterschalten und die Tintenfische noch etwa 20 Min. garen, bis sie weich sind.

Tip! Zu den Tintenfischen in Tomatensauce Fladenbrot reichen.

Fischkroketten

Aus Saudi Arabien · Gelingt leicht

Kuftat Samak

Zutaten für 4 Portionen:
600 g Thunfischfilet · 2 Schalotten
3 Knoblauchzehen
1 mittelscharfe grüne Peperoni
1/2 Bund Koriander
1 Limette
1/2 TL Kurkuma (Gelbwurzpulver)
je 1 Prise Kreuzkümmel (Kumin), gemahlen, Pimentpulver und schwarzer Pfeffer, frisch gemahlen
Salz · 1 Ei · 1 EL Mehl
6 EL Butterschmalz zum Fritieren

Zubereitungszeit: 1 Std.
Pro Portion: 1800 kJ/430 kcal

1 Den Fisch kalt abspülen, mit Küchenpapier trockentupfen. Fisch in Würfel schneiden, dabei evtl. vorhandene Gräten vorsichtig entfernen. Den Fisch durch die feine Scheibe des Fleischwolfs drehen oder ganz fein hacken und in eine Schüssel geben.

2 Die Schalotten schälen, den Knoblauch häuten, beides fein hacken. Die Peperoni längs halbieren, Stielansatz und Kerne sowie weiße Rippen herauslösen und die Hälften kalt ausspülen. Die Peperoni fein hacken. Koriander abbrausen und die Blättchen sehr fein hacken.

3 Die Limettenschale abreiben. Mit Schalotten, Knoblauch, Peperoni, Koriander, Gewürzen, Salz, Ei und Mehl zum Fisch geben und alles zu einem festen Teig verkneten.

4 Aus dem Teig etwa 6 cm lange, gut daumendicke Kroketten formen. Butterschmalz etwa 4 cm hoch in einer hohen gußeisernen Pfanne erhitzen. Die Kroketten portionsweise bei mittlerer bis starker Hitze goldbraun ausbacken. Zum Entfetten auf einen mit Küchenpapier ausgelegten Teller geben. Sofort mit Fladenbrot und Salat servieren.

Garnelen mit Pilzen

Aus Nordchina · Gelingt leicht

You Men Da Xia

Zutaten für 1 Servierteller (2 Portionen):
10 mittelgroße getrocknete Mu-Err-Pilze
5 dünne Scheiben Ingwerwurzel
2 Frühlingszwiebeln
3 Knoblauchzehen
400 g rohe Garnelen
4 EL Pflanzenöl
1 EL Reiswein
Salz
nach Belieben 1–2 EL Sesamöl

Zubereitungszeit: 35 Min.

Pro Portion: 1900 kJ/ 450 kcal

1 Mu-Err-Pilze in heißem Wasser etwa 20 Min. einweichen. Pilze aus dem Wasser nehmen und gut ausdrücken. Während der Einweichzeit Ingwer, Frühlingszwiebeln und Knoblauch putzen bzw. schälen. Ingwer, Frühlingszwiebeln und Knoblauch in feine Scheiben schneiden.

2 Garnelen von Kopf, Schale und Darm befreien. Vom dickeren Ende aus der Länge nach nur so weit einschneiden, daß sie am dünnen Ende noch zusammenhalten.

3 Öl in einer Pfanne oder im Wok erhitzen. Garnelen hineingeben und unter Rühren bei starker Hitze etwa 1 Min. braten. Reiswein untermischen, Garnelen dann herausnehmen.

4 Pilze im verbliebenen Öl unter Rühren kurz braten. Ingwer, Frühlingszwiebeln und Knoblauch dazugeben und weiterbraten, bis es duftet. Garnelen wieder dazugeben und mit Salz abschmecken.

5 Garnelen nach Belieben vor dem Servieren mit Sesamöl beträufeln.

Tip! Besonders hübsch sehen die Garnelen aus, wenn Sie sie auf Salatblättern anrichten. Dazu die Blätter waschen und den Servierteller damit auskleiden. Die Garnelen in die Mitte häufen.

Garnelen mit Tomaten

Aus Ostchina · Geht schnell

Fan Qie Xia Ren

Zutaten für 1 Servierteller (2 Portionen):
400 g rohe Garnelen
50 g Frühlingszwiebel
50 g Wasserkastanien
1–2 Tomaten (je nach Größe; ersatzweise passierte Tomaten aus der Packung)
5 EL Pflanzenöl
50 g enthülste Erbsen (frisch oder tiefgefroren)
Salz
1 TL Zucker
2 EL Reiswein
3 dünne Scheiben Ingwerwurzel
1 EL Speisestärke, mit 5 EL Wasser verrührt

Zubereitungszeit: 25 Min.

Pro Portion: 2300 kJ/ 550 kcal

1 Garnelen waschen. Den Kopf etwa 1 cm hinter dem Gelenk abschneiden, die restlichen Garnelenstücke schälen, vom Darm befreien und gut trockentupfen. Frühlingszwiebeln putzen und in Würfel schneiden. Wasserkastanien ebenfalls in Würfel schneiden, die so groß sein sollen wie die Erbsen. Tomaten waschen und in 2 cm große Stücke schneiden.

2 In einer Pfanne oder einem Wok $2^1/_2$ EL Öl erhitzen. Garnelen darin bei starker Hitze unter Rühren etwa 2 Min. braten, bis sie rot werden. Dann wieder herausnehmen.

3 Restliches Öl erhitzen. Frühlingszwiebeln darin unter Rühren kurz anbraten und wieder herausholen. Tomaten in die Pfanne geben und bei starker Hitze unter Rühren etwa 2 Min. braten, bis sich Saft bildet. Wasserkastanien und Erbsen dazugeben. Frühlingszwiebeln untermischen.

4 Gericht mit Salz, Zucker und Reiswein abschmecken. Ingwer schälen, Garnelen und Ingwer untermischen und alles noch einmal 3–4 Min. unter starker Hitze unter Rühren braten. Ingwer entfernen. Speisestärke unterrühren und das Ganze einmal aufkochen lassen. Garnelen sofort servieren.

Tip! Mit der gleichen Sauce schmekken auch Fisch- oder Garnelenklößchen, die Sie in Asien-Läden tiefgefroren kaufen können. Die Klößchen sollten Sie halbieren oder vierteln, damit sie das Aroma der Sauce besser aufnehmen.

FLEISCH, GEFLÜGEL & WILD

Um besonders köstliche Fleischgerichte zu finden, muß man nicht in die Ferne schweifen. Typisch für Deutschland und Österreich sind die großen Braten, hier vertreten durch den westfälischen Sauerbraten. Braten gehören übrigens zu den unkompliziertesten Gerichten überhaupt – sind sie einmal im Ofen, muß man sich fast gar nicht um sie kümmern. Exotischer, aber auch ganz einfach, ist die Lammbrust mit Couscous, die mit dem schnellen Instant-Couscous gefüllt wird, den Sie bei jedem türkischen oder griechischen Lebensmittelhändler kaufen können.

Feine Fleischgerichte für Gäste bietet Italien, zum Beispiel Ossobuco alla milanese, eine mit Tomaten geschmorte Kalbshaxe oder Vitello tonnato, dünne Kalbfleischscheiben mit Thunfischsauce.

Auch für die Alltagsküche finden Sie hier viele Rezepte, zum Beispiel jugoslawische Cevapcici oder Raznjici aus dem preiswerten Hackfleisch.

Besonders beliebt in den Küchen der Welt waren immer schon die Geflügelgerichte, denn auch ärmere Leute konnten sich ab und zu ein Huhn leisten. So gibt es viele, viele verschiedene Zubereitungsarten für Hähnchen, Ente und Gans. Ein berühmtes Rezept im mitteleuropäischen Raum ist Gans mit Rotkohl und Knödeln, wir bringen hier die böhmische Variante. Weithin bekannt ist auch das amerikanische Ernte-Dank-Essen Roast Turkey, gebratener Truthahn. Aber auch für das „gewöhnliche“ Haushuhn bieten wir Ihnen köstliche Rezepte, zum Beispiel das Huhn in Mandelsauce aus Indien.

Um das Kapitel abzurunden, finden Sie hier auch Lammhaxen aus Kastilien und Kaninchen auf maurische Art . Und wer gerne Wild ißt, freut sich über ein einfaches Hasenragout aus Italien und einen sehr festlichen Rehbraten aus Frankreich.

Vitello tonnato

Aus Italien • Raffiniert

Kalbfleisch mit Thunfischsauce

Zutaten für 6 Portionen:
1 Stange Bleichsellerie
1 Möhre
1 Zwiebel
1 Lorbeerblatt
2 Gewürznelken
1 kg Kalbsnuß
3/4 l trockener Weißwein
Salz
1 Dose Thunfisch ohne Öl (150 g)
3 in Öl eingelegte Sardellenfilets
2 Eigelb
3 EL Kapern
2 unbehandelte Zitronen
200 ml Olivenöl
Pfeffer aus der Mühle

Zubereitungszeit: 2 Std.
(+ 24 Std. Marinieren,
+ 3–4 Std. Kühlen)

Pro Portion: 2800 kJ/670 kcal

1 Den Sellerie, die Möhre und 1 Zwiebel grob zerteilen, mit 1 Lorbeerblatt und 2 Gewürznelken, dem Fleisch und 3/4 l Weißwein in einen Topf geben. Zugedeckt 24 Std. durchziehen lassen.

2 Soviel Wasser angießen, daß das Fleisch gerade bedeckt ist, mit 1 TL Salz aufkochen. Bei schwacher Hitze offen knapp 1 Std. gar ziehen lassen. Im Sud abkühlen lassen.

3 Den Thunfisch abtropfen lassen, 3 Sardellenfilets trockentupfen und klein schneiden. Thunfisch, Sardellen, 2 Eigelb, 2 EL Kapern mit dem Saft von 1/2 Zitrone fein pürieren. Mit einigen EL Brühe vom Sud und etwa 200 ml Olivenöl nach und nach zu einer sämigen Sauce rühren. Salzen und pfeffern.

4 Das Fleisch in dünne Scheiben schneiden, auf einer Platte anrichten. Gleichmäßig mit der Sauce überziehen, 3–4 Std. abgedeckt kühl stellen und durchziehen lassen. 1 1/2 Zitronen in dünne Scheiben schneiden und das Fleisch damit garnieren. 1 EL Kapern darüberstreuen.

Sorgfältig werden die Kapern verlesen.

Kapern

sind die grünen, noch geschlossenen pfefferkorn- bis erbsengroßen Blütenknospen des Kapernstrauches. Dieser Strauch wächst im Mittelmeergebiet und wird besonders in Süditalien angebaut. Ganz früh am Morgen werden die Kapern geerntet, denn dann sind sie so, wie sie sein sollen: hart und fest verschlossen, von oliv- bis blaugrüner Farbe. In diesem Stadium fehlt den Kapernknospen jegliche Würze. Nach dem Pflücken ruht die Tagesernte über Nacht – die Knospen welken und trocknen leicht an. Anschließend werden sie nach Größen sortiert, dann in ein würziges Bad eingelegt – entweder in purem Salz, in Salzlake oder in Essig. So bekommen Kapern ihren typischen Geschmack.
Kapern gibt es in unterschiedlichen Qualitäten – auf den ersten Blick erkennbar an der Größe der Knospen: Nonpareilles heißt die feinste und begehrteste Sorte. Die Rangfolge setzt sich fort mit größeren und pikanter werdenden Sorten: Surfines, Fines, Mifines, Capucines, Capotes und Capperoni.
Kapern geben vielen italienischen Gerichten eine raffinierte Note – zum Beispiel auch der sizilianischen Caponata und anderen Gerichten.

Ossobuco alla milanese

Aus Italien • Für Gäste

Geschmorte Kalbshaxe

Zutaten für 6–8 Portionen:
4 mittelgroße Möhren
4 Stangen Bleichsellerie
3 mittelgroße Zwiebeln
3 Knoblauchzehen
4 EL Butter
6–8 Kalbshaxenscheiben (quer zum Knochen gesägt, etwa 3 kg)
Salz · schwarzer Pfeffer aus der Mühle
Mehl zum Wenden
6 EL Olivenöl, kaltgepreßt
¼ l Weißwein
1 kg reife Fleischtomaten (oder Tomaten aus der Dose)
1 Bund Petersilie
¼ l Fleischbrühe + Brühe zum Begießen
je ½ TL Thymian und Oregano
2 Lorbeerblätter

Für die Gremolata:
2 unbehandelte Zitronen
2 Bund glatte Petersilie
5 Knoblauchzehen

Zubereitungszeit: 50 Min. (+ 2–3 Std. Schmorzeit)

Bei 8 Portionen pro Portion: 2400 kJ/570 kcal

1 Möhren, Sellerie, Zwiebeln und Knoblauchzehen klein würfeln. Im Bräter bei schwacher Hitze Butter zerlassen. Sobald sie klar ist, das Gemüse unter Rühren darin anschmoren, bis es leicht gebräunt ist.

2 Die Kalbshaxen mit Küchengarn rund binden. Salzen, pfeffern, in Mehl wenden. Überschüssiges Mehl wieder abklopfen. In Olivenöl in einer großen Pfanne portionsweise bei mäßiger Hitze hellbraun braten. Herausnehmen und auf das angeschmorte Gemüse setzen.

3 Das Öl aus der Pfanne gießen. Bratfond mit ¼ l Weißwein aufkochen, dabei rühren, bis der Satz aufgelöst und der Wein auf 4–6 EL eingekocht ist. Den Backofen auf 175° (Gas Stufe 2) vorheizen.

4 Die Tomaten mit kochendem Wasser überbrühen, häuten, halbieren und die Kerne entfernen. Tomaten aus der Dose auf einem Sieb abtropfen lassen. In Stücke schneiden. Petersilie mit Stengeln grob hacken.

5 Pfannenfond mit Fleischbrühe aufgießen, gehackte Petersilie, Thymian, Oregano, Lorbeerblätter und Tomatenstücke dazugeben. Aufkochen, salzen und pfeffern.

6 Die Sauce über die Fleischstücke gießen. Auf dem Herd aufkochen. Deckel auflegen und in den Ofen schieben. 2–3 Std. schmoren, dabei die Scheiben alle 30 Min. mit etwas Brühe übergießen.

7 Für die Gremolata: Schale von 2 Zitronen fein abreiben. Petersilie fein hacken. 5 Knoblauchzehen ganz fein würfeln. Alles vermischen. Fertig geschmortes Fleisch vom Küchengarn befreien und in eine Schüssel heben. Gemüse mit Sauce darüber schöpfen. Mit Gremolata bestreuen.

Rindfleisch in Austernsauce

Aus China · Gelingt leicht

Hao You Niu Rou

Zutaten für 4 Portionen:
200 g mageres Rindfleisch
1 1/2 EL Speisestärke
3 TL Reiswein · Salz
je 1/2 rote und grüne Paprikaschote
1 Zwiebel (etwa 100 g)
1 Frühlingszwiebel
1 Scheibe Ingwer, etwa 1 cm dick
1 Knoblauchzehe
1 EL helle Sojasauce
1 EL Austernsauce
1 TL Zucker
1/2 TL Sesamöl
weißer Pfeffer, frisch gemahlen
4 EL neutrales Pflanzenöl
zum Garnieren: Gurkenstreifen

Zubereitungszeit: 45 Min.

Pro Portion: 760 kJ/180 kcal

1 Das Rindfleisch kalt abspülen, trockentupfen und zuerst in sehr dünne Scheiben schneiden, dann in etwa 3 cm lange und 2 cm breite Stücke teilen.

2 Speisestärke in einer Eßschale mit 2 EL Wasser anrühren. In einer anderen Eßschale 1 TL Reiswein mit 1 Prise Salz und 1/3 der angerührten Speisestärke vermischen.

3 Das Fleisch mit dieser Mischung vermengen, 2–3 EL Wasser dazugeben, nochmals durchrühren und zugedeckt 8–10 Min. in den Kühlschrank stellen.

4 Inzwischen Paprikaschoten von Kernen, Trennwänden und Stielansätzen befreien, waschen, dann in etwa 2 cm lange und 1 1/2 cm breite Stücke schneiden. Zwiebel schälen und in etwa 2 cm große Stücke schneiden. Frühlingszwiebel putzen, waschen und fein hacken. Ingwer schälen, Knoblauch häuten, beides fein hacken.

5 Sojasauce mit Austernsauce, 2 TL Reiswein, Zucker, Sesamöl sowie je 1 Prise Salz und Pfeffer mischen. Die restliche angerührte Speisestärke untermengen.

6 Öl im Wok oder in einer Pfanne bei starker Hitze in etwa 1 Min. heiß werden lassen. Das Rindfleisch hineingeben und unter Rühren etwa 1 Min. braten, bis es leicht braun ist. Dann herausnehmen.

7 Frühlingszwiebel, Ingwer und Knoblauch im Restöl bei mittlerer Hitze unter Rühren kurz anbraten, Paprikastücke und Zwiebel dazugeben, zusammen unter Rühren 2–3 Min. braten. Das Fleisch dazugeben. Die angerührte Austern-Sojasauce nochmals durchrühren und angießen, dann alles bei starker Hitze unter Rühren einmal aufkochen, dann sofort auf einer mit Gurkenstreifen garnierten Platte servieren.

Variante: Entenfleisch in Austernsauce (Hao You Men Ya)
Für 4 Portionen eine küchenfertig vorbereitete Ente (1,2 kg) kalt abspülen, trockentupfen und mit Haut und Knochen in etwa 3 cm breite und 5 cm lange Stücke hacken. (Wem das zu aufwendig ist, der kann auch nur das Entenfleisch kleinschneiden.) 1 Scheibe Ingwer, etwa 2 cm dick, schälen, 2 Knoblauchzehen häuten und beides fein hacken. 2 Frühlingszwiebeln putzen, waschen und in etwa 5 cm lange Stücke schneiden. In einem Wok bei starker Hitze 2 EL Pflanzenöl in etwa 1 Min. heiß werden lassen. Entenstücke hineingeben und unter Rühren 3–5 Min. braten, dann herausnehmen. Im Wok wiederum 2 EL Öl bei mittlerer Hitze heiß werden lassen. Ingwer und Knoblauch darin kurz anbraten, Entenstücke dazugeben und alles mit 1 Prise Salz, 2 TL Zucker, 4 EL Austernsauce und 1 EL dunkler Sojasauce würzen, alles gut durchrühren. Mit 3 EL Reiswein ablöschen und kurz zudecken. Dann ¼ l Hühnerbrühe (selbstgemacht oder instant) über die Ente gießen, zum Kochen bringen und bei mittlerer Hitze etwa 40 Min. zugedeckt köcheln. Nach etwa 35 Min. Frühlingszwiebeln dazugeben, mit 1 Prise weißem Pfeffer bestreuen. 2 EL Speisestärke mit 4 EL Wasser anrühren, gleichmäßig über die Entenstücke verteilen und unter Rühren einmal aufkochen. Vor dem Servieren mit 1 TL Sesamöl beträufeln.

Info: Bei dem Gericht »Rindfleisch in Austernsauce« ist es wichtig, das Fleisch nicht zu lange zu braten, da es sonst zäh wird. Damit das Fleisch zart bleibt, wird in China 1 Prise Natriumhydrogenkarbonat (Glutamat) mit dem Fleisch vermischt. Wir haben hier aber darauf verzichtet.

Potée bourguignonne

Aus Frankreich · Gelingt leicht

Schweinefleischtopf

Zutaten für 8 Portionen:
500 g gepökelte Schweineschulter
1 gepökelte Schweinehaxe
500 g durchwachsener Räucherspeck ohne Schwarte
1 kleiner Kopf Weißkohl
6 Möhren
4 weiße Rübchen
4 Kohlrabi
6 Stangen Lauch
1 Zwiebel
2 Knoblauchzehen
5 Gewürznelken
Salz
weißer Pfeffer aus der Mühle
500 g vorwiegend festkochende Kartoffeln

Für die Senfsauce:
50 g Butter
50 g Mehl
1 l Fleischbrühe oder -fond
5 EL Dijon-Senf
1 EL Weinessig
3 EL Crème fraîche
Salz
schwarzer Pfeffer aus der Mühle
4 Eigelb

Zubereitungszeit: 2 ¼ Std.
(+ 12 Std. Wässern)

Pro Portion (mit Sauce):
3700 kJ/880 kcal

1 Am Vortag das Pökelfleisch in reichlich frischem Wasser entsalzen (etwa 12 Std.). Wasser öfters wechseln.

2 In einem dickwandigen Schmortopf, besser noch in einem feuerfesten Keramiktopf, Fleisch und Speck mit Wasser bedeckt zum Kochen bringen, zudecken. Bei schwacher Hitze etwa 2 Std. garen, öfters abschäumen.

3 Inzwischen das Gemüse putzen und waschen. Kohl und Möhren vierteln und zum Fleisch in den Topf legen.

4 Dann weiße Rübchen, Kohlrabi und das Weiße vom Lauch, je nach Größe, halbieren oder vierteln und dazugeben. Zwiebel und Knoblauch schälen, Zwiebel mit Nelken spicken, beides im Ganzen dazugeben. Evtl. salzen, pfeffern.

5 Kartoffeln, je nach Größe, vierteln oder halbieren und in den Eintopf geben. Gericht in etwa 20–30 Min. fertiggaren.

6 Inzwischen die Sauce zubereiten. Butter in einer Kasserolle zerlassen, Mehl dazugeben, mit einem Holzlöffel verrühren. 1–2 Min. köcheln lassen. Fleischbrühe angießen, gut umrühren oder mit dem Schneebesen schlagen. Senf, Weinessig und Crème fraîche hinzufügen. Salzen, pfeffern. Kasserolle vom Herd nehmen, Sauce mit Eigelb binden (die Sauce darf nicht mehr kochen). Abschmecken.

7 Fleisch aus dem Schmortopf heben, aufschneiden, auf einer vorgewärmten Platte anrichten. Gemüse ringsherum anordnen. Sauce getrennt dazu reichen. Die Kochflüssigkeit für eine andere Gelegenheit aufbewahren.

Getränk: Ein leichter roter Burgunder, z.B. ein Mâcon, paßt gut dazu.

Varianten: Zur Potée bourguignonne passen auch rohe Knoblauchwurst oder gepökelter Halsgrat. Zusätzlich zu den oben genannten Gemüsesorten weiße Bohnenkerne hineingeben. Diese müssen allerdings am Vortag eingeweicht werden.
Wenn Sie kein Pökelfleisch bekommen, verwenden Sie rohes Kasseler.

Info: In Frankreich verwendet man – anders als bei uns – sehr häufig in Salzlake gepökeltes Schweinefleisch. Gerichte mit frischem Schweinefleisch sind vergleichsweise selten.

Saltimbocca alla romana

Aus Italien · Schnell

Kalbsschnitzel mit Schinken und Salbei

Zutaten für 4 Portionen:
8 dünne Kalbsschnitzel (ca. 500 g)
100 g Butter
8 frische Salbeiblätter
8 Scheiben luftgetrockneter Schinken (Parma oder San Daniele)
Salz
weißer Pfeffer aus der Mühle
4 EL Marsalawein oder Weißwein

Zubereitungszeit: 20 Min.

Pro Portion: 1600 kJ/380 kcal

1 Kalbsschnitzel vorsichtig flachklopfen. In einer großen Pfanne Butter aufschäumen lassen, Salbeiblätter etwa 1 Min. darin schwenken, herausnehmen und beiseite legen.

2 Schinkenscheiben in der Salbeibutter etwa 2 Min. leicht anbraten und ebenfalls herausnehmen. Zum Salbei geben, warm stellen.

3 Kalbsschnitzel in der gleichen Pfanne pro Seite etwa 2 Min. braten. Mit wenig Salz und Pfeffer würzen.

4 Auf einer vorgewärmten Servierplatte die Kalbsschnitzel mit je 1 Scheibe Schinken und 1 Salbeiblatt anrichten und abgedeckt warm stellen.

5 Den Bratenfond mit Marsalawein und 1 EL Wasser ablöschen, aufrühren und über die Saltimbocca gießen. Sofort servieren. Weißbrot und Salat der Saison dazu reichen.

Wein: Ein frischer, leichter Weißwein aus Latium, z. B. ein Frascati oder ein Est! Est!! Est!!! di Montefiascone, passen gut dazu.

Info: Saltimbocca heißt wortwörtlich übersetzt: »Spring in den Mund!« Wie der Name ausdrückt, ist es nur ein Häppchen.

Salbei

Der Name Salbei kommt vom lateinischen »salvus« und heißt gesund. Schon vor 2000 Jahren empfahl der griechische Arzt Dioskorides Salbei zum Blutstillen, gegen Fieber und Nierensteine. Heute wird Salbei eher als Küchenkraut geschätzt. Die zarten Blätter des Echten Salbei kann man während des ganzen Sommers ernten. Die beste Erntezeit ist allerdings Mai/ Juni, kurz vor dem Erscheinen der violett-bläulichen oder weißlichen Blüten, denn dann enthalten die Blätter die meiste Würzkraft. Die grünlich-silbergrauen filzigen Blätter enthalten ein ätherisches Öl, das dem Salbei den Duft und ein leicht bitteres Aroma verleiht. Das traditionelle Würzmittel bereichert viele Fleisch- und Fischgerichte der italienischen Küche. Erst beim Kochen entwickelt Salbei – sparsam verwendet – seinen vollen Geschmack. Auch getrockneter Salbei, dessen Blätter sich leicht zerreiben lassen, behält seine Würzkraft. Eine pikante Beilage zu Fleischgerichten sind frische Salbeiblätter, durch den Ausbackteig gezogen und in Fett schwimmend gebacken. Vielleicht wird Salbei deshalb so häufig als Gewürz verwendet, weil der Aberglaube besagt, sein Genuß mache den Menschen unsterblich.

Hausgärtchen in Südtirol mit Salbeistrauch.

Wiener Schnitzel

Aus Österreich · Gelingt leicht

Paniertes Kalbsschnitzel

Zutaten für 4 Portionen:
4 Kalbsschnitzel zu je etwa 180 g, etwa 5 mm dick (quer gegen die Faser aus der Keule geschnitten)
Salz
2 Eier
100 g Mehl
150 g Semmelbrösel
250 g Schweineschmalz oder Öl
1 unbehandelte Zitrone

Zubereitungszeit: 40 Min.

Pro Portion: 3200 kJ/760 kcal

1 Schnitzel waschen, trockentupfen, sanft klopfen und leicht salzen.

2 Eier auf einem Teller verquirlen. Mehl und Semmelbrösel ebenfalls jeweils auf Teller geben.

3 Schnitzel in Mehl wenden. Überschüssiges Mehl abschütteln. Schnitzel danach in verquirlte Eier tauchen, abtropfen lassen und zuletzt in Semmelbröseln wenden.

4 Schweineschmalz oder Öl in einer großen Pfanne erhitzen. Das Fett muß so heiß sein, daß es zischt, wenn man eine mit Wasser befeuchtete Gabel eintaucht. Schnitzel so hineingeben, daß sie weder einander noch den Pfannenrand berühren. Eventuell nur 1 oder 2 Schnitzel auf einmal braten. Schnitzel auf jeder Seite in etwa 4 Min. goldgelb braten. Beim Wenden nicht ins Fleisch stechen. Die Pfanne während des Bratvorganges öfters schwenken, damit Schnitzel und Fett in Bewegung bleiben.

5 Zitrone heiß waschen, trockentupfen und vierteln.

6 Die fertigen Wiener Schnitzel gründlich mit Küchenpapier abtupfen und auf einer vorgewärmten Platte mit Zitronenvierteln anrichten. Dazu paßt Kartoffelsalat oder Gurkensalat.

Getränke: Nehmen Sie einen frischen trockenen Weißwein aus der Wachau.

Kalbsgulasch

Aus Österreich · Gelingt leicht

Pikantes Gulasch aus Kalbfleisch und Zwiebeln

Zutaten für 4 Portionen:
700 g Kalbfleisch (Schulter)
300 g Zwiebeln
2 EL Schweineschmalz oder Öl
2 EL Paprikapulver, edelsüß
1 EL Essig
etwa ¾ l Rindsuppe, selbst gekocht oder aus Würfeln
abgeriebene Schale von ½ unbehandelten Zitrone
Salz
1 Knoblauchzehe
1 EL Tomatenmark

Zubereitungszeit: 1¼ Std.

Pro Portion: 1300 kJ/310 kcal

1 Fleisch waschen, trockentupfen und in Würfel von etwa 3 cm Seitenlänge schneiden. Die Fleischwürfel parallel zu einer Seitenfläche halbieren.

2 Zwiebeln schälen und in dünne Ringe schneiden. Schweineschmalz oder Öl in einem Schmortopf erhitzen. Zwiebeln darin unter Rühren bei mittlerer Hitze goldgelb braten. Paprikapulver darüber streuen und sofort mit Essig und etwa 3 EL Rindsuppe aufgießen. Die Fleischwürfel hinzufügen und mit Zitronenschale und etwas Salz würzen. Knoblauchzehe schälen und durch die Presse dazudrücken.

3 Kalbfleisch zugedeckt bei schwacher Hitze etwa 35 Min. schmoren lassen. Dabei mehrmals umrühren und jeweils, wenn nötig, ganz wenig Rindsuppe dazugießen.

4 Das Gulasch mit so viel Rindsuppe aufgießen, daß das Fleisch vom Saft gerade bedeckt ist. Tomatenmark einrühren und das Gulasch noch etwa 5 Min. köcheln lassen. Dann das Gericht mit Salz abschmecken. Dazu passen Nockerln.

Getränke: Hier schmeckt am besten ein Glas Bier – mit oder ohne Alkohol.

Zürcher Geschnetzeltes

Aus der Schweiz · Herzhaft

Züri Gschnätzlets mit Rösti

Zutaten für 4 Portionen:
Für die Rösti:
600 g Kartoffeln, festkochend
Salz
schwarzer Pfeffer, frisch gemahlen
50 g Speck, durchwachsen, ohne Schwarte
3 EL Butterschmalz

Für das Geschnetzelte:
2 Schalotten
250 g Champignons
600 g Kalbfleisch
2 EL Butterschmalz
2 EL Butter
100 ml trockener Weißwein
200 g Sahne
100 ml Kalbsfond aus dem Glas
1 kleiner Bund Petersilie

Zubereitungszeit: 1 ¹/₄ Std. (+ 20 Min. Kartoffeln kochen am Vortag + 30 Min. Wässern)

Pro Portion: 3500 kJ/830 kcal

1 Für die Rösti Kartoffeln am Vortag 20 Min. mit Salzwasser bedeckt bei mittlerer Hitze kochen, sie sollen nicht ganz gar sein, abgießen und in der Schale abkühlen lassen. Am nächsten Tag schälen, grob raspeln, salzen und pfeffern. Den Speck kleinwürfeln, unter die Kartoffelraspeln mischen.

2 In einer mittelgroßen Pfanne 2 EL Butterschmalz erhitzen. Die Kartoffelmischung dazugeben und mit einem Bratenwender zu einem flachen Fladen formen. Bei schwacher Hitze etwa 15 Min. braten, bis sich auf der Unterseite eine goldgelbe Kruste gebildet hat. Dann Backofen auf 75° (Umluft 50°) vorheizen.

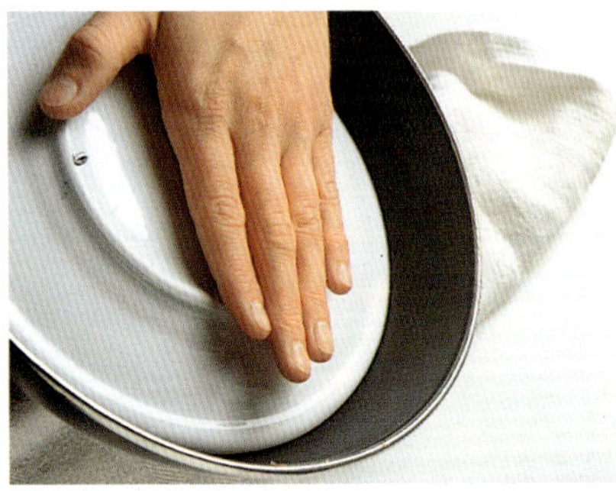

3 Pfanne mit einem flachen Teller (oder Deckel) bedecken. Pfanne und Teller fest zusammenhalten, umdrehen, so daß das Rösti mit der angebräunten Seite nach oben liegt. Das restliche Butterschmalz in der Pfanne erhitzen. Das Rösti vom Teller wieder in die Pfanne gleiten lassen und darin in etwa 15 Min. fertigbraten. Rösti bis zum Servieren im vorgeheizten Backofen warm stellen.

4 Für das Geschnetzelte Schalotten schälen und fein hacken. Champignons putzen, waschen, gut trockentupfen und in dünne Scheiben schneiden. Fleisch in etwa fingerdicke Streifen schneiden. In einer tiefen Pfanne das Butterschmalz erhitzen, Fleisch darin portionsweise bei starker Hitze etwa 3 Min. anbraten. Salzen, pfeffern, herausnehmen und warm stellen.

5 Die Butter in der Pfanne erhitzen, die Schalotten dazugeben. Die Champignons untermischen und bei mittlerer Hitze etwa 3 Min. dünsten, bis fast alle Flüssigkeit verdampft ist. Mit dem Weißwein ablöschen und kurz aufkochen lassen. Temperatur reduzieren, Sahne und Kalbsfond in die Pfanne gießen und zugedeckt etwa 8 Min. bei schwacher Hitze köcheln lassen, bis die Sauce sämig geworden ist, salzen, pfeffern.

6 Petersilie waschen, trockenschütteln, Blättchen abzupfen und fein hacken. Die Kalbfleischstreifen in der Sauce etwa 5 Min. bei schwacher Hitze erwärmen, salzen, pfeffern und mit der Petersilie bestreuen. Das Rösti in Portionsstücke schneiden und mit dem Geschnetzelten anrichten.

Tip! Sehr gut schmeckt Rösti auch, wenn Sie 1 kleine Stange Lauch in dünne Ringe schneiden und unter die Kartoffelraspeln mischen. Für das Geschnetzelte können Sie 1 in etwa ¹/₂ cm dicke Scheiben geschnittene Kalbsniere anbraten und mit dem Kalbfleisch in die Sauce geben.

Raznjići

Aus Serbien · Gelingt leicht

Fleischspießchen

Zutaten für 4 Portionen:
300 g Schweinefilet
300 g Lammfleisch (aus der Schulter)
100 g Speck, durchwachsen, ohne Schwarte
je 1 rote und grüne Paprikaschote
1 kleine Gemüsezwiebel
2 Knoblauchzehen · 2 EL Speiseöl
Salz
schwarzer Pfeffer, frisch gemahlen
3 EL Speiseöl zum Braten
außerdem: 8 (Holz-)Spieße

Zubereitungszeit: 45 Min.

Pro Portion: 1800 kJ/430 kcal

1 Fleisch waschen, trockentupfen und in Würfel von etwa 2 cm Kantenlänge schneiden. Speck in dünne Scheiben schneiden. Elektro- oder Holzkohlegrill vor- bzw. aufheizen.

2 Paprikaschoten waschen, halbieren, Kerne, Stielansatz und Trennwände entfernen. Schoten in Würfel von ebenfalls etwa 2 cm Kantenlänge schneiden. Zwiebel schälen, achteln, in die einzelnen Schichten teilen.

3 Fleisch, Speck, Zwiebel und Paprika abwechselnd auf 8 Spieße stecken. Knoblauch häuten, durch eine Knoblauchpresse drücken, mit dem Öl mischen und die Spieße damit bestreichen. Alles salzen, pfeffern, auf den Grillrost des Elektro- bzw. Holzkohlegrills legen und 15–20 Min. grillen oder bei mittlerer Hitze mit Öl in einer Pfanne braten, dabei öfters wenden.

Beilagen-Tip: Serbischer Kaviar (Srpski Ajvar): Je 2 grüne und rote Paprikaschoten und 2 kleine Auberginen waschen und bei 200° für 20 Min. auf den Rost in den Backofen (Mitte; Umluft 180°) legen. Inzwischen 1 große Zwiebel schälen und fein hacken, 2 Knoblauchzehen häuten. Paprika und Auberginen aus dem Ofen nehmen, etwas abkühlen lassen. Paprika häuten, Kerne und Trennwände entfernen. Auberginen längs halbieren und Fruchtfleisch aus der Schale lösen. Auberginenfruchtfleisch mit Paprikaschoten fein hacken oder pürieren, dann mit der Zwiebel in eine Schüssel geben. Knoblauch durch eine Knoblauchpresse dazudrücken. Alles mit 2 EL Essig, 3 EL Olivenöl, Salz, Pfeffer, 1 Prise Paprika, rosenscharf und 1/2 TL Zucker würzen, gut vermischen und etwa 1 Std. ziehen lassen. Ajvar wird zu Raznjići und Ćevapčići gegessen.

Ćevapčići

Aus Serbien · Gelingt leicht

Hackfleischwürstchen

Zutaten für 4 Portionen:
2 Knoblauchzehen
1 mittelgroße Zwiebel
1 EL Schmalz
400 g Rinderhackfleisch
400 g Lammhackfleisch · 1 Ei · Salz
schwarzer Pfeffer, frisch gemahlen
2 TL Paprikapulver, edelsüß
Lorbeerblätter · 3 EL Speiseöl
außerdem: Holzspieße

Zubereitungszeit: 45 Min.
Pro Portion: 1900 kJ/450 kcal

1 Knoblauch und Zwiebel schälen, fein hacken. Schmalz in einer Pfanne erhitzen. Knoblauch und Zwiebel darin bei mittlerer Hitze weich dünsten.

2 Das Hackfleisch mit der Zwiebel-Knoblauch-Mischung und dem Ei in eine Schüssel geben. Kräftig mit Salz, Pfeffer und Paprika würzen und alles gut durchkneten. Elektro- oder Holzkohlegrill vor- bzw. aufheizen.

3 Aus dem Hackfleisch mit angefeuchteten Händen etwa daumengroße Würstchen formen. Je 1 Würstchen mit 1 Lorbeerblatt quer auf Spießchen stecken. Ćevapčići auf den Grillrost des Elektro- oder Holzkohlegrills legen und etwa 15 Min. grillen oder bei mittlerer Hitze mit Öl in einer Pfanne braten, dabei öfters wenden. Mit Serbischem Kaviar (siehe Beilagen-Tip oben) und in Ringe geschnittenen rohen roten Zwiebeln servieren.

Fleischspießchen

Aus Thailand · Braucht etwas Zeit

Muh Saté

Zutaten für 4 Portionen:
500 g Schweinefleisch (Nuß)
etwa 40 Holzspießchen
1 Stück frischer Galgant, ersatzweise Ingwer (2 cm)
1 Stengel frisches Zitronengras
1 TL Koriandersamen
1 TL Kreuzkümmelkörner
½ TL Salz
½ TL schwarzer Pfeffer, frisch gemahlen
100 g Zucker
1 EL Currypulver
1 Dose ungesüßte Kokosmilch (400 ml)
1 Salatgurke
5 Schalotten
1 frische rote Peperoni
¼ l Reisessig, ersatzweise milder Weinessig
Zum Abschmecken:
etwas Reisessig und Zucker
¼ l Erdnußsauce (Fertigprodukt, Asienladen)

Zubereitungszeit: 1 Std. (+ 1 Std. Marinieren)

Pro Portion: 2100 kJ/500 kcal

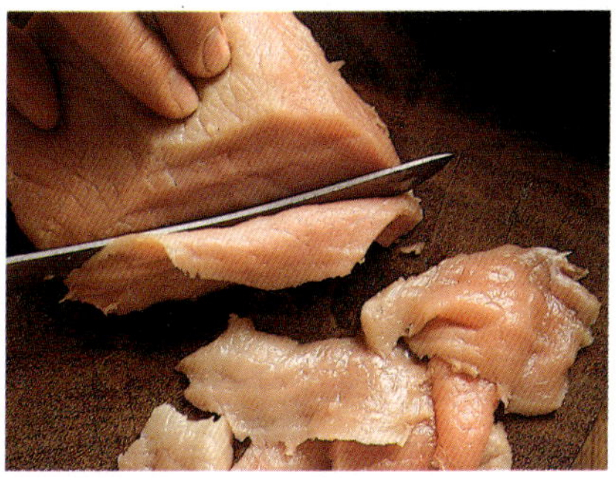

1 Schweinefleisch kalt abwaschen und trockentupfen. Dann quer zur Faser in dünne Scheiben schneiden, diese dann in etwa 10 cm lange und 3 cm breite Streifen schneiden. Holzspießchen in Wasser einlegen, damit sie später auf dem Grill nicht so leicht verbrennen.

2 Galgant schälen und kleinhacken, Zitronengras waschen und in dünne Scheiben schneiden. Beides zusammen mit Koriandersamen und Kreuzkümmelkörnern im Mörser zerstoßen. Salz, Pfeffer, 1 EL Zucker, Currypulver und 3 EL von der dicken Schicht oben auf der Kokosmilch ebenfalls untermischen. Schweinefleisch anschließend mit dieser Mischung würzen.

3 Schweinefleisch zugedeckt im Kühlschrank mindestens 1 Std. marinieren lassen. Anschließend der Länge nach ziehharmonikaartig auf die eingeweichten Spießchen stecken.

4 Für den Salat Gurke schälen oder gründlich waschen, der Länge nach vierteln und in hauchdünne Scheiben schneiden. Schalotten schälen und ebenfalls in hauchdünne Scheiben schneiden. Peperoni waschen, entstielen, entkernen und in dünne Ringe schneiden. Danach gründlich die Hände waschen.

5 Für die Sauce ⅛ l Wasser mit Essig, dem restlichen Zucker und 1 Msp. Salz etwa 1 Min. kochen und anschließend abkühlen lassen.

6 Kurz vor dem Servieren die Gurkenmischung mit abgekühlter Sauce mischen und mit Essig und Zucker süß-sauer abschmecken.

7 Spießchen auf dem Holzkohlengrill etwa 3 Min. je Seite oder im Backofen oben mit Oberhitze etwa 15 Min. garen, bis sie gebräunt sind. Mit lauwarmer Erdnußsauce und dem Salat servieren.

Variante: Sie können auch Rinder- oder Hühnerbrustfilet verwenden.

Tip! In Asien-Läden werden auch fertige Gewürzmischungen für Saté (auch: Satay) geführt. Fragen Sie danach! Auch die Erdnußsauce gibt es dort im Beutel fertig gemischt zu kaufen.

Petits farcis de Nice

Aus Frankreich · Gut vorzubereiten

Gefüllte Gemüseteilchen aus Nizza

Zutaten für 6 Portionen:
2 Scheiben Weißbrot
100 ml Weißwein (z.B. Bellet)
je 1/2 Bund Petersilie und Basilikum
2 Schalotten · 5 Knoblauchzehen
8 EL (fruchtiges) Olivenöl, kaltgepreßt
500 g gemischtes Hackfleisch, aus je etwa 125 g geräuchertem Schweinebauch, Kalb-, Rind- und Schweinefleisch
1 frisches Ei · Salz
gemischter Pfeffer, frisch gemahlen
Öl für das Backblech
10 frische Zweige Rosmarin
je 6 (runde) Zucchini, weiße Gemüsezwiebeln, kleine Auberginen (je etwa 100 g)
1 rote Paprika (etwa 300 g)
je 2 kleine rote, grüne und gelbe (Garten-)Paprika (je etwa 100 g)
6 feste Tomaten (je etwa 100 g)
1 EL Pecorino (ersatzweise Parmesan), frisch gerieben
1 EL Paniermehl · außerdem: Alufolie

Zubereitungszeit: 45 Min. für die Farce (+ 30 Min. je Gemüsesorte + 1 Std. Backen je Blech)
Pro Portion: 2100 kJ/500 kcal

1 Für die Farce Brot in Weißwein einweichen. Petersilie und Basilikum abbrausen, trockenschütteln. Schalotten schälen, Knoblauch häuten, halbieren und entkeimen. Alles fein hacken. In einer großen Pfanne 2 EL Öl erhitzen. Schalotten und Knoblauch darin bei mittlerer Hitze etwa 5 Min. anbraten. Vom Herd nehmen und etwas abkühlen lassen. Dann Hackfleisch, ausgepreßtes Brot, Ei und die feingehackten Kräuter unterkneten, salzen und pfeffern. Backblech einölen, mit Rosmarinzweigen belegen. Alle Gemüse abbrausen, trockentupfen.

2 Für die gefüllten Zucchini (Courgettes farcies) in einem Topf Salzwasser erhitzen. Zucchini ins Wasser geben und offen bei starker Hitze etwa 5 Min. darin kochen lassen. Herausnehmen und in eiskaltem Wasser abschrekken. Am Stengelansatz waagerecht einen Deckel abschneiden, beiseite legen. Blütenansatz etwas begradigen. Zucchini mit einem kleinen Löffel bis auf einen 1 cm breiten Rand vorsichtig aushöhlen. Ausgehöhltes Fruchtfleisch grob hacken, mit 100 g Fleischfarce vermengen, kräftig salzen und pfeffern und die Zucchini damit füllen. Mit Alufolie abdecken, kühl stellen.

3 Für die gefüllten Zwiebeln (Oignons farcis) die Zwiebeln schälen, 10–15 Min. in Salzwasser offen bei starker Hitze kochen, herausnehmen und im eiskalten Wasser abschrecken. Zwiebelwurzel begradigen, am oberen Ende waagerecht einen Deckel abschneiden, Deckel beiseite legen. Zwiebelringe bis auf 2 äußere Ringe herausdrehen, das Herausgedrehte grob hacken. Mit 100 g Farce vermengen, würzen, Zwiebeln damit füllen. Abdecken, kühl stellen.

4 Für die gefüllten Auberginen (Aubergines farcies) von den Auberginen im oberen Drittel waagerecht einen Deckel abschneiden, beiseite legen. In einer Pfanne restliches Olivenöl erhitzen und die Auberginen darin mit der Schnittfläche nach unten bei schwacher Hitze in etwa 20 Min. vorgaren. Herausnehmen, aushöhlen, Fruchtfleisch mit 100 g Farce vermengen, würzen und Auberginen damit füllen. Abdecken, kühl stellen.

5 Für die gefüllten Paprika (Poivrons farcis) die große rote Paprika etwa 20 Min. bei 250° (Umluft 220°) in den Backofen geben oder übergrillen, bis sich die Haut in Blasen löst. Inzwischen von den kleinen Paprikaschoten kurz unterhalb des Stielansatzes waagerecht einen Deckel abschneiden, beiseite legen, Kerne und Trennwände entfernen. Große Paprika häuten, Stielansatz, Kerne und Trennwände entfernen, Fruchtfleisch klein würfeln und mit 100 g Farce vermengen, würzen. Kleine Paprika damit füllen, abdecken, kühl stellen.

6 Für die gefüllten Tomaten (Tomates farcies) von den festen Tomaten kurz unterhalb der Stielansätze waagerecht einen Deckel abschneiden, beiseite legen. Kerne mit einem kleinen Löffelchen aus den Tomaten herausschaben. Tomaten mit restlicher Farce füllen, abdecken, kühl stellen.

7 Backofen auf 150° vorheizen. Alle Gemüse auf das Backblech geben, mit Alufolie abgedeckt im Backofen (Mitte; Umluft 140°) 40–45 Min. backen. Dann die Alufolie entfernen, beiseite gelegte Gemüsedeckel auf die entsprechenden Gemüse setzen. Käse und Paniermehl mischen und über die Gemüse streuen. Backofentemperatur auf 200° (Umluft 180°) erhöhen, Gemüse in den Ofen geben, etwa 15 Min. backen und zum Schluß kurz übergrillen, bis sie goldbraun sind. Heiß, lauwarm oder zimmerwarm mit Baguette servieren. (Gemüsestiele nicht mitessen!)

Tips! Je kleiner die Gemüseteilchen sind, desto appetitlicher sehen sie aus. Während Sie die Farce eines Gemüses zubereiten, kann das nächste Gemüse schon vorkochen oder -braten.

Röstfleisch auf Hirtenart

Aus der Türkei · Gelingt leicht

Çoban saç kavurması

Zutaten für 4 Portionen:
600 g Lammfleisch aus der Keule mit dünner Fettschicht, ohne Knochen
100 g Schalotten
2 mittelgroße Tomaten (200 g)
3 milde Spitzpaprikaschoten
150 g Waldpilze oder kleine Champignons
40 g Butter
1 TL getrockneter Thymian
Salz
schwarzer Pfeffer, frisch gemahlen
1 Fladenbrot (S. 69)
1 Bund Frühlingszwiebeln
1 Bund glatte Petersilie

Zubereitungszeit: 45 Min.

Pro Portion: 2000 kJ/480 kcal

1 Fleisch waschen und abtrocknen. Fett wegschneiden und klein würfeln. Fleisch in etwa 1 cm große Würfel schneiden. Schalotten schälen, größere halbieren. Tomaten mit kochendem Wasser übergießen, kurz stehenlassen, häuten, Stielansätze herausschneiden und das Fruchtfleisch würfeln. Spitzpaprika waschen, längs halbieren, Stiele, Kerne und weiße Rippen entfernen. Schoten ausspülen und in Streifchen schneiden. Pilze putzen, kurz überbrausen und abtropfen lassen.

2 Backofen auf 150° (Gas Stufe 1) vorheizen. Einen Wok, der dem türkischen Saç ähnelt, oder eine Gußeisenpfanne stark erhitzen. Fettwürfel darin auslassen. Fleisch dazugeben und etwa 10 Min. rundherum anbraten. Butter und Gemüse hinzufügen und etwa 1 Min. rührend dünsten. Pilze und Thymian untermischen und weitere 2 Min. mitbraten, dann auf schwache Hitze herunterschalten. Alles etwa 5 Min. schmoren. Mit Salz und Pfeffer würzen.

3 Fladenbrot in den Backofen (Mitte) legen. Frühlingszwiebeln putzen, waschen und längs halbieren. Petersilie waschen und trockenschütteln, die Stengel abschneiden. Fladenbrot aus dem Backofen nehmen und vierteln. In jedes Viertel eine Tasche einschneiden und je eine Portion Fleisch mit Gemüse hineinfüllen. Petersilie und Frühlingszwiebeln darauf verteilen oder dazu essen.

Tip! Man kann das Fleisch auch mit Bulgur oder Reis servieren. In Anatolien wird es in Saç ekmeği, sehr dünne Brotfladen, gewickelt und gegessen.

Leber albanische Art

Aus der Türkei · Geht schnell

Arnavut ciğeri

Zutaten für 4 Portionen:
4 mittelgroße rote Zwiebeln (400 g)
Salz
1 Bund glatte Petersilie
1 gestrichener TL Sumak (Salatgewürz)
600 g Lamm- oder Rinderleber
3 EL Mehl
8 EL Sonnenblumenöl
schwarzer Pfeffer, frisch gemahlen
1 gute Prise Cayennepfeffer
2 mittelgroße Tomaten (200 g)

Zubereitungszeit: 45 Min.

Pro Portion: 1900 kJ/450 kcal

1 Zwiebeln schälen und in dünne Ringe schneiden. Mit Salz bestreuen, mit der Hand durchkneten und etwa 10 Min. stehenlassen. Zwiebeln kalt abbrausen und gut abtropfen lassen. Petersilie waschen und trockenschütteln, die Blättchen fein hacken und mit Sumak unter die Zwiebelringe mischen.

2 Leber kurz abspülen, trockentupfen, von Häutchen und Sehnen befreien und in etwa 1 cm breite Streifen und 2,5 cm lange Stücke schneiden. Mehl auf einen Teller sieben. Leberstücke darin wälzen, überschüssiges Mehl abschütteln.

3 Öl in einer Pfanne erhitzen. Leber portionsweise bei starker Hitze in etwa 4 Min. rundherum braun braten und auf Küchenpapier entfetten. Mit Salz, Pfeffer und Cayennepfeffer bestreuen und auf eine vorgewärmte Platte geben. Zwiebeln daneben anrichten. Tomaten waschen, von den Stielansätzen befreien und achteln. Das Gericht mit den Tomatenachteln garnieren.

Info: Dieses Lebergericht wird auch lauwarm gegessen. Es stammt von der albanischen Minderheit, die sich bei Istanbul in Arnavutköy am Bosporus ansiedelte.

Koteletts mit Bohnen

Aus Mexiko · Gelingt leicht

Chuletas de cerdo con frijoles

Zutaten für 4 Portionen:
1 große Zwiebel
1 grüne Paprikaschote
3 EL Olivenöl · 2 Knoblauchzehen
1 Dose Kidneybohnen (Abtropfgewicht 255 g)
⅛ l Fleischbrühe (Fertigprodukt)
Salz
schwarzer Pfeffer, frisch gemahlen
einige Tropfen Tabascosauce
4 Schweinekoteletts (je etwa 180 g)
50 g Cheddar-Käse, frisch gerieben

Zubereitungszeit: 40 Min.
Pro Portion: 2800 kJ/670 kcal

1 Zwiebel schälen und fein hacken. Paprikaschote putzen, waschen und in kleine Würfel schneiden. 1 EL Öl in einer Pfanne erhitzen und die Zwiebel mit den Paprikawürfeln darin andünsten. Den Knoblauch schälen und dazudrücken.

2 Kidneybohnen in ein Sieb schütten, kurz abbrausen und gut abtropfen lassen. In die Pfanne dazugeben, die Fleischbrühe angießen und umrühren. Mit Salz, Pfeffer und Tabasco kräftig würzen und zugedeckt bei schwacher Hitze etwa 15 Min. köcheln lassen.

3 Inzwischen die Schweinekoteletts kalt abwaschen, trockentupfen und von beiden Seiten pfeffern. Im restlichen Öl bei starker Hitze etwa 10 Min. braten, dabei einmal wenden. Zum Schluß salzen.

4 Die Koteletts auf vier vorgewärmte Teller legen, mit den Bohnen anrichten und mit geriebenem Käse bestreuen.

Tip! Als Beilage können Sie Tortillas (S. 104) reichen.

Fleisch mit Früchten

Aus Mexiko · Braucht etwas Zeit

Mancha manteles

Zutaten für 4–6 Portionen:
3 frische milde Chilischoten
1 kg Schweinelende oder -filet
4 EL Öl · 1 kleine Zwiebel
4 Knoblauchzehen
10 Mandeln, geschält
1 Zimtstange (etwa 3 cm)
je ½ TL getrocknete Nelken, Oregano, Thymian, ¼ TL Pfeffer-körner, zerstoßen
500 g reife Fleischtomaten
1 TL Salz · ¼ TL Zucker
4 noch sehr feste Bananen
4 Scheiben frische Ananas
2 EL Butter

Zubereitungszeit: 35 Min.
(+ 45 Min. Garen)

Bei 6 Portionen pro Portion:
1900 kJ/450 kcal

1 Chilies aufschlitzen, Kerne und Trennwände entfernen.

2 Schweinefleisch in fingerdicke Scheiben schneiden, in einem Topf in Öl bei starker Hitze anbraten. Herausnehmen und warm halten.

3 Zwiebel und Knoblauch schälen und in Stücke schneiden. Mit Chilies, Mandeln, Zimtstange, Nelken, Thymian, Oregano und Pfefferkörnern im Bratfett etwa 5 Min. unter Rühren anrösten.

4 Tomaten überbrühen, häuten und klein hacken. Zu den Gewürzen in den Topf geben und kurz mitschmoren. Den Topfinhalt im Mixer oder mit dem Pürierstab zu einer dicken, braunroten Sauce pürieren.

5 Das Püree wieder in den Topf geben, Salz, Zucker und knapp ¼ l Wasser hinzufügen und bei schwacher Hitze offen etwa 10 Min. köcheln, dabei mehrmals umrühren. Das Fleisch in die Sauce legen und weitere 20 Min. zugedeckt bei mittlerer Hitze garen.

6 Bananen schälen und mit der Ananas in kleine Stücke schneiden. Butter in einer Pfanne erhitzen und die Früchte darin goldbraun braten. Ein paar schöne Stücke beiseite legen. Restliche Früchte zum Fleisch geben und alles noch 5–10 Min. bei schwacher Hitze schmoren lassen. Mit den beiseite gelegten Früchten garnieren und mit Reis servieren.

Musaká

Auflauf mit Auberginen

Aus Griechenland · Braucht etwas Zeit

Zutaten für 4–6 Portionen:
800 g Auberginen
Salz · ¼ l Olivenöl
200 g Zwiebeln · 600 g Tomaten
600 g Rinderhackfleisch
¼ l trockener Weißwein
¼ TL Zucker · ½ TL Zimtpulver
schwarzer Pfeffer, frisch gemahlen
1 kleiner Zweig frischer oder 1 TL getrockneter Oregano
1 Bund Petersilie · 100 g Paniermehl
100 g Graviéra-Käse, gerieben (ersatzweise Parmesan)
40 g Butter und Butter für die Form
4 EL Mehl · ¾ l Milch
Muskatnuß, frisch gerieben
2 TL Zitronensaft · 3 Eier

Zubereitungszeit: 1 Std. (+ 20 Min. Marinieren + 1 Std. Garen)

Bei 6 Portionen pro Portion: 4100 kJ/980 kcal

1 Auberginen abspülen, Stielansätze entfernen und das Gemüse in etwa ½ cm dicke Längsscheiben schneiden. Etwa 20 Min. in gesalzenem kaltem Wasser ziehen, dann abtropfen lassen und mit Küchenpapier trockentupfen.

2 3–4 EL Olivenöl in einer großen beschichteten Pfanne erhitzen, nach und nach die Auberginenscheiben unter Zugabe von weiterem Öl bei starker Hitze von beiden Seiten hellbraun braten. Die Scheiben auf Küchenpapier entfetten.

3 Zwiebeln schälen und würfeln. Tomaten mit heißem Wasser übergießen, häuten, Stielansätze entfernen und das Fruchtfleisch würfeln. Im restlichen Öl in der Pfanne Zwiebeln glasig dünsten, Hackfleisch untermischen, zerkleinern und bei starker Hitze braten, bis der Saft verdampft ist.

4 Tomaten, Weißwein, Salz, Zucker, Zimtpulver und Pfeffer unterrühren, bei mittlerer Hitze zugedeckt etwa 5 Min. schmoren. Die Kräuter abspülen, trockenschütteln, Blättchen abzupfen, hacken und untermischen. Fleisch weitere 5 Min. schmoren und dann abkühlen lassen.

5 Backofen auf 180° (Gas Stufe 2) vorheizen. Paniermehl bis auf 2 EL und die Hälfte vom Käse unter das Hackfleisch mischen.

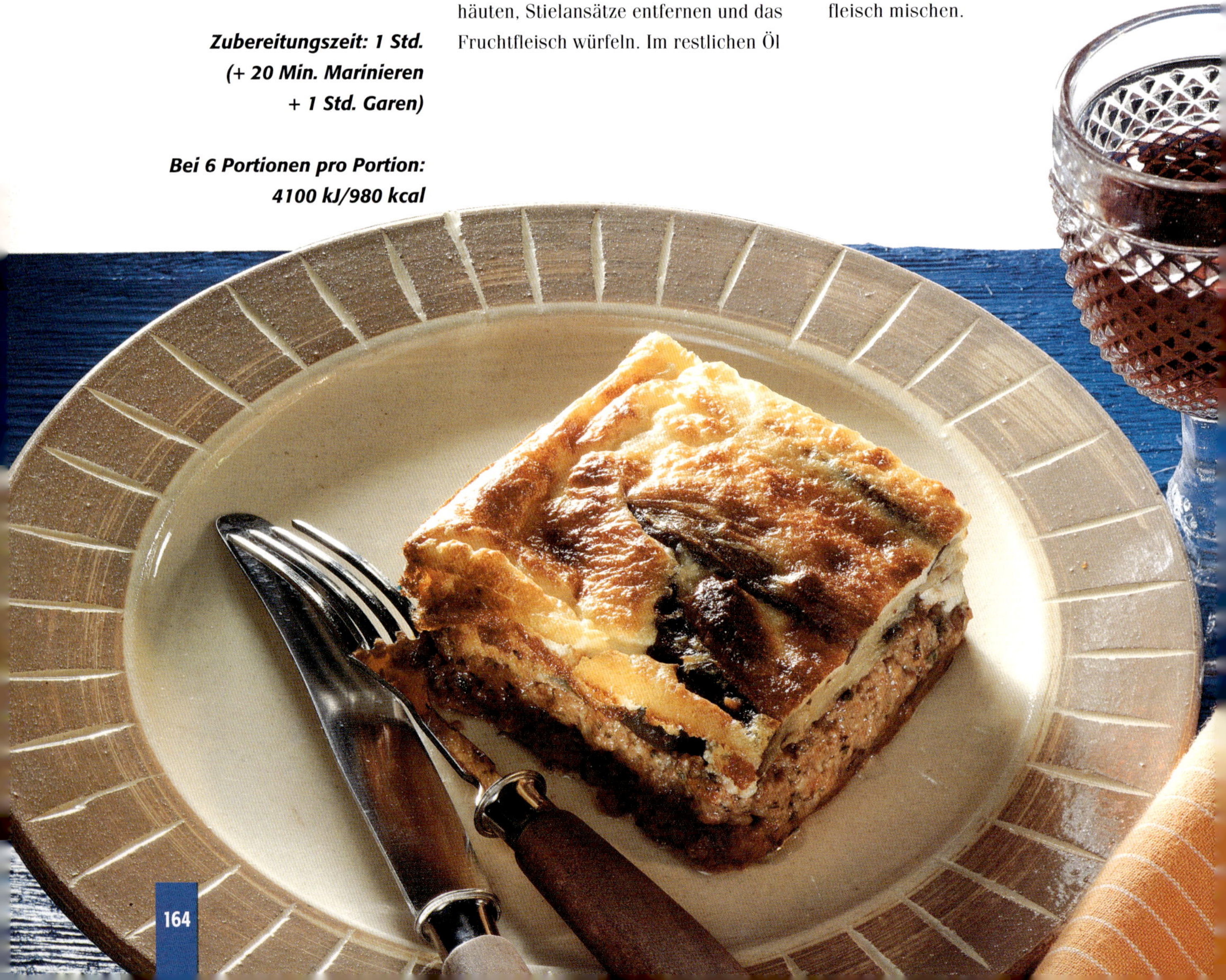

6 Butter in einer Kasserolle erhitzen, Mehl unterrühren und anschwitzen. Milch langsam einrühren und aufkochen. Gut 5 Min. unter Rühren bei schwacher Hitze kochen, mit Salz, Pfeffer, Muskat und Zitronensaft abschmecken, etwas abkühlen lassen.

7 2 Eier verquirlen, mit dem restlichen Käse in die Sauce rühren. Eine Auflaufform mit Butter einpinseln, mit Paniermehl ausstreuen. 1 Ei unter das Hackfleisch mischen. Die Form mit der Hälfte der Auberginenscheiben auslegen. Das Hackfleisch darauf streichen, mit den restlichen Auberginen belegen und mit der Sauce bedecken. Im Backofen (Mitte) etwa 1 Std. backen, dann in Quadrate schneiden und sofort servieren.

Getränk: Ein kräftiger roter Rapsani von den Vorbergen des Olymp schmeckt am besten dazu.

Tip! Der Auflauf kann auch mit anderen Gemüsesorten wie Zucchini, Tomaten, Kartoffeln und grünen Bohnen zubereitet werden. Zucchini- und Kartoffelscheiben müssen vorher angebraten und die Bohnen blanchiert werden.

Stifádo

Aus Zentralgriechenland

Schmortopf

Zutaten für 4 Portionen:
800 g Kalbfleisch
(Schulter oder Nacken)
3/8 l Rotwein · 2 Lorbeerblätter
1 Stück Zimtstange
2 Gewürznelken
800 g Schalotten
4 Knoblauchzehen
300 g Fleischtomaten · 6 EL Olivenöl
1/2 TL Zucker · Salz
schwarzer Pfeffer, frisch gemahlen

Zubereitungszeit: 1 Std.
(+ 12 Std. Marinieren
+ 1 Std. Garen)

Pro Portion: 1900 kJ/450 kcal

1 Kalbfleisch in etwa 5 cm große Würfel schneiden, in einer Schüssel mit Rotwein begießen, Lorbeer, Zimt und Nelken hinzufügen. Fleisch im Kühlschrank über Nacht marinieren.

2 Am nächsten Tag Schalotten und Knoblauch schälen. Tomaten häuten, Stielansätze entfernen und das Fruchtfleisch würfeln. Fleisch abtropfen lassen, Wein und Gewürze aufheben.

3 Olivenöl erhitzen und das Fleisch bei starker Hitze portionsweise rundum anbraten, dann herausnehmen. Im Bratfett Schalotten und Knoblauch glasig dünsten. Tomaten untermischen und alles 2–3 Min. schmoren.

4 Das Fleisch mit dem ausgetretenen Saft zurück in den Topf geben, Wein und Gewürze hinzufügen, alles mit Zucker, Salz und reichlich Pfeffer würzen. Das Fleisch zugedeckt 1–1 1/4 Std. bei schwacher Hitze schmoren. Zwischendurch vorsichtig umrühren, damit die Schalotten ganz bleiben. Nach Bedarf etwas Wasser nachgießen. Stifádo abschmecken und servieren.

Tip! Hase oder Kaninchen eignen sich für diese Zubereitungsart ebenfalls.

Getränk: Dazu paßt ein roter Cava Armanti von Kreta.

Smyrna-Würstchen

Aus Griechenland · Deftig

Soutsoukákia Smyrnáika

Zutaten für 4 Portionen:
400 g reife Tomaten
5 EL Olivenöl · Salz
1/2 TL Zucker
schwarzer Pfeffer, frisch gemahlen
1/2 TL scharfes Paprikapulver
3 EL Rotwein
500 g Rinderhackfleisch
1 trockenes Brötchen
1 Zwiebel · 1 Knoblauchzehe
1/2 Bund glatte Petersilie
1 Ei · 1 EL Mehl
1 kleiner Zweig frischer Thymian

Zubereitungszeit: 45 Min.

Pro Portion: 1700 kJ/400 kcal

1 Für die Sauce Tomaten mit heißem Wasser übergießen, häuten, Stielansätze entfernen und Fruchtfleisch würfeln. In einer Kasserolle 2 EL Olivenöl erhitzen, Tomaten bei mittlerer Hitze anschmoren. Salz, Zucker, Pfeffer, Paprikapulver und Rotwein unterrühren und zugedeckt etwa 15 Min. bei schwacher Hitze köcheln lassen.

2 Hackfleisch in eine Schüssel geben. Brötchen in Wasser einweichen. Zwiebel und Knoblauch schälen, sehr klein würfeln und zum Fleisch geben. Petersilie abspülen, fein hacken und dazugeben. Brötchen ausdrücken, mit Ei, Salz und 1 Prise Pfeffer dazugeben. Alles gründlich verkneten.

3 Aus je 1 gehäuften EL Fleisch Bällchen formen. Mehl auf einen Teller sieben, die Bällchen darin wenden. 3 EL Olivenöl in der Pfanne erhitzen. Die Bällchen darin braun braten. Sauce nach Bedarf mit etwas Wasser verlängern, aufkochen, Thymianblättchen unterrühren. Bällchen 8–10 Min. in der Sauce ziehen lassen, mit Brot servieren.

Variante: Fleischbällchen
Für die »Keftédes« Hackfleisch zusätzlich mit 8 Blättchen frischer, gehackter oder 1/2 TL getrockneter Minze, 1 EL Ouzo und 1 gehäuften EL geriebenem Kefalotiri-Käse verkneten, aus je 1 TL Hackfleisch Bällchen formen, diese in Mehl wenden und in Olivenöl ausbacken.

Westfälischer Sauerbraten

Aus Deutschland · Braucht etwas Zeit

Schmorbraten, in saurem Sud mariniert

Zutaten für 4 Portionen:
1 Möhre · 4 Zwiebeln
$^1/_4$ l Rotweinessig (7% Säure)
3 Nelken · 2 Lorbeerblätter
1 EL Senfkörner
1 kg Rindfleisch zum Schmoren
(Hochrippe ohne Knochen, Halsgrat)
Salz
schwarzer Pfeffer, frisch gemahlen
100 g geräucherter Bauchspeck
6 EL Öl · $^1/_8$ l Rotwein
1 Msp. Nelkenpulver

Zubereitungszeit: 30 Min.
(+ 2 Std. Schmoren
+ 4 Tage Marinieren)

Pro Portion: 2500 kJ/600 kcal

1 Möhre schälen und in dünne Scheiben schneiden. 2 der Zwiebeln schälen und achteln. Für die Marinade $^1/_2$ l Wasser in einem Topf mit Essig, Zwiebeln, Möhre, Nelken, Lorbeerblättern und Senfkörnern aufkochen. Vom Herd nehmen und abkühlen lassen. Fleisch waschen, in die Marinade legen. Mindestens 4 Tage zugedeckt im Kühlschrank darin ziehen lassen.

2 Dann das Fleisch herausnehmen, gut trocknen, mit Salz und Pfeffer einreiben. Restliche Zwiebeln schälen. Bauchspeck und Zwiebeln in kleine Würfel schneiden. In einem Bräter Öl erhitzen und das Rindfleisch bei starker Hitze etwa 15 Min. rundum anbraten.

3 Fleisch herausheben, Öl bis auf einen kleinen Rest abgießen. Speck- und Zwiebelwürfel darin anschmoren, das Fleisch wieder darauf legen und $^1/_8$ l Marinade angießen. Fest zugedeckt bei schwacher Hitze 1 $^1/_2$ – 2 Std. schmoren, dabei nach und nach den Rotwein, $^1/_4$ l Marinade mit $^1/_4$ l Wasser verdünnt, nachgießen. Etwa 20 Min. vor Ende der Garzeit den Backofen auf 75° vorheizen.

4 Nach der Garzeit das Fleisch im Ofen (Gas niedrigste Stufe, Umluft 50°) warm halten, inzwischen die Sauce durch ein Sieb streichen und mit Nelkenpulver, Salz und Pfeffer abschmecken.

Beilagen-Tip: Salzkartoffeln
750 g vorwiegend festkochende Kartoffeln schälen, in Würfel schneiden, mit knapp 1/2 l Wasser und 1 TL Salz in einem Topf aufkochen lassen, dann zugedeckt bei schwacher Hitze in 15–20 Min. weich garen. Eventuell verbliebene Flüssigkeit abgießen, Topf erneut auf den Herd setzen, Kartoffeln schwenken, damit auch die restliche Flüssigkeit verdampft.

Beilagen-Tip: Apfelmus
500 g säuerliche Herbstäpfel (z.B. Boskop) schälen, achteln und das Kerngehäuse entfernen. Mit 1/4 l Wasser, 3 EL Zucker, Zitronensaft, Zimt und Nelken bei mittlerer Hitze nicht zu musig kochen, öfter zwischendurch den Topf schütteln.

Beilagen-Tip: Möhren
500 g Möhren schälen und in Scheiben schneiden. 1 kleine Zwiebel würfeln und in 2 EL Butter andünsten. Möhrenscheiben dazugeben, 1/8 l Fleischbrühe und eine Prise Zucker dazugeben und etwa 25 Min. garen. 1 EL Mehl mit 1 EL Butter verkneten und den Möhrensud zum Schluß unter Rühren mit dieser Mehlbutter binden, mit Salz, Pfeffer und gehackter Petersilie würzen.

Variante: Rheinischer Sauerbraten
Früher wurde im Rheinland für den echten Sauerbraten Pferdefleisch genommen, das jetzt kaum noch erhältlich ist. Da dieses Fleisch leicht süßlich ist, schmeckt man heute die Sauce mit Rübenkraut (Rübensirup) oder Zucker ab. Ansonsten wird er in Essigsud eingelegt wie der Westfälische Sauerbraten, beim Schmoren werden noch 50 g dunkle Brotrinden oder Saucenlebkuchen zum Binden und 50 g gewaschene Rosinen hinzugegeben. Dazu werden Kartoffelklöße und Apfelkompott serviert.

Tip! Beim Anbraten müssen Sie reichlich Öl nehmen (es wird später wieder abgegossen), sonst kühlt es beim Einlegen des Fleisches zu schnell ab und der Braten bekommt keine Kruste, sondern zieht Saft und wird zäh und faserig. Wichtig ist, daß das Fleisch nicht zu mager ist.

Lammbrust mit Couscous

Aus Libyen · Für Gäste

T'Dilla

Zutaten für 6 Portionen:
1 Lammbrust mit ausgelösten Rippen (800–900 g, beim Fleischer vorbestellen und dort die Rippen auslösen lassen)
3 EL weiches Ghee (s. Glossar) oder Butterschmalz
3 Knoblauchzehen
1 Zwiebel · Salz
1/2 TL Ingwerpulver
1/2 TL Safranpulver
Für die Füllung:
100 g Rosinen
200 g mittelfeiner Instant-Couscous
Salz
1 TL Sonnenblumenöl
2 EL Ghee oder Butterschmalz
100 g geschälte, gehackte Mandeln
je 1/2 TL Zimtpulver, Paprikapulver, edelsüß und nach Belieben Ras el-Hanout (siehe auch Glossar)
1 TL Zucker
zum Garnieren:
je 6 Zweige glatte Petersilie, Koriander und Minze
außerdem: Küchengarn

Zubereitungszeit: 1 Std. 20 Min. (+ 2 1/2 Std. Garen)

Pro Portion: 4000 kJ/950 kcal

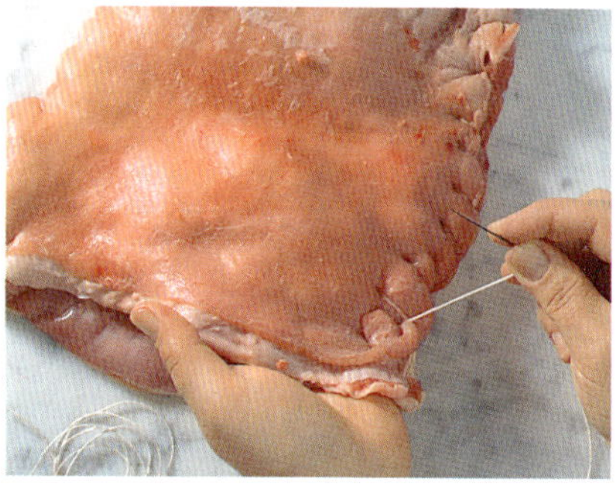

1 Die Lammbrust kalt abspülen, trockentupfen. Den Brustlappen mit der Rippenseite mit Küchengarn so zusammennähen, daß eine große, längliche Tasche entsteht. 2 EL Ghee oder Schmalz in ein Schüsselchen geben. Knoblauch häuten, Zwiebel schälen, beides sehr fein würfeln und hinzufügen. Salz, Ingwer und Safran darüber streuen, alles vermischen. Das Fleisch innen und außen mit drei Vierteln der Mischung einreiben und zugedeckt kühl stellen.

2 Die Rosinen in lauwarmem Wasser ausquellen lassen. 200 ml Wasser mit Salz und Öl aufkochen. Couscous hineingießen, 1 EL Ghee oder Schmalz zufügen. Den Topf vom Herd nehmen und den Couscous mit der Gabel umrühren, bis die Flüssigkeit aufgenommen ist. Den Topf etwa 7 Minuten zugedeckt stehen und den Couscous quellen lassen. Die Rosinen tropfnaß untermischen. Mandeln, Zimt, Paprika, Ras el-Hanout und Zucker gut untermischen. Den Backofen auf 175 °C vorheizen.

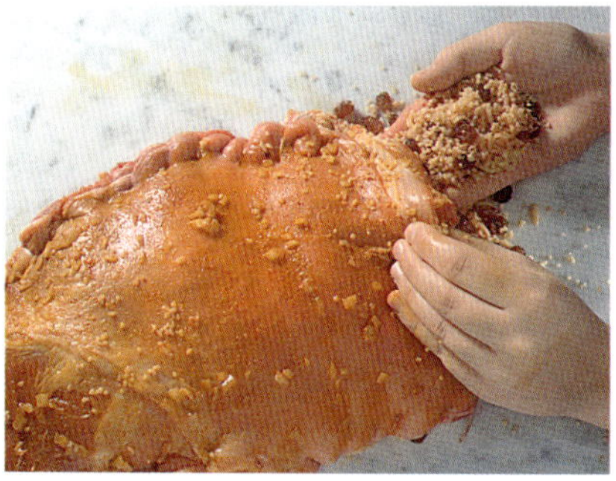

3 Die Lammbrust-Tasche mit dem Couscous füllen, die Öffnung mit Küchengarn zunähen.

4 Die Brust mit Küchengarn wie einen Rollbraten umwickeln. 1 EL Ghee in einer Reine stark erhitzen, das Fleisch in etwa 6 Min. rundum anbraten. Restliche Zwiebelmischung darauf verteilen. 1/4 l kochendes Wasser angießen.

5 Lammbrust im Ofen (Mitte; Umluft 160°) offen etwa 2 1/2 Std. garen, mehrmals mit Bratensaft begießen. Die Kräuter abbrausen. Die Lammbrust kurz abkühlen lassen, die Fäden abnehmen. Die Lammbrust auf einer Platte in Scheiben schneiden, mit Bratenfett beträufeln und mit frischen Kräutern garnieren.

Info: In Libyen tupft man mit Fladenbrotstückchen zuerst das würzige Fett vom Braten ab. Dann wird das Fleisch zerteilt und mit Couscous und Fladenbrot direkt von der Platte gegessen.

Lammhaxen kastilische Art

Aus Spanien · Braucht etwas Zeit

Jarrete de cordero a la castellana

Zutaten für 4 Portionen:
4 Lammhaxen (je etwa 450 g)
1/2 l trockener Weißwein
3 EL Weißweinessig
3 Lorbeerblätter
1 Zweig Thymian
1 Zweig Rosmarin
6 Wacholderbeeren
1 TL schwarze Pfefferkörner
1 große Zwiebel
4 Knoblauchzehen
2 Möhren
1 große Fleischtomate
Salz

Zubereitungszeit: 15 Min.
(+ 12 Std. Marinieren
+ 1 1/2 Std. Garen)

Pro Portion: 5000 kJ/1200 kcal

1 Lammhaxen in einen großen Bräter legen. Mit Weißwein und Weißweinessig übergießen, so daß die Lammhaxen knapp bedeckt sind. Lorbeerblätter, Thymian, Rosmarin, Wacholderbeeren und Pfefferkörner dazugeben.

2 Zwiebel und Knoblauch schälen, beides fein hacken. Möhren schälen und in kleine Würfel schneiden. Tomate überbrühen, häuten, quer halbieren, entkernen, Stielansatz entfernen und das Fruchtfleisch grob zerteilen. Das Gemüse mischen, salzen und auf den Lammhaxen verteilen.

3 Den Bräter zugedeckt über Nacht in den Kühlschrank stellen und die Lammhaxen marinieren.

4 Am nächsten Tag alles aufkochen und zugedeckt bei sehr schwacher Hitze in etwa 1 1/2 Std. garziehen lassen. In dem Sud servieren. Als Beilage Salzkartoffeln reichen.

Getränk: Dazu paßt ein trockener Weißwein besonders gut.

Variante: Die Lammhaxen mit vorgegarten weißen Bohnen, Möhren und Gewürzen ebenso lange garen wie im obigen Rezept angegeben. Als Beilage weißes Landbrot servieren.

Kaninchen maurische Art

Aus Spanien · Für Gäste

Conejo al estilo morisco

Zutaten für 6 Portionen:
1 Kaninchen (etwa 2 kg), möglichst vom Händler in 6 Portionsstücke hacken lassen
1 kg Zwiebeln · 1 Knoblauchknolle
100 ml Olivenöl · Salz
schwarzer Pfeffer, frisch gemahlen
1 Döschen Safran (0,2 g)
¼ l trockener Weißwein
50 g Rosinen

Zubereitungszeit: 45 Min. (+ 45 Min. Garen)

Pro Portion: 3300 kJ/790 kcal

1 Das Kaninchen, wenn noch nicht geschehen, in 6 möglichst gleich große Portionsstücke zerteilen. Den Backofen auf 160° (Gas Stufe 1) vorheizen. Zwiebeln schälen und in dünne Ringe schneiden. Knoblauch schälen und in dünne Scheiben schneiden.

2 In einem Bräter das Olivenöl erhitzen. Die Kaninchenteile bei starker Hitze von allen Seiten anbraten, kräftig salzen und pfeffern, aus dem Bräter nehmen und beiseite stellen.

3 Zwiebelringe im verbliebenen Bratfett bei schwacher Hitze glasig dünsten und die Hälfte davon herausnehmen. Die Kaninchenstücke in den Bräter auf die Zwiebeln legen. Knoblauch mit den restlichen Zwiebeln mischen und darauf verteilen.

4 Den Bräter zugedeckt in den Backofen (Mitte) stellen und alles etwa 20 Min. braten. Inzwischen Safran und Weißwein mischen und über die Kaninchenstücke gießen, die Rosinen darüber streuen. Alles in weiteren 25 Min. fertiggaren lassen. Mit weißem Landbrot servieren.

Variante: Kaninchen Jäger Art
Kaninchen zerteilen und goldbraun anbraten. 1 gehackte Zwiebel und 2 Knoblauchzehen dazugeben. Mit etwas Weißwein ablöschen, 3 grobgehackte Tomaten, 2 TL Thymian und 1 Lorbeerblatt und Rosmarinzweig dazugeben, aufkochen und zugedeckt etwa 30 Min. schmoren. 250 g halbierte Champignons nach etwa 15 Min. dazugeben. Die Sauce abschmecken und gehackte Petersilie einstreuen.

Gänseragout

Aus Tschechien und der Slowakei

Husí ragout

Zutaten für 4 Portionen:
3 frische Gänsekeulen (je etwa 400 g), beim Geflügelhändler vorbestellen
400 g Zwiebeln · 4 EL Gänseschmalz
2 EL Paprikapulver, edelsüß
2 EL Rotweinessig
$^1/_2$–$^3/_4$ l Geflügelbrühe (selbstgemacht oder aus dem Glas)
3 Knoblauchzehen · 1 TL Kümmel
1 TL Majoran, getrocknet
$^1/_2$ TL Zucker · Salz
schwarzer Pfeffer, frisch gemahlen
1 Bund Petersilie

Zubereitungszeit: 30 Min. (+ 1 Std. Garen)
Pro Portion: 4500 kJ/1100 kcal

1 Gänsekeulen häuten, das Fleisch von den Knochen lösen und in Würfel schneiden. Zwiebeln schälen und fein hacken.

2 Das Gänseschmalz in einem Bräter erhitzen, die Zwiebeln darin bei schwacher Hitze andünsten. Mit Paprika bestäuben und den Essig unterrühren. Das Gänsefleisch dazugeben und so viel Geflügelbrühe aufgießen, bis das Fleisch knapp bedeckt ist.

3 Knoblauch schälen und durch eine Knoblauchpresse dazudrücken. Kümmel, Majoran und Zucker unterrühren. Das Gänseragout zugedeckt bei schwacher Hitze etwa 1 Std. schmoren lassen. Dann den Deckel abnehmen und die Sauce offen bei mittlerer Hitze in 5–8 Min. sämig einkochen. Das Gänseragout mit Salz und Pfeffer abschmecken.

4 Petersilie waschen, trockenschütteln, Blättchen abzupfen, fein hacken und vor dem Servieren über das Gänseragout streuen. Heiß mit Böhmischen Knödeln und Rotkohl mit Speckwürfeln, in etwas Rotwein gedünstet, servieren.

Getränk: Zum Gänseragout schmeckt Bier, z. B. ein Pils.

Böhmische Knödel

Aus Tschechien · Braucht etwas Zeit

Knedlíky

Zutaten für 4 Portionen:
6 Brötchen vom Vortag (etwa 350 g)
1 mittelgroße Zwiebel
1 Bund Petersilie
5 EL Butterschmalz
200 g Mehl
Salz
$^1/_8$ l Milch
3 Eier
Mehl für die Arbeitsfläche

Zubereitungszeit: 30 Min. (+ 30 Min. Ruhen + 45 Min. Garen)

Pro Portion: 2900 kJ/690 kcal

1 Brötchen in kleine Würfel schneiden. Zwiebel schälen und fein hacken. Petersilie waschen, trockenschütteln, Blättchen abzupfen und fein hacken. In einer Pfanne 3 EL Butterschmalz erhitzen, Brötchenwürfel darin bei mittlerer Hitze goldgelb anrösten und herausnehmen. Das restliche Butterschmalz in die Pfanne geben, Zwiebel und Petersilie darin bei mittlerer Hitze andünsten, vom Herd nehmen und abkühlen lassen.

2 In einer Schüssel aus Mehl, 1 Prise Salz, Milch und Eiern einen Teig anrühren. Brötchenwürfel und Zwiebel-Petersilien-Gemisch unterrühren und alles zugedeckt etwa 30 Min. ruhen lassen.

3 Dann in einem großen, möglichst ovalen Topf reichlich Salzwasser bei starker Hitze aufkochen. Knödelteig gut durchkneten und daraus auf einer bemehlten Arbeitsfläche 2 dicke längliche Rollen von etwa 8 cm Durchmesser formen. In den Topf legen, kurz aufkochen, Temperatur herunterschalten und die Knödel im halbgeöffneten Topf in 30–45 Min. bei schwacher Hitze gar ziehen lassen.

4 Dann herausnehmen, auf einem Sieb abtropfen lassen. Knödel mit Küchengarn oder einem Messer in fingerdicke Scheiben schneiden und auf einer vorgewärmten Platte anrichten. Böhmische Knödel schmecken als Beilage zu Braten, Ragouts und Wild.

Roast Turkey

Aus Amerika · Braucht etwas Zeit

Gebratener Truthahn

Zutaten für 8–10 Portionen:
Für das Maisbrot:
Öl für die Form · 100 g Weizenmehl
100 g feines Maismehl
1 TL Backpulver · 1 EL Zucker
½ TL Salz · 4 EL Öl
100 g saure Sahne
100 ml Milch · 1 Ei
Für den Truthahn:
1 Zwiebel
2 Stangen Sellerie · 75 g Butter
200 g Bratwurstbrät
1 Bund Petersilie · 4 Zweige Thymian
3 Zweige Salbei · Salz
schwarzer Pfeffer, frisch gemahlen
200 ml Hühnerbrühe (Fertigprodukt)
1 Baby-Truthahn, küchenfertig
vorbereitet (etwa 3,5 kg)
3 EL Butterschmalz
Für die Sauce:
400 ml Hühnerbrühe (Fertigprodukt)
2 EL Butter · 2 EL Mehl
nach Belieben etwas Sahne
außerdem: Küchengarn

Zubereitungszeit: 1¼ Std.
(+ 25 Min. Backen + 2 Tage Ruhen
+ 2 Std. Braten)

Bei 10 Portionen pro Portion:
3300 kJ/790 kcal

1 Einen oder zwei Tage vor dem Essen das Maisbrot backen. Dafür den Backofen auf 200° vorheizen. Eine etwa 18 cm große Auflaufform gründlich fetten. Alle Zutaten für den Teig in einer Schüssel rasch verrühren, in die Auflaufform umfüllen und im Backofen (unten, Gas Stufe 3, Umluft 180°) etwa 25 Min. backen.

2 Am Tag des Essens die Zwiebel schälen und den Sellerie waschen. Das Gemüse klein würfeln. Die Butter in einer Pfanne aufschäumen, das Gemüse darin bei schwacher Hitze etwa 5 Min. garen. Brät dazugeben und alles noch 3–4 Min. unter Rühren braten. Die Kräuter waschen, trockenschütteln und hacken, unter das Gemüse rühren. Alles mit Salz und Pfeffer würzen.

3 Das Maisbrot in etwa 3 cm große Würfel schneiden, nach und nach mit Brühe und der Gemüsemischung verrühren. Dabei soll die Masse feucht, aber nicht flüssig sein. Eventuell nicht das ganze Brot verwenden, denn die Menge ist reichlich.

4 Den Truthahn waschen. Innen und außen mit Salz und Pfeffer einreiben, mit der Maisbrotmischung füllen. Die Bauchöffnung mit Küchengarn zunähen und den Vogel dressieren, d. h. die Flügel unter den Rücken stecken und die Keulen zusammenbinden, damit er gleichmäßig gart.

5 Den Backofen auf 175° vorheizen. Butterschmalz in einem großen Bräter auf dem Herd erhitzen, den Truthahn darin bei starker Hitze rundherum anbraten. Den Vogel dann auf die Brustseite legen und in den Backofen (unten, Gas Stufe 2, Umluft 160°) schieben.

6 Den Truthahn mindestens 2 Std. braten, dabei umdrehen, wenn er Farbe bekommt, und ab und zu mit Bratenfond begießen. Der Truthahn ist gar, wenn Sie in eine Keule an der dicksten Stelle mit einer Nadel stechen und nach dem Herausziehen der Nadel klarer Saft aus der Keule austritt.

7 Den Truthahn im ausgeschalteten Ofen warm stellen. Den Bratenfond entfetten, d. h. zuerst die klare Fettschicht mit einem Löffel abschöpfen, weiteres Fett mit Küchenpapier aufsaugen. Dann den Fond mit Brühe ablöschen, in einen Topf umgießen und aufkochen. Butter mit Mehl verkneten, stückchenweise unter die Brühe rühren. Die Sauce kräftig durchkochen, abschmecken, nach Belieben mit etwas Sahne abrunden und zum Truthahn servieren.

Info: Der gefüllte Truthahn ist eines des klassischsten und am weitesten verbreiteten Rezepte in ganz Amerika. Er wird überall am Thanksgiving Day, dem Erntedankfest, zubereitet.

Tip! Statt Maisbrot können Sie auch einen Tag altes Weizenbrot für die Füllung verwenden. Sie brauchen etwa 4 dicke Scheiben Kastenweizenbrot. Wenn die Füllung nicht vollständig in den Vogel paßt, können Sie sie in eine feuerfeste Schüssel und darin für die letzten 15 Min. Bratzeit mit in den Ofen geben und extra servieren.

Beilagen-Tip! Zum Erntedank-Truthahn gibt es Cranberry Sauce, ersatzweise Preiselbeersauce und Glazed Sweet Potatoes. Aber auch Mais, Kartoffelpüree, Wildreis oder Broccoli sind beliebte Beilagen.

Kroß gebratene Ente

Aus China · Braucht etwas Zeit

Xiang Su Ya Zi

Zutaten für 4 Portionen:
1 Ente (etwa 1,5 kg), küchenfertig vorbereitet
Salz
1 EL dunkle Sojasauce
1 EL Reiswein
1 Frühlingszwiebel
1 etwa walnußgroßes Stück Ingwer (20 g)
2 Sternanis
1 Stück Zimtrinde (etwa 4 cm lang)
6–7 Sichuan-Pfefferkörner
1 1/2 l neutrales Pflanzenöl zum Fritieren
nach Belieben: rote Paprikastreifen zum Garnieren

Zubereitungszeit: 45 Min.

Pro Portion: 4300 kJ/1000 kcal

1 Die Ente innen und außen waschen, trockentupfen und auf einen großen feuerfesten Teller legen, der in einen Bambusdämpfer paßt. Falls Sie keinen Bambusdämpfer haben, siehe Glossar S. 272. Danach die Ente mit Salz und Sojasauce einreiben und mit Reiswein beträufeln.

2 Die Frühlingszwiebel putzen und waschen, den Ingwer schälen. Beides in feine Streifen schneiden. Sternanis, Zimt, Frühlingszwiebel- und Ingwerstreifen auf die Ente geben. Den Teller in den Dämpfer stellen, diesen verschließen. In einem großen Topf oder Wok 1 1/2 l Wasser aufkochen. Den Dämpfer darauf stellen und die Ente bei starker Hitze etwa 30 Min. dämpfen.

3 Inzwischen Sichuan-Pfefferkörner zerstoßen und in einem Schälchen mit etwas Salz mischen. Die Ente aus dem Dämpfer nehmen, abtropfen lassen. Öl zum Fritieren in einem Wok bei starker Hitze heiß werden lassen, bis an einem ins Öl getauchten Holzstäbchen kleine Bläschen aufsteigen. Die Ente ins Öl zum Fritieren geben. Vorsicht, Spritzgefahr! Nach etwa 3 Min., wenn die Haut kroß geworden ist, die Ente herausnehmen, zerlegen und zusammen mit der Salz-Pfeffer-Mischung als Dip servieren. Nach Belieben mit Paprikastreifen garnieren.

Variante: Man kann die Ente vor dem Dämpfen auch mit zerstoßenen Sichuan-Pfefferkörnern und Salz innen und außen einreiben und etwa 2 Std. später zusammen mit den oben angegebenen Zutaten dämpfen. Danach die Zutaten entfernen und die Ente mit Sojasauce bestreichen, kurz antrocknen lassen, erst dann fritieren.

Hühnerbrust mit Walnüssen

Aus China · Gelingt leicht

Jiang Bao Ji Pu Ding He Tao

Zutaten für 4 Portionen:
300 g Hühnerbrust, ohne Haut und Knochen
2 TL Speisestärke
1 Eiweiß · 2 EL Reiswein
100 g Walnußkerne
5 EL neutrales Pflanzenöl
1 EL helle Sojabohnenpaste (etwa 20 g)
30 g Zucker · 1 EL Salz

Zubereitungszeit: 30 Min.

Pro Portion: 1700 kJ/400 kcal

1 Das Hühnerfleisch in etwa 1/2 cm große Würfel schneiden und mit Speisestärke, 1 Eiweiß und 1 EL Reiswein mischen. Die Walnußkerne nach Belieben halbieren oder vierteln. Einen Wok oder eine kleine Pfanne erhitzen. 4 EL Öl hineingeben. Die Walnüsse darin unter Rühren bei mittlerer Hitze etwa 2 Min. braten. Herausnehmen und beiseite stellen. Das Hühnerfleisch ins verbliebene Öl geben und unter Rühren etwa 2 Min. braten. Herausnehmen und beiseite stellen.

2 Restliches Öl in den Wok geben, die Bohnenpaste darin bei schwacher Hitze unter Rühren etwa 1 Min. erwärmen. Zucker, Salz und restlichen Reiswein dazugeben, kurz weiter erwärmen, Hühnerwürfel und Walnüsse untermischen, etwa 1 Min. gut verrühren. Sofort servieren. Nach Belieben mit einer »Möhren-Blume« garnieren.

Info: Falls Sie die helle Sojabohnenpaste nicht bekommen, ersetzen Sie sie durch eine andere, in der Konsistenz feine Sojabohnenpaste.

Hähnchencurry

Aus Indien · Gelingt leicht

Murg Kari

Zutaten für 4 Portionen:
1 frisches Hähnchen, küchenfertig vorbereitet (etwa 1,2 kg)
1 Kartoffel, festkochend (etwa 100 g)
2 mittelgroße Tomaten
2 frische Chilischoten
4 mittelgroße Zwiebeln
4 Knoblauchzehen
2 Stücke frischer Ingwer (je 3 cm)
5 EL Ghee, ersatzweise Butterschmalz
1 Stück Zimtrinde (etwa 6 cm)
2 grüne Kardamomkapseln
2 Nelken · 2 Lorbeerblätter
½ TL Chilipulver
2 TL Kreuzkümmelpulver
1 TL Korianderpulver
2 EL Tomatenmark · 3 EL Joghurt
Salz · 1 TL Garam Masala

Zubereitungszeit: 1 Std. 10 Min.

Pro Portion:
2300 kJ/550 kcal

1 Hähnchen innen und außen waschen, die Haut entfernen und Hähnchen in etwa 4 x 4 cm große Stücke schneiden. Kartoffel waschen, schälen und in etwa 4 cm große Würfel schneiden. Tomaten waschen, vierteln und vom Stielansatz befreien.

2 Chilischoten vom Stielansatz befreien und längs mehrmals einschneiden. Vorsicht, danach Hände gründlich waschen, keinesfalls an die Augen bringen! Zwiebeln und Knoblauch schälen und fein hacken. Ingwer schälen und auf der Gemüsereibe fein reiben.

3 Ghee in einer Karai oder einem Topf erhitzen. Zwiebeln darin bei mittlerer Hitze dunkelbraun anbraten. Zimtrinde, Kardamom, Nelken und Lorbeerblätter dazugeben und etwa 2 Min. braten. Chilipulver, Kreuzkümmel und Koriander unterrühren und 2–3 Min. mitbraten. Chilischoten, Knoblauch und Ingwer dazugeben und alles gut mischen.

4 Tomatenviertel, Hähnchenstücke, Kartoffelwürfel, Tomatenmark und Joghurt hinzufügen und bei mittlerer Hitze etwa 5 Min. unter Rühren anbraten.

5 Salz und 400 ml Wasser dazugeben. Zum Kochen bringen, die Hähnchenteile dabei ständig wenden, damit sie gleichmäßig mit der Sauce überzogen werden. Alles bei schwacher Hitze etwa 20 Min. zugedeckt köcheln lassen, bis das Hähnchen gut durchgegart und die Kartoffel weich ist. Hin und wieder umrühren. Kurz vor dem Servieren Garam Masala über das Gericht streuen. Mit Basmatireis oder fertig gekauften Chapati servieren.

Huhn in Mandelsauce

Aus Indien · Mild

Murg Man Pasand

Zutaten für 4–6 Portionen:
1 kg Hühnerbrustfilet
3–6 mittelgroße Zwiebeln
6 Knoblauchzehen
1 Stück frischer Ingwer (4 cm)
3 Tomaten
3 EL Ghee, ersatzweise Butterschmalz
4 Nelken
4 Stücke Zimtrinde (je 5 cm)
6 grüne Kardamomkapseln
1½ TL Kreuzkümmelpulver
½ TL Korianderpulver
1 TL Kurkumapulver
¼ TL Chilipulver · Salz
3 EL geschälte, gemahlene Mandeln
2 Stengel frischer Koriander
1 EL Mandelstifte

Zubereitungszeit: 30 Min. (+ 20 Min. Garen)

Bei 6 Portionen pro Portion: 1000 kJ/240 kcal

1 Hühnerbrustfilets abspülen, trockentupfen und in etwa 2½ cm große Quadrate schneiden. Zwiebeln schälen, halbieren und in dünne Halbringe schneiden. Knoblauchzehen schälen und durchpressen, Ingwer ebenfalls schälen und mit der Gemüsereibe fein reiben. Tomaten waschen, vierteln und vom Stielansatz befreien.

2 Ghee in einer Karai oder im Topf erhitzen. Zwiebeln hineingeben und bei mittlerer Hitze unter ständigem Rühren in etwa 10 Min. gleichmäßig braun anbraten. Knoblauch und Ingwer dazugeben und alles weitere 2 Min. rösten. Nelken, Zimtrinde und Kardamom dazugeben und etwa 2 Min. mitbraten.

3 Hühnchenstücke hinzufügen und unter ständigem Rühren etwa 5 Min. braten. Kreuzkümmel, Korianderpulver, Kurkuma, Chilipulver und reichlich Salz unterrühren.

4 Tomaten, gemahlene Mandeln und 250 ml heißes Wasser nach und nach dazugeben, umrühren und alles zum Kochen bringen. Bei schwacher Hitze etwa 20 Min. köcheln lassen, bis das Fleisch gut durchgegart und weich ist. Öfter umrühren.

5 Koriander waschen und trockenschütteln. Die Blätter abzupfen. Kurz vor dem Servieren das Gericht mit Korianderblättern und Mandelstiften garnieren. Warm mit Basmatireis servieren.

Poulet sauté au lard

Aus Frankreich · Gelingt leicht

Hähnchen mit Specksauce

Zutaten für 4 Portionen:
1 küchenfertiges Brathähnchen (etwa 1,5 kg)
150 g durchwachsener frischer Speck ohne Schwarte
1 Zwiebel
2 Tomaten
2 EL Öl
Salz
schwarzer Pfeffer aus der Mühle
2 Zweige Thymian

Zubereitungszeit: 1 Std.

Pro Portion: 3300 kJ/790 kcal

1 Hähnchen kalt abbrausen, trockentupfen, in Portionsstücke teilen.

2 Speck in schmale Streifchen schneiden. Zwiebel schälen und fein hacken. Tomaten in kochendheißes Wasser tauchen, kurz ziehen lassen, häuten, quer halbieren, Kerne und Stielansätze entfernen. Fruchtfleisch kleinschneiden.

3 In einem Schmortopf Speck in Öl ausbraten. Wenn die Speckstückchen schön knusprig braun sind, mit einem Schaumlöffel aus dem Topf heben, beiseite stellen.

4 Zwiebel in dem Fett glasig schmoren, Hähnchenteile bei starker Hitze anbraten. Salzen, pfeffern. Nach etwa 5 Min. Thymian und Tomaten in den Topf geben.

5 Den Topf zudecken und das Gericht bei schwacher Hitze in etwa 30 Min. garen. Wenn notwendig, etwas Wasser angießen. Zum Schluß die Speckstückchen wieder in die Sauce geben und kurz mit erhitzen. Mit Baguette servieren.

Getränk: Dazu schmeckt ein Rosé oder ein heller, junger Rotwein aus dem Bordelais.

Poulet à l'oseille

Aus Frankreich · Gelingt leicht

Hähnchen mit Sauerampfer

Zutaten für 4 Portionen:
1 küchenfertiges Brathähnchen (etwa 1,5 kg)
Salz
schwarzer Pfeffer aus der Mühle
200 g Sauerampfer
50 g Butter
250 ml herber Apfelsaft oder Cidre
1 Eigelb
200 g Crème fraîche

Zubereitungszeit: 1 Std. (+ 45 Min. Garen)

Pro Portion: 3600 kJ/860 kcal

1 Hähnchen innen und außen gründlich waschen, trockentupfen, in Portionsstückchen teilen. Das Innere salzen und pfeffern. Sauerampferblätter von den Stielen zupfen, waschen, trockentupfen, fein hacken.

2 Butter in einem Schmortopf erhitzen, Hähnchen darin bei starker Hitze goldgelb anbraten. Sauerampferblätter in den Topf geben, Hitze reduzieren. Ein paar Min. schmoren lassen, mit Salz und Pfeffer abschmecken. Apfelsaft oder Cidre angießen. Topf zudekken und das Gericht in etwa 45 Min. bei schwacher Hitze gar schmoren.

3 Kurz vor dem Servieren eine Anrichteplatte und eine Saucenschüssel wärmen. Hähnchenteile abtropfen lassen, auf der Platte warm stellen.

4 Eigelb mit Crème fraîche verquirlen. Einige EL Kochflüssigkeit dazugießen, gut umrühren. Die Mischung in den Topf gießen, bei schwacher Hitze erwärmen, nicht mehr kochen lassen. Mit dem Schneebesen schlagen. Etwas Sauce über die Hähnchenteile gießen, den Rest in der Saucenschüssel servieren. Nach Belieben mit frischem Sauerampfer garnieren.

Getränk: Zu diesem Gericht paßt ein frischer junger Beaujolais.

Tip! Garen Sie Gerichte mit Sauerampfer niemals in Aluminiumtöpfen. Die in den Blättern enthaltene Säure greift Aluminium an, und es bilden sich giftige Stoffe.

Anitra ripiena

Aus Italien · Herzhaft

Gefüllte Ente

Zutaten für 4 Portionen:
30 g getrocknete Steinpilze
1 Ente (etwa 1,8 kg), küchenfertig vorbereitet
200 g Enten- oder Hühnerleber
50 g magerer, geräucherter Speck, ohne Schwarte
2 kleine Zwiebeln · 1 Knoblauchzehe
1 El Olivenöl, kaltgepreßt
1 Bund glatte Petersilie
1 Eigelb · Salz
schwarzer Pfeffer, frisch gemahlen
1 Prise Cayennepfeffer
1 Möhre · 1 Stange Bleichsellerie
20 g Schweineschmalz
1 EL Tomatenmark
100 ml trockener Weißwein
außerdem: Küchengarn und/oder Zahnstocher

Zubereitungszeit: 45 Min.
(+ 1 ½ Std. Garen)

Pro Portion: 4800 kJ/1100 kcal

1 Die Pilze mit 150 ml warmem Wasser bedeckt einweichen. Inzwischen die Ente außen und innen kalt abspülen und mit Küchenpapier trockentupfen. Für die Füllung Leber und Speck in kleine Würfel schneiden und in eine Schüssel geben. 1 Zwiebel und die Knoblauchzehe schälen, klein würfeln, im Öl glasig braten, leicht abkühlen lassen, zur Leber geben. Petersilie waschen, trockenschütteln, die Blättchen hacken und ebenfalls in die Schüssel geben.

2 Die Pilze in ein Sieb abgießen, die Flüssigkeit dabei auffangen. Pilze und Eigelb zu den Zutaten in der Schüssel geben, alles vermischen und mit Salz und Pfeffer würzen. Die Ente innen und außen leicht mit Salz, Pfeffer und einer Prise Cayennepfeffer einreiben. Die Füllung in die Bauchöffnung geben, diese mit Küchengarn oder Zahnstochern schließen.

3 Beine und Flügel der Ente mit Küchengarn an den Rumpf binden. Die restliche Zwiebel und die Möhre schälen und klein würfeln. Sellerie waschen und in kleine Würfel schneiden.

4 Das Schmalz in einem Bräter erhitzen. Die Ente mit der Brust nach unten hineinlegen, das Gemüse darüber streuen. Die Ente zusammen mit dem Gemüse bei mittlerer Hitze 8–10 Min. anbraten, dabei wenden. Tomatenmark in dem Wein verühren und mit dem Pilzwasser über die Ente gießen.

5 Die Ente zugedeckt bei mittlerer Hitze etwa 1 ½ Stunde schmoren. Zwischendurch wenden und mit der Schmorflüssigkeit begießen. Die Ente im Topf etwa 10 Min. zugedeckt abkühlen lassen. Zu reichliches Fett auf der Sauce vorsichtig mit einem Löffel abnehmen. Die Ente tranchieren und auf einer Platte mit der Füllung und der Sauce anrichten. Dazu Weißbrot servieren.

Pollo alla romana

Aus Italien · Gelingt leicht

Huhn auf römische Art

Zutaten für 4 Portionen:
1 fleischiges Brathuhn (etwa 1,2 kg), küchenfertig vorbereitet
60 g magerer Speck, ohne Schwarte
4 Knoblauchzehen
300 g gut reife Tomaten
30 g Schweineschmalz
2 Zweige frischer oder
1/2 TL getrockneter Majoran
Salz
schwarzer Pfeffer, frisch gemahlen
1/8 l trockener Weißwein
2 rote Paprikaschoten
1 EL Olivenöl, kaltgepreßt

Zubereitungszeit: 1 Std.

Pro Portion: 2300 kJ/550 kcal

1 Das Huhn innen und außen mit kaltem Wasser abspülen und mit Küchenpapier abtrocknen, mit der Geflügelschere in 8 Portionsstücke schneiden.

2 Den Speck klein würfeln. Den Knoblauch schälen und hacken. Die Tomaten mit kochendheißem Wasser übergießen, kurz stehenlassen, kalt abschrecken und häuten. Tomaten halbieren, Stielansätze herausschneiden und das Fruchtfleisch würfeln.

3 Schmalz in einem Bräter mittelstark erhitzen. Speck, Knoblauch und Hühnerteile hineingeben und zusammen unter Wenden 6–8 Min. anbraten. Frischen Majoran waschen. Die Zweige nach der Hälfte der Bratzeit in den Topf geben (getrockneten Majoran überstreuen), alles mit Salz und Pfeffer würzen. Den Wein dazugießen und aufkochen lassen. Die Tomatenstücke unterrühren. Alles zugedeckt bei schwacher Hitze etwa 30 Min. garen.

4 Paprikaschoten halbieren, Stielansätze, Kerne und Innenteile entfernen. Die Schoten waschen und abtropfen lassen, vierteln und in Streifen schneiden. Öl in einer Pfanne bei mittlerer Hitze heiß werden lassen und die Paprikastücke unter Rühren etwa 10 Min. dünsten. Paprikaschoten unter das Fleisch mischen und noch etwa 5 Min. mitgaren, abschmecken und mit herzhaftem Weizenbrot servieren.

Getränk: Ein Frascati paßt gut dazu.

Lepre in umido

Aus Italien · Für Gäste

Hasenragout mit Sauce

Zutaten für 4 Portionen:
1 EL Weinessig
1 kg Hasenrücken (vom Händler in 8 Stücke hacken lassen)
1 große Zwiebel
2 Möhren
2 Stangen Bleichsellerie
2 Knoblauchzehen
2 Speckscheiben ohne Schwarte
200 g frische gemischte Pilze, mit Steinpilzen
3 EL Olivenöl
Salz
2 Rosmarinzweige
50 g Butter
¼ l trockener Rotwein
½ l passierte Tomaten
2 Lorbeerblätter
schwarzer Pfeffer aus der Mühle

Zubereitungszeit: 1½ Std. (+ 30 Min. Marinieren)

Pro Portion: 2700 kJ/640 kcal

1 Kaltes Wasser mit Weinessig in einer Schüssel mischen. Die Hasenstücke etwa 30 Min. ins Essigwasser legen. Fleisch herausnehmen, kurz überbrausen und abtrocknen.

2 Zwiebel schälen, in Ringe schneiden. Möhren und Sellerie putzen, Knoblauchzehen schälen und alles fein hacken. Speckscheiben in ½ cm breite Streifen schneiden. Pilze putzen, und grob zerkleinern.

3 In einer großen Kasserolle Olivenöl erhitzen. Die Hasenstücke mit Salz einreiben und etwa 15 Min. rundum kräftig anbraten. Speckstreifen und Zwiebelringe anbraten. Gehacktes Gemüse mit den Rosmarinzweigen dazugeben und etwa 5 Min. andünsten.

4 Inzwischen in einer Pfanne Butter zerlassen. Dann Pilze hinzufügen und etwa 5 Min. schmoren lassen.

5 ⅛ l Rotwein in die Kasserolle gießen und bei mittlerer Hitze ohne Deckel verdampfen lassen, dabei die Hasenteile mehrmals umdrehen. Pilze in die Kasserolle geben. Das Ragout nach und nach mit passierten Tomaten und dem restlichen Rotwein ablöschen, dann die Lorbeerblätter hinzufügen. Mit Salz und Pfeffer würzen und zugedeckt in 1 Std. bei schwächster Hitze weich schmoren.

6 Hasenstücke und Rosmarinzweige herausnehmen. Das Fleisch auf einer vorgewärmten Platte anrichten, mit der Sauce begießen und sofort servieren.

Rosmarin

Blühender Rosmarinstrauch in der Toskana.

Rosmarin (übersetzt Meerestau) ist ein immergrüner, buschiger bis zu 2 m hoher Gewürzstrauch. Im Mittelmeerraum wächst er wild an den Berghängen. Schon die alten Römer schätzten dieses Heil- und Gewürzkraut, das der Venus, der Göttin der Liebe, geweiht war. Rosmarin symbolisiert nicht nur die Liebe, es dient auch als natürliches Heilmittel bei vielerlei Beschwerden. Seine Blüten sind lavendelblau, seltener weiß. Die lederartigen nadelförmigen Blätter duften sehr intensiv, fast nach einem Hauch von Kampfer. Rosmarin wird am besten nach der Blüte im Juni abgeerntet, frisch verwendet oder in Zweigen getrocknet. Das Würzkraut wird in der italienischen Küche vielseitig verwendet. Es paßt ausgezeichnet zu Fleisch, Geflügel, Wild, Fisch und Bohnen. Rosmarinzweige eignen sich auch zum Aromatisieren von Essig oder Olivenöl.

CANTINE DI GAGGIANO
12% VOL
ORIGINE CONTROLLATA

Rôti de chevreuil à la royale

Aus dem Elsaß · Ganz einfach

Rehbraten nach königlicher Art

Zutaten für 4–6 Portionen:
Für die Marinade:
1 Möhre
1 Stange Sellerie
2 Schalotten
3–5 Knoblauchzehen
3/4 l fruchtiger Rotwein
(z. B. Pinot Noir)
1 TL Rotweinessig
2 EL Öl
2 cl Cognac
1 Bouquet garni
(3 Stengel Petersilie, 1 Lorbeerblatt, 1 Thymianzweig mit Küchengarn zusammenbinden)
10 Wacholderbeeren
10 schwarze Pfefferkörner
3 Gewürznelken
Muskatnuß, frisch gerieben

1 kg Rollbraten vom Reh (aus der Keule), küchenfertig vorbereitet, mit Speck umwickelt, beim Wild- und Geflügelhändler vorbestellen
1 EL Öl
1 EL Butter
Salz
Pfeffer, frisch gemahlen
6 EL Crème double
nach Belieben 50–100 g Gänseleber, geschabt

Zubereitungszeit: 1 Std. (+ 3 Tage Marinieren)

Bei 6 Portionen pro Portion: 1700 kJ/400 kcal

1 Möhre und Sellerie waschen, putzen, Schalotten schälen, Knoblauch häuten, halbieren und entkeimen. Alles grob schneiden. In einer Schüssel Wein, Möhre, Sellerie, Schalotten, Knoblauch, Essig, Öl, Cognac, Bouquet garni und Gewürze mischen. Fleisch kurz abbrausen, trockentupfen und in die Marinade legen. Die Schüssel zudecken und etwa 3 Tage kühl stellen. Das Fleisch täglich zweimal wenden.

2 Das Fleisch mindestens 2 Std. vor der Weiterverarbeitung aus dem Kühlschrank nehmen. Aus der Marinade heben, mit Küchenpapier gut trockentupfen, Marinade aufbewahren.

3 Backofen auf 200° vorheizen. In einer Pfanne Öl und Butter erhitzen. Fleisch von allen Seiten bei starker Hitze in 5–8 Min. goldbraun anbraten. Salzen und pfeffern. Fleisch herausnehmen, Fett abgießen. Marinade in der Pfanne bei starker Hitze aufkochen. Durchsieben, aufbewahren. Das heiße Gemüse, Gewürze und Kräuter aus dem Sieb in einen offenen Bräter geben und den Braten darauf legen. Das Fleisch etwa 10 Min. im Backofen (Mitte; Gas Stufe 3) garen. Dabei öfters mit jeweils 1 EL Marinade beträufeln. Rehbraten im ausgeschalteten Backofen bei geschlossener Backofentür noch etwa 20 Min. ruhen lassen. (So bleibt das Fleisch rosa und wird wunderbar zart. Wer das Fleisch innen nicht rosa mag, brät es 5–10 Min. länger.)

4 Bratensud mit Gemüse durch ein Sieb pressen und mit der restlichen Marinade bei starker Hitze bis auf 1/3 l einkochen lassen. Danach mit Crème double zu einer sämigen Sauce kochen.

5 Nach Belieben geschabte Leber unterrühren und Sauce so binden. Die fertige Sauce sofort vom Herd nehmen, mit Salz und Pfeffer abschmecken und im Wasserbad warm halten. Vorsicht, sie gerinnt schnell!

6 Küchengarn vom Braten entfernen. Fleisch in gleichmäßige Scheiben schneiden. Auf einer vorgewärmten Servierplatte anrichten. Mit 2 EL Sauce beträufeln. Restliche Sauce separat dazu reichen. Mit Kastanienpüree und Waldpilzen servieren. Zum Rehbraten paßt auch Selleriepüree oder Kartoffelgratin.

Wein: Servieren Sie den gleichen Wein dazu, mit dem Sie das Fleisch mariniert haben: einen Pinot Noir, einen fruchtigen Elsässer Rotwein.

Variante: Gigot d'agneau
(Lammkeule in Burgunder)
Lammkeule mit Knochen (1,8–2 kg, für 6 Portionen) 3 Tage in eine Marinade legen, die mit den gleichen Zutaten wie beim Rehbraten, aber mit einem Burgunder statt einem Elsässer Rotwein zubereitet wurde. Anbraten wie beim Rehbraten angegeben. Dann bei 200° (unten; Gas Stufe 3) im Backofen etwa 30 Min. offen braten. Anschließend etwa 15 Min. im ausgeschalteten Backofen ruhen lassen. Sauce mit 2–4 EL kalten Butterstückchen binden. Einige frische grüne oder rosa Pfefferkörner aus dem Glas dazugeben. Mit Kartoffelgratin servieren.

CRONACHE ITALIANE
re al grigiore del mercato
nte forti
Il boom de
Bici
MILANO

MIT GEMÜSE

Gemüsegerichte erleben derzeit einen wahren Boom. Fleischskandale und der Wunsch nach leichtem gesundem Essen haben die vegetarische Küche auf der Beliebtheitsskala nach oben schnellen lassen.
Zwar sind nicht alle Gerichte dieses Kapitels vegetarisch, aber bei den wenigen Rezepten, die hier mit Fleisch oder Meeresfrüchten zubereitet werden, überwiegt der Gemüseanteil.
Viele Länder haben eine traditionsreiche Gemüseküche, wie zum Beispiel Indien oder China. Bis vor relativ kurzer Zeit gab es Gemüse in den deutschsprachigen Ländern in erster Linie als Beilage – erst durch die Entwicklung der letzten Zeit avancierten Gemüsegerichte auch hier zu Hauptgerichten.
Im folgenden Kapitel finden Sie deshalb vor allem Hauptgerichte, in zweiter Linie dann Beilagen, wie zum Beispiel den italienischen Wirsing, Verze affogate. Gemüsegerichte lassen sich übrigens auch hervorragend als Vorspeisen servieren, eigentlich jedes Hauptgericht können Sie so umfunktionieren.
Erleben Sie nun auf den nächsten Seiten, welche phantastischen Gemüsegerichte in den Küchen der Welt erfunden wurden: Zum Beispiel die einfachen, aber köstlichen Tortillas aus Spanien oder Frittatas aus Italien, Omelettgerichte, die Sie jederzeit aus dem Vorrat „zaubern“ können. Hochbeliebt in vielen Ländern sind auch gefüllte Gemüse: Zucchini mit Schafkäse aus Korsika, mit Petersilienfarce gefüllte Tomaten aus Italien oder das berühmte türkische Auberginengericht

Imam bayıldı. Wer Bodenständiges schätzt, kann sich mit den Pommes de terre lyonnaise die knusprigsten Kartoffeln seines Lebens braten oder einen deftigen österreichischen Krautstrudel backen.
Natürlich finden Sie hier auch tolle exotische Rezepte, zum Beispiel aus Indien ein Kartoffelcurry mit Mohn. Und nun: viel Spaß im Schlaraffenland der Gemüsegenüsse!

di Oliva

Frittata di patate e zucchini

Aus Italien · Gelingt leicht

Omelette mit Kartoffeln und Zucchini

Zutaten für 4 Portionen:
3 mittelgroße Kartoffeln
2 Zucchini (etwa 200 g)
1 mittelgroße Zwiebel
6 EL Olivenöl · Salz
½ TL frische Rosmarinblätter
(oder ¼ TL getrocknete)
6 Eier
schwarzer Pfeffer aus der Mühle
1 Bund Petersilie

Zubereitungszeit: 45 Min.

Pro Portion: 2000 kJ/480 kcal

1 Kartoffeln schälen, waschen und in hauchdünne Scheiben schneiden. Zucchini waschen, beide Enden knapp abschneiden und die Früchte in etwa ½ cm dicke Scheiben schneiden. Zwiebel schälen und fein hacken.

2 In einer flachen Pfanne 4 EL Olivenöl erhitzen. Zuerst Zwiebel und dann Kartoffeln hineingeben und beidseitig anbraten. Mit Salz und Rosmarin würzen, dann zugedeckt 15–20 Min. dünsten. Zucchini hinzufügen und unter vorsichtigem Rühren weitere 5 Min. dünsten.

3 Die Eier mit Salz und Pfeffer in einer großen Schüssel verquirlen. Das Gemüse aus der Pfanne hineingeben und kräftig durchmischen. 2 EL Olivenöl in der gleichen Pfanne erhitzen, die Eier-Gemüse-Mischung hineingeben und etwa 5 Min. bei schwacher Hitze stocken lassen. Das Omelette wenden, die andere Seite goldbraun backen.

4 Petersilie waschen, trockenschütteln und fein hacken. Die Frittata auf eine vorgewärmte Platte legen, mit Petersilie bestreuen und heiß oder kalt servieren. Dazu Weißbrot reichen.

Crespelle magre di spinaci

Aus Italien · Preiswert

Pfannkuchenrollen mit Spinat

Zutaten für 4 Portionen:
Für den Teig:
125 g Vollkornmehl
3 Eier · ¼ l Milch
Salz
30 g Butter
schwarzer Pfeffer aus der Mühle

Für die Füllung:
500 g frischer Spinat
4 EL Rosinen
4 Scheiben roher Schinken
3 EL Olivenöl
30 g Butter
2 EL Pinienkerne
100 g Parmesan, frisch gerieben

Zubereitungszeit: 1 Std.
(+ 30 Min. Ruhen + 15 Min. Einlegen)

Pro Portion: 2900 kJ/690 kcal

1 In einer Rührschüssel aus Mehl, Eiern, Milch und Salz einen glatten Pfannkuchenteig rühren. 30 g Butter schmelzen und leicht abgekühlt unterheben. Nach Wunsch pfeffern. Teig etwa 30 Min. quellen lassen.

2 Spinat putzen, waschen und naß etwa 1 Min. zugedeckt dünsten, salzen. Die ganze Flüssigkeit ausdrücken. Spinat fein hacken. Rosinen etwa 15 Min. in Spinatwasser einlegen.

3 Schinken würfeln, in einer Pfanne mit 2 EL Olivenöl und der Hälfte der Butter anbraten. Spinat dazugeben, abgetropfte Rosinen und ganze Pinienkerne untermischen. Die Masse etwa 5 Min. ziehen lassen und in eine Schüssel geben. Mit der Hälfte des Parmesans vermischen.

4 Eine andere Pfanne mit Butter ausstreichen und aus dem Pfannkuchenteig nacheinander 8 hauchdünne Crêpes auf beiden Seiten goldgelb backen. Alle Pfannkuchen mit der Füllung belegen und aufrollen. Auf einer vorgewärmten Platte die Crespelle anordnen, mit dem restlichen Parmesan bestreuen, pfeffern und mit 1 EL Olivenöl beträufeln.

Variante: Crespelle al forno
(Überbackene Pfannkuchenrollen)
Pfannkuchen zubereiten und füllen. Eine Gratinform mit 1 EL Butter ausstreichen, 4 Crespelle einschichten, mit 100 g Mozzarellascheiben abdecken und die restlichen 4 Rollen darüber legen. Mit Béchamelsauce übergießen und im vorgeheizten Backofen bei 170° (Gas Stufe 2) in etwa 10 Min. goldgelb überbacken.

Tortilla de patatas

Ganz Spanien · Gut vorzubereiten

Kartoffelomelette

Zutaten für 4–6 Portionen:
750 g Kartoffeln, mehlig kochend
2 große Zwiebeln
7 EL Olivenöl
Salz
schwarzer Pfeffer, frisch gemahlen
6 Eier

Zubereitungszeit: 20 Min.
(+ 40 Min. Garen)

Bei 6 Portionen pro Portion:
1500 kJ/360 kcal

1 Kartoffeln schälen, waschen und in dünne Scheiben schneiden. Zwiebeln schälen und klein würfeln, nicht fein hacken.

2 Die Hälfte des Olivenöls in einer Pfanne mit hohem Rand, etwa 20 cm Durchmesser, erhitzen. Kartoffelscheiben und Zwiebelwürfel darin bei mittlerer Hitze etwa 25 Min. garen, nicht braten. Mit Salz und Pfeffer würzen.

3 Eier in einer Schüssel aufschlagen und verquirlen, mit Salz und Pfeffer kräftig würzen. Kartoffeln und Zwiebeln etwas abgekühlt zu den Eiern geben.

4 Das restliche Olivenöl in der Pfanne erhitzen, die Eiermischung hineingeben und bei milder Hitze in etwa 6 Min. stocken lassen, dabei immer wieder an der Pfanne rütteln.

5 Die Pfanne mit einem flachen Teller (oder Deckel) bedecken. Pfanne und Teller fest zusammenhalten und umdrehen, so daß die Tortilla auf dem Teller liegt.

6 Dann vorsichtig wieder in die Pfanne gleiten lassen und in weiteren 6–8 Min. fertiggaren.

7 Die Tortilla in Tortenstücke oder in Würfel schneiden. Warm oder kalt servieren.

Variante: Sie können Schinkenwürfel oder Chorizoscheiben mit den Kartoffeln in die Eiermasse geben.

Info: Tortilla heißt eigentlich Omelette. Tortilla de patatas ist ein Omelette mit Kartoffeln. Ein einfaches, sättigendes Gericht, das warm oder kalt als Haupt- oder Zwischengericht gegessen wird. Es gibt viele Varianten: mit Gemüse, Schinken, Krabben etc.

Tip! Für 2 Personen, mit Salat serviert, ist die Tortilla ein leichtes Abendessen. Sie läßt sich gut als Tapa mit anderen kleinen Gerichten reichen.

12% vol

Zucchette farcies au brocciu

Aus Korsika · Gut vorzubereiten

Zucchini mit korsischer Schafkäsefüllung

Zutaten für 4 Portionen:
300–400 g Brocciu
(frischer korsischer Schafkäse) oder
Brousse, ersatzweise 250 g Ricotta
1 EL Olivenöl, kaltgepreßt
Salz
4 kleine längliche Zucchini
(etwa 400 g)
2–4 Knoblauchzehen
30 Blättchen frische Minze
4–6 trockene Baguette-Scheibchen,
ersatzweise 2 EL helles Paniermehl
1 kleines frisches Ei
gemischter Pfeffer, frisch gemahlen
zum Garnieren: Minzeblättchen

Zubereitungszeit: 50 Min.
(+ 4 Std. Abtropfen
+ 30 Min. Backen)

Pro Portion: 1400 kJ/330 kcal

1 Käse etwa 4 Std. im Sieb abtropfen lassen (oder in Küchenpapier einschlagen). Feuerfeste Form oder Backblech einölen. In einem breiten Topf Salzwasser erhitzen. Zucchini abbrausen, ins kochende Wasser geben und darin offen bei starker Hitze etwa 5 Min. kochen. Dann in eiskaltem Wasser abschrecken. Äußere Enden der Zucchini abschneiden. Gemüse längs halbieren. Zucchini mit einem kleinen Löffel bis auf einen etwa 1 cm breiten Rand ringsum vorsichtig aushöhlen, in die Form legen. Mit Salz bestreuen.

2 Knoblauch häuten, halbieren, entkeimen. Zucchinifleisch im Küchenpapier auspressen. Minze abbrausen, trockenschütteln. Alles fein hacken. Brot mahlen. Zucchinifleisch, Minze, Brotbrösel, Käse, Ei und Knoblauch mit der Gabel mischen. Mit Salz und Pfeffer kräftig abschmecken. Zucchini trockentupfen, Masse hineinfüllen. Bis zum Backen beiseite stellen.

3 Backofen auf 200° vorheizen. Gemüse darin etwa 30 Min. (Mitte; Umluft 180°) backen. Goldbraun übergrillen, mit Minzeblättchen garnieren.

4 Heiß, lauwarm oder zimmerwarm als kleines Gemüsegericht mit Baguette servieren.

Wein: Dazu schmeckt ein korsischer Rosé- oder Rotwein vom Cap Corse.

Brousse und Brocciu

Auf dem Markt in Bastia wird Brocciu ganz frisch hergestellt.

Auf dem Festland wurde der Frischkäse Brousse früher nur aus Schafmilch hergestellt. Heute verwendet man meistens Kuh- oder Ziegenmilch. In Korsika darf dieser frische Schafkäse (Brousse) nur unter dem Namen Brocciu vertrieben werden, wenn er ausschließlich aus frischer Schafmilch produziert wurde und den Regeln der (AOC-)Richtlinien entspricht.

Für beide Käse erhitzt der Schäfer traditionell auf einem offenen Feuer mit Pinienholz (wegen der gleichmäßigen Temperaturabgabe) in einem Kessel Molke (Petit lait). Bei einer Temperatur von 50° gießt er die (frische) Schafmilch dazu und erhitzt dieses Gemisch unter öfterem Rühren, bis die Milch (bei 75–80°) ausflockt. Sie steigt als eine Art fester Schaum nach oben. Mit einem Schaumlöffel füllt der Schäfer die heiße, quarkähnliche Masse sofort in Körbchen. Jedes dieser Körbchen (Fattoghje) kommt zum Abtropfen auf eine schräge Holzplatte. Schon 10 Minuten später kann der lauwarme Brousse (oder Brocciu) in runde Schälchen gestürzt werden. Brousse und Brocciu schmecken innerhalb der nächsten 24 Stunden am besten: als Quark, Dessert, Gemüse-, Eier-, Fisch-, Fleisch- oder Kuchenfüllung.

Pomodori ripieni all'umbra

Aus Italien · Gelingt leicht

Gefüllte Tomaten

Zutaten für 4 Portionen:
4 mittelgroße reife, aber noch feste Tomaten
Salz
1 Knoblauchzehe
1 Bund Petersilie
4 EL Olivenöl
4 EL Semmelbrösel
2 Eier
schwarzer Pfeffer, frisch gemahlen
Petersilie zum Garnieren

Zubereitungszeit: 1 1/4 Std.

Pro Portion: 730 kJ/170 kcal

1 Tomaten waschen, quer halbieren, Kerne entfernen, Tomaten aushöhlen. Die Früchte innen leicht mit Salz bestreuen und auf einem Sieb gut abtropfen lassen.

2 Knoblauch schälen. Petersilie waschen, trockenschütteln. Beides fein hacken. Backofen auf 180° vorheizen. Eine feuerfeste Form mit 1 EL Olivenöl ausstreichen.

3 In einer Schüssel Semmelbrösel, Knoblauch, Petersilie, das restliche Olivenöl und die Eier gut vermischen. Mit Salz und Pfeffer würzen. Die Tomaten mit dieser Masse füllen und in die Form stellen. Im Backofen (Mitte; Gas Stufe 2) in etwa 30 Min. fertiggaren, mit Petersilie garnieren, heiß servieren.

Variante: Pomodori alla genovese
(Tomaten mit Majoran)
Halbierte Tomaten leicht drücken, um die Kerne zu entfernen, Tomaten jedoch nicht aushöhlen. Früchte innen leicht salzen, abtropfen lassen. Dann in eine gefettete Gratinform setzen, mit einer Mischung aus 2 EL Semmelbrösel, 2 EL frischem gehacktem Majoran, 1 gehackten Knoblauchzehe, Salz und Pfeffer bestreuen, mit 2–3 EL Olivenöl beträufeln, dann im Backofen bei 180° (Mitte; Gas Stufe 2) etwa 30 Min. backen.

Tip! Gefüllte Tomaten können Sie sowohl als Beilage zu kurzgebratenem Fleisch als auch als warme Vorspeise servieren.

Verze affogate

Aus Italien · Gelingt leicht

Wirsingkohl in Wein gedünstet

Zutaten für 4–6 Portionen:
1 Wirsingkohl (etwa 1 kg)
1 Knoblauchzehe
1 frischer Rosmarinzweig
100 g Räucherspeck, fett, ohne Schwarte
1 EL Olivenöl
1/4 l trockener Weißwein
Salz
schwarzer Pfeffer, frisch gemahlen

Zubereitungszeit: 1 1/4 Std.

Bei 6 Portionen pro Portion: 850 kJ/200 kcal

1 Den Wirsing putzen, vierteln, Strünke und harte Außenblätter entfernen. Kohl in schmale Streifen schneiden, waschen und abtropfen lassen. Knoblauch schälen. Rosmarinzweig waschen, trockenschütteln, Blättchen abzupfen. Knoblauch, Rosmarin und Speck ganz fein hacken.

2 In einer Kasserolle das Öl leicht erhitzen. Knoblauch, Rosmarin und Speck dazugeben und unter Rühren etwa 5 Min. bei mittlerer Hitze anbraten. Dann die Kohlstreifen untermischen, die Hälfte des Weins angießen, mit Salz und Pfeffer würzen, zugedeckt bei ganz schwacher Hitze etwa 30 Min. dünsten, dabei häufig umrühren.

3 Restlichen Wein nachgießen, offen bei mittlerer Hitze unter Rühren leicht eindampfen lassen. Heiß servieren.

Variante: Verza alla lombarda
(Wirsingkohl auf lombardische Art)
100 g Speck fein würfeln, in 1 EL Butter anbraten, Kohlstreifen, Weißwein dazugeben, salzen und pfeffern. Zugedeckt etwa 30 Min. bei schwacher Hitze köcheln. 100 ml Weißweinessig angießen, noch etwa 15 Min. garen.

Ankara 1929
75 Cl.

Imam bayıldı

Aus der Türkei · Sommergericht

Der Imam fiel in Ohnmacht

Zutaten für 4 Portionen:
4 kleine Auberginen (800 g)
Salz
2 mittelgroße Zwiebeln (200 g)
2 große Tomaten (300 g)
1 ½ Bund glatte Petersilie
4 grüne milde Peperoni
4 Knoblauchzehen
8 EL Olivenöl
½ TL Zucker

Zubereitungszeit: 45 Min.
(+ 45 Min. Kochen + Abkühlen)

Pro Portion: 910 kJ/220 kcal

1 Auberginen waschen. Das Grün rund um die Stielansätze und die Stiele selbst dünn abschälen. Stiele nicht entfernen. Von den Auberginen im Abstand von 2–3 cm evtl. mit dem Sparschäler längs etwa 1 cm breite Streifen Schale abschälen, Schale von der gleichen Breite stehenlassen, bis die Auberginen ganz gestreift sind. Bei einem der abgeschälten Streifen je Aubergine einen tiefen, langen Einschnitt (er dient später als Tasche) anbringen. Die Früchte etwa 15 Min. in kaltes Salzwasser legen.

2 Inzwischen Zwiebeln schälen und in Scheiben schneiden. Tomaten mit kochendem Wasser übergießen, kurz stehenlassen und häuten. Tomaten halbieren, Stielansätze herausschneiden und das Fruchtfleisch würfeln, dabei den Saft auffangen. Petersilie waschen und trockenschütteln, die Blättchen von 1 Bund fein hacken, die von ½ Bund abzupfen und zum Garnieren beiseite stellen. Peperoni waschen, längs halbieren, Kerne und Stiele entfernen, Schoten ausspülen. Knoblauch schälen und in Stifte schneiden. Auberginen aus dem Salzwasser nehmen und abtrocknen.

3 In einer Pfanne 3 EL Olivenöl erhitzen. Auberginen bei starker Hitze rundherum in 5–7 Min. hellbraun anbraten. Die Früchte mit dem Einschnitt nach oben nebeneinander in einen flachen Topf legen. Zwiebelscheiben in der Pfanne mit 2 EL Öl bei mittlerer Hitze glasig dünsten und vom Herd nehmen. Tomatenwürfel mit dem aufgefangenen Saft, gehackter Petersilie, ½ TL Salz, Zucker und die restlichen 3 EL Olivenöl untermischen.

4 Den Einschnitt, der als Tasche dient, mit der Gemüsemischung füllen. Restliches Gemüse auf den Auberginen verteilen. Den Saft aus der Pfanne darüber träufeln. Füllmasse mit Knoblauchstiften spicken.

5 Auf jede Auberginenfüllung 2 Peperonihälften legen. ¼ l Wasser angießen, Gericht aufkochen und bei mittlerer Hitze etwa 10 Min. weiterkochen. Dann etwa 35 Min. schwach köcheln lassen. Gemüse im Topf erkalten lassen und auf einer Platte anrichten. Die abgezupften Petersilienblättchen zum Garnieren nehmen.

Getränk: Ein gut gekühlter, trockener frischer Weißwein, z.B. ein Çankaya von Kavaklıdere, paßt gut dazu.

Gefüllte Zwiebeln

Aus Libyen · Gelingt leicht

Basal Mihschi

Zutaten für 4 Portionen:
8 mittelgroße, weiße Zwiebeln (etwa 1,5 kg)
400 g Lamm- oder Rinderhackfleisch
4 Knoblauchzehen · 2 Eier
80 g Weizengrieß · Salz
schwarzer Pfeffer, frisch gemahlen
1 kleine Dose geschälte Tomaten (240 g Abtropfgewicht)
2 EL Olivenöl
2 EL Tomatenmark
1 TL Paprikapulver, edelsüß
1/2 TL Harissa, ersatzweise
1/4 TL Paprikapulver, scharf

Zubereitungszeit: 45 Min. (+ 1 Std. Garen)
Pro Portion: 1800 kJ/430 kcal

1 Die Zwiebeln schälen, die Wurzelansätze knapp abschneiden, so daß die Zwiebeln einigermaßen standfest sind, aber nicht auseinanderfallen. Von den Zwiebeln kleine Deckel abschneiden. Mit dem Kugelausstecher die Zwiebeln vorsichtig aushöhlen und beiseite legen.

2 Das Hackfleisch in eine Schüssel geben. Von den Zwiebelstücken 2 EL fein hacken, zum Fleisch geben (Rest anderweitig verwenden). Knoblauch häuten, in der Knoblauchpresse zerdrücken und hinzufügen. Eier, Weizengrieß, Salz und reichlich Pfeffer dazugeben, alles gut vermischen. Die ausgehöhlten Zwiebeln damit füllen und die kleinen Deckelchen aufsetzen.

3 Den Saft der Tomaten in ein Schüsselchen abgießen. Die Tomaten zerdrücken. In einem Topf das Öl erhitzen und die Tomaten hinzufügen. Tomatenmark, Paprikapulver, Harissa und Salz im Tomatensaft glattrühren, zu den Tomaten geben.

4 Alles bei mittlerer Hitze etwa 2 Min. kochen lassen. Die Zwiebeln nebeneinander in die Tomatensauce setzen. Den Topf schließen und die Zwiebeln etwa 1 Std. bei schwacher Hitze garen. Die Zwiebeln in eine Schüssel setzen. Sauce mit Salz abschmecken, über die Zwiebeln gießen und mit Weißbrot oder mit Reis servieren.

Gefüllte Kartoffelküchlein

Aus dem Irak · Braucht etwas Zeit

Batata Scharb

Zutaten für 6 Portionen:
Für den Kartoffelteig:
1 kg Kartoffeln, mehligkochend
1 Ei · 5 EL Mehl · Salz
schwarzer Pfeffer, frisch gemahlen
Mehl zum Arbeiten
Für die Füllung:
1 große weiße Zwiebel
3 reife aromatische Tomaten
1 Knoblauchzehe
1 Bund glatte Petersilie
2 EL Olivenöl
1 TL Kurkuma (Gelbwurzpulver)
$^1/_2$ TL Pimentpulver
Salz · Pfeffer
$^1/_2$–1 l neutrales Pflanzenöl

Zubereitungszeit: $1^1/_2$ Std.

Pro Portion: 1700 kJ/400 kcal

1 Kartoffeln mit Wasser bedeckt in 20–25 Min. garen. Abgießen, abschrecken, pellen und durch ein Sieb in eine Schüssel streichen. Mit Ei, Mehl, Salz und Pfeffer zu einem geschmeidigen Teig verkneten.

2 Für die Füllung die Zwiebel schälen und im Blitzhacker fein zerkleinern. Die Tomaten mit kochendheißem Wasser überbrühen, häuten, vierteln und die Stielansätze herausschneiden. Die Tomaten fein würfeln. Knoblauch häuten und durchpressen. Petersilie abbrausen, die Blättchen fein hacken.

3 Das Öl in einer Pfanne erhitzen, Zwiebel darin glasig braten. Dann Tomaten, Knoblauch und Petersilie dazugeben und so lange bei mittlerer Hitze offen garen, bis alle Flüssigkeit verdampft ist. Die Füllung mit Kurkuma, Piment, Salz und Pfeffer pikant abschmecken und abkühlen lassen.

4 Mit gut bemehlten Händen 1 gehäuften EL des Kartoffelteiges zu einem Bällchen formen, ein Loch hineindrücken und einen Teil der Füllung hineingeben. Die Öffnung gut verschließen und das Bällchen im Mehl wenden. Bällchen flachdrücken und auf einen Teller legen.

5 Aus dem restlichen Teig und der restlichen Füllung alle weiteren Kartoffelküchlein formen und nebeneinander auf den Teller setzen. Reichlich Öl in einer schweren Pfanne erhitzen und die Küchlein portionsweise bei mittlerer Hitze von beiden Seiten in etwa 5 Min. goldbraun ausbacken. Auf Küchenpapier entfetten, dann auf eine Servierplatte legen und warm halten, bis alle Küchlein ausgebacken sind. Mit gemischtem Salat und Fladenbrot servieren.

Stuffed Baked Potatoes

Ganz Amerika · Braucht etwas Zeit

Gebackene Kartoffeln

Zutaten für 4 Personen:
4 große gleichmäßige Kartoffeln, festkochend
2 EL Öl
4 EL Butter
Salz
schwarzer Pfeffer, frisch gemahlen
125 g saure Sahne oder Crème fraîche
2 Eigelb

Zubereitungszeit: 45 Min.
(+ 1 Std. Garen)

Pro Portion: 1200 kJ/290 kcal

1 Den Backofen auf 200° vorheizen. Kartoffeln gründlich waschen und abbürsten, rundherum mit Öl bestreichen. Auf einem Rost im Ofen (Mitte, Gas Stufe 3, Umluft 180°) etwa 1 Std. backen, bis die Kartoffeln weich sind.

2 Die Kartoffeln etwas abkühlen lassen, dann jeweils einen Deckel abschneiden. Die Kartoffeln mit einem Teelöffel vorsichtig aushöhlen, überall einen knapp 1 cm breiten Rand stehen lassen.

3 Das ausgelöste Kartoffelfleisch mit einer Gabel zerdrücken, 3 EL Butter unterrühren und langsam schmelzen lassen. Das Püree mit Salz und Pfeffer abschmecken.

4 In einer kleinen Schüssel die saure Sahne mit den Eigelben verrühren, die Mischung dann unter das Püree rühren. Das Püree abschmecken und zurück in die Kartoffeln löffeln.

5 Die Kartoffeln nebeneinander in eine Gratinform setzen. Die restliche Butter in kleinen Flöckchen in die Kartoffeln geben, diese im Ofen (oben) noch etwa 5 Min. überbacken.

Variante: Beliebter Snack ist in Amerika »Baked Potatoe Skins«, gebackene Kartoffelschalen. Dafür pro Person 5 kleine bis mittelgroße Kartoffeln wie oben beschrieben im Ofen garen. Dann Kartoffeln quer halbieren, aushöhlen, das Kartoffelfleisch anderweitig verwenden. Kartoffelhälften mit Salz und Pfeffer bestreuen, nebeneinander auf ein Backblech setzen. Geriebenen Käse (Cheddar) in die Kartoffeln streuen, einige Butterflöckchen hineinsetzen und die Kartoffeln im Ofen backen, bis der Käse geschmolzen ist.

Tip! Verwenden Sie wirklich eine festkochende Kartoffelsorte, denn so ist der Geschmack am besten.

Gefüllte Tofu-Kästchen

Aus China · Braucht etwas Zeit

Dou Fu Xiang Zi

Zutaten für 4 Portionen:
500 g Tofu
1 Frühlingszwiebel
1 dünne Scheibe Ingwer
Nach Belieben 10 g getrocknete Lilienblüten
20 g Donggu-Pilze
100 g Bambussprossen in Stücken (aus der Dose)
200 g Chinakohlblätter
1 Ei
Salz
3 EL dunkle Sojasauce
2 EL Reiswein
weißer Pfeffer, frisch gemahlen
1 l neutrales Pflanzenöl zum Fritieren
+ 1 EL neutrales Pflanzenöl
$^1/_4$ l Gemüsebrühe (selbstgemacht oder instant)
nach Belieben: ein paar Tropfen Sesamöl

Zubereitungszeit: 45 Min.

Pro Portion: 1500 kJ/360 kcal

1 Tofu waschen, in 8 gleich große Stücke schneiden und dann trockentupfen. Frühlingszwiebel putzen, waschen und fein hacken. Ingwer schälen und fein hacken.

2 Lilienblüten und Donggu-Pilze getrennt voneinander je etwa 10 Min. in warmem Wasser einweichen. Bambussprossen in einem Topf in kochendem Wasser etwa 1 Min. sprudelnd kochen, abgießen, abtropfen und abkühlen lassen. Dann zuerst längs in dünne Scheiben, dann längs in Streifen und zum Schluß quer in ganz kleine Würfel schneiden. Chinakohlblätter waschen, trockentupfen, längs in dünne Streifen, dann quer in kleine Würfel schneiden.

3 Donggu-Pilze und Lilienblüten abgießen, gründlich waschen, abtropfen lassen. Die Lilienblüten von harten Stielen befreien. Pilze und Lilienblüten kleinschneiden. Für die Füllung Pilze, Lilienblüten, Bambussprossen und Chinakohl in einer Schüssel mit dem Ei mischen, mit je 1 Msp. Frühlingszwiebel und Ingwer, 1 Prise Salz, 1 EL Sojasauce, 1 EL Reiswein und 1 Prise Pfeffer würzen und gut verrühren.

4 Öl in einem Wok bei mittlerer Hitze heiß werden lassen. Tofu darin etwa 7 Min. fritieren, bis beide Seiten goldgelb sind. Vorsicht, Spritzgefahr! Dann mit einem Schaumlöffel herausnehmen, das Fett abtropfen und den Tofu abkühlen lassen. Das Öl aus dem Wok abgießen.

5 An einer Seite den Tofu mit einem kleinen Messer etwas aufschlitzen. Die Füllung in 8 Portionen teilen, dann mit einem Teelöffel je eine Portion in ein Tofu-Kästchen hineinfüllen. Eventuell Tofu aus dem Innenraum herausschneiden. Durch das Fritieren ist der Tofu innen schon ein wenig ausgehöhlt, daher ist das Füllen recht einfach.

6 Im Wok 1 EL Öl bei mittlerer Hitze heiß werden lassen, die restliche Frühlingszwiebel und den Ingwer kurz anbraten, den gefüllten Tofu und die Gemüsebrühe dazugeben, mit Salz, der restlichen Sojasauce und dem übrigen Reiswein würzen und etwa 15 Min. offen kochen. Vor dem Servieren nach Belieben mit Sesamöl beträufeln.

Info: Durch das Fritieren entstehen im Tofu viele kleine Löcher, die bei der weiteren Zubereitung viel Flüssigkeit in sich aufnehmen. Deshalb schmeckt er besonders saftig. In ganz China werden auf dem Markt fertige Tofu-Kästchen in verschiedenen Formen angeboten, u.a. auch kugelförmige und dreieckige. In Deutschland können Sie diese leider nur in wenigen Asien-Läden kaufen.

Tip! Falls Sie nicht alles von der Füllung unterbringen, können Sie den Rest so mitkochen und dazuservieren.

Soufflé de pommes de terre

Aus Frankreich · Gelingt leicht

Kartoffelsoufflé mit Käse

Zutaten für 6 Portionen, für 6 Soufflléförmchen von 8 cm Ø:
500 g Kartoffeln, mehligkochend
Salz
etwa 50 g Butter
1 EL Crème fraîche
3 ganz frische Eigelb
100 g Beaufort, frisch gerieben (ersatzweise Gruyère)
weißer Pfeffer, frisch gemahlen
Muskatnuß, frisch gerieben
3 frische zimmerwarme Eiweiß
nach Belieben 2 EL kleingehackte Petersilie

Zubereitungszeit: 1 Std.

Pro Portion: 1600 kJ/380 kcal

1 Kartoffeln waschen, etwa 300 g davon als Pellkartoffeln in einem Topf mit Salzwasser bedeckt 20–25 Min. kochen, ausdampfen lassen. Backofen auf 250° vorheizen. Restliche Kartoffeln schälen. In hauchdünne Scheibchen schneiden und 1–2 Min. in kaltes Wasser legen, danach mit Küchenpapier gut trockentupfen.

2 In einem kleinen Topf etwa 25 g Butter bei schwacher Hitze schmelzen. Kartoffelscheibchen einzeln durch die Butter ziehen, dann auf ein Backblech legen. Auf beiden Seiten in je 2–3 Min. im Backofen (oben; Gas Stufe 5) oder unterm Grill goldbraun backen (wie Chips), salzen. Backofen auf 175° (Gas Stufe 2) herunterschalten.

3 Die Soufflléförmchen (vorzugsweise Glasförmchen) mit restlicher Butter einfetten und mit den Kartoffelchips kreisförmig auslegen.

4 Pellkartoffeln schälen, durch ein Sieb in eine Schüssel streichen. Crème fraîche, Eigelbe und Käse unter die Masse rühren. Mit Pfeffer, Muskatnuß, evtl. Salz abschmecken. Eiweiß mit 1 Prise Salz steif schlagen. Mit einem Spatel vorsichtig unter das Kartoffelpüree heben. Nach Belieben kleingehackte Petersilie unter das Püree heben, in die Förmchen füllen, in 20–30 Min. im Backofen (Mitte) goldbraun backen. Backofentür zwischendurch keinesfalls öffnen, da die Soufflés sonst zusammenfallen.

5 Die heißen Soufflés aus den Förmchen auf vorgewärmte Teller geben, zu Waldpilzen, Fisch- und Fleischgerichten mit Cremesauce servieren.

Pommes de terre lyonnaise

Aus Frankreich · Geht schnell

Bratkartoffeln nach Lyoner Art

Zutaten für 4 Portionen:
4 Knoblauchzehen
4 Schalotten (etwa 125 g, ersatzweise Zwiebeln)
500 g Kartoffeln, festkochend
etwa 3 EL Butter
Salz
Pfeffer, frisch gemahlen
einige Stengel glatte Petersilie

Zubereitungszeit: 35 Min.

Pro Portion: 1000 kJ/240 kcal

1 Knoblauch häuten, entkeimen und fein hacken. Schalotten schälen, in nicht allzu dünne Ringe schneiden. Kartoffeln waschen, schälen und trockentupfen. In etwa 1/2 cm dicke Scheiben schneiden.

2 In einer großen Pfanne 1 EL Butter erhitzen. Schalottenringe darin etwa 5 Min. bei mittlerer Hitze goldbraun anbraten, herausnehmen und zur Seite stellen. Wieder 1 EL Butter in der Pfanne erhitzen. Kartoffeln immer lagenweise auf beiden Seiten bei starker Hitze in 2–3 Min. goldbraun anbraten, restliche Butter dabei verarbeiten, die Lagen herausnehmen und zur Seite stellen.

3 Dann alle Kartoffeln und die Zwiebeln in die Pfanne geben. Knoblauch darüber streuen. Alles salzen und pfeffern. In 5–8 Min. bei schwacher Hitze fertigbraten. Öfters wenden. Petersilie waschen, trockenschütteln und fein hacken.

4 Bratkartoffeln mit Petersilie bestreuen. Sofort servieren.

Wein: In Lyon wird zu Pommes de terre à la Lyonnaise ein leicht gekühlter Rotwein, ein Beaujolais-villages (mit einer Temperatur von 14–16° C), getrunken.

Chicorée auf flämische Art

Aus Belgien · Gelingt leicht

Überbackener Chicorée

Zutaten für 4 Portionen, für eine Auflaufform von 2 l Inhalt:
8 mittelgroße Stauden Chicorée (etwa 1 kg)
Salz
Fett für die Form
8 mitteldicke Scheiben gekochter Schinken (etwa 350 g)
2 EL Butter · 2 EL Mehl
200 g Sahne
100 g Parmesan oder Gruyère, frisch gerieben
weißer Pfeffer, frisch gemahlen
Muskatnuß, frisch gerieben

Zubereitungszeit: 1 Std.

Pro Portion: 2200 kJ/520 kcal

1 Chicorée putzen, waschen und den bitteren Kern am unteren Ende der Staude kegelförmig herausschneiden.

2 Etwa 3/8 l Salzwasser aufkochen und den Chicorée darin zugedeckt bei mittlerer Hitze etwa 15 Min. garen. Dann herausnehmen und gut abtropfen lassen. Die Auflaufform einfetten. Jede Chicoréestaude in eine Schinkenscheibe wickeln und in die Form legen.

3 Den Backofen auf 220° vorheizen. Die Butter in einem kleinen Topf erhitzen, das Mehl hinzufügen und bei mittlerer Hitze goldgelb andünsten. 1/4 l Chicoréewasser langsam unterrühren, alles aufkochen lassen.

4 Sahne und Käse einrühren, mit Salz, Pfeffer und Muskatnuß abschmecken. Sauce über die Chicoréerollen gießen und im Backofen (Mitte; Umluft 200°) etwa 15 Min. überbacken.

Variante: Flamenschmaus
1 kg gekochten Chicorée kleinschneiden und mit 1 feingehackten Zwiebel, 100 g ausgebratenen Speckwürfeln und 350 g gekochtem, in Streifen geschnittenem Schinken in einer Pfanne bei starker Hitze etwa 5 Min. braten. Mit Salz, Pfeffer, Muskatnuß und 1 Prise Zucker würzen und mit 1 Bund kleingehackter Petersilie bestreuen.

Chicorée immer lichtgeschützt aufbewahren, sonst wird er bitter.

Chicorée

Dieses Gemüse wurde vor etwa 150 Jahren in Belgien durch Zufall von einem Bauern entdeckt. Die in einem dunklen Keller gelagerten Zichorienwurzeln, die früher geröstet als Kaffee-Ersatz verwendet wurden, fingen bei den feuchtwarmen Kellertemperaturen zu treiben an und bekamen weißlich-gelbe Blätter. Inzwischen hat sich der leicht bitter schmeckende Chicorée, den man auf flämisch »Witloof« (Weißblatt) nennt, zum belgischen Nationalgemüse entwickelt. Die weißschimmernden Stauden sind das ganze Jahr über erhältlich. Chicorée von guter Qualität erkennt man an makellos festverschlossenen Stauden, deren Blattspitzen hellgelb sind. Lockere Stauden mit leicht grünlichen Blattspitzen sind preiswerter und schmecken genausogut. Chicorée hat viele Vitamine und Mineralstoffe und dabei nur etwa 15 kcal pro 100 g. Man bewahrt ihn am besten in Papier gewickelt im Gemüsefach auf, wo er sich bis zu 10 Tagen hält. Bevor man ihn zubereitet, entfernt man den bitteren Kern an der Wurzel mit einem scharfen Messer.

Leipziger Allerlei

Aus Deutschland

Frühjahrsgemüse mit Krebsen und Morcheln

Zutaten für 4 Portionen:
Salz
12 Krebse (etwa 700 g, vom Händler überbrühen und etwa 5 Min. kochen lassen, ersatzweise lebende Krebse)
15 g getrocknete Spitzmorcheln
350 g Spargel
350 g Blumenkohl
1 Kohlrabi (etwa 250 g)
60 g Butter
100 ml Weißwein
Zucker
weißer Pfeffer, frisch gemahlen
250 g Möhren
100 g Erbsenschoten (Kaiserschoten)
20 g Mehl
100 g Schmant (dicke süße Sahne), ersatzweise Crème fraîche
Muskatnuß, frisch gerieben

Zubereitungszeit: 1 ½ Std.

Pro Portion: 1600 kJ/380 kcal

1 In einem sehr großen Topf 2 l Wasser mit 2 EL Salz aufkochen. Falls Ihr Händler die Krebse nicht kocht, müssen Sie jetzt die Hälfte der Krebse ins sprudelnde Wasser werfen und etwa 5 Min. bei starker Hitze zugedeckt kochen. Herausnehmen und die zweite Portion genauso kochen. Temperatur zurückschalten, dann die frisch gekochten oder die vom Händler gekochten Krebse in das Wasser geben und etwa 7 Min. leise sieden lassen, herausheben und abtropfen lassen.

2 Morcheln gründlich waschen und bürsten, in 1 Tasse Wasser einweichen. Den Spargel schälen und in 5 cm lange Stücke schneiden. Blumenkohl waschen und zerteilen. Kohlrabi schälen, waschen. Den Kohlrabi halbieren, in bleistiftdicke Streifen schneiden.

3 In einem flachen Topf 50 g Butter mit dem Weißwein und einer Prise Zucker aufkochen, Spargel, Blumenkohlröschen und Kohlrabistreifen zusammen darin etwa 15 Min. bei mittlerer Hitze zugedeckt garen, salzen und pfeffern.

4 Inzwischen von den abgekühlten Krebsen den Hinterleib vom Kopf abdrehen, Panzer von der Bauchseite her aufbiegen und das Schwanzfleisch auslösen.

5 Das Fleisch am Rücken einschneiden und dann den Darm mit einer Messerspitze entfernen.

6 Die Scheren mit einer Zange oder Nußknacker aufbrechen und das Fleisch herausziehen, dann zur Seite legen.

7 Die Möhren schälen, längs vierteln. In etwa 3 cm lange Stücke schneiden. Erbsenschoten waschen, Stielansätze und Spitzen abschneiden. Das gare Gemüse in eine Schüssel heben. Die Möhren im Kochsud etwa 5 Min. garen. Dann die Erbsenschoten und Morcheln samt Einweichflüssigkeit hinzugeben, weitere 10 Min. garen. Zu dem anderen Gemüse heben.

8 Das Mehl mit der restlichen Butter verkneten und die köchelnde Brühe mit dieser Mehlbutter binden. Den Schmant einrühren, abschmecken. Das Gemüse darin erhitzen, mit den Krebsen garnieren.

Krautstrudel

Aus Österreich · zeitintensiv

Weißkohl in Strudelteig

Zutaten für 4 Portionen:
200 g Mehl + Mehl zum Ausrollen
1 Ei
1 EL Öl + Öl zum Bestreichen
1 Prise Salz
etwa 3 EL lauwarmes Wasser
1 kleine Zwiebel
1 Kopf Weißkraut (Weißkohl) von etwa 800 g
2 EL Schweineschmalz oder Butter
1 EL Zucker
1 EL Essig
etwa 1/8 l Rindsuppe, selbst gekocht oder aus Würfeln, oder Wasser
1 TL gemahlener Kümmel
Salz
schwarzer Pfeffer, frisch gemahlen
125 g saure Sahne
etwa 50 g Butter

Zubereitungszeit: 1 1/4 Std. (+ 45 Min. Backen)

Pro Portion: 1900 kJ/450 kcal

1 Mehl hügelartig auf eine Arbeitsfläche sieben. In die Mitte eine Mulde drücken. Ei hineinschlagen, Öl und Salz hinzufügen. Alles von außen nach innen zu einem glatten Teig verarbeiten, dabei nach und nach so viel Wasser dazugießen, bis der Teig von mittelfester Konsistenz ist.

2 Den Strudelteig mit dem Handballen etwa 15 Min. durchkneten, bis er seidig glänzt. Den Teig zu einer Kugel formen, mit Öl bestreichen und unter einer umgestülpten Schüssel etwa 30 Min. ruhen lassen.

3 Inzwischen für die Füllung Zwiebel schälen und fein hacken. Vom Weißkraut (Weißkohl) die unansehnlichen äußeren Blätter entfernen. Krautkopf vierteln, waschen, vom Strunk befreien und fein hobeln oder schneiden.

4 Schweineschmalz oder Butter in einer großen Pfanne erhitzen. Zwiebelwürfel darin glasig braten, Zucker darüber streuen und karamelisieren lassen. Mit Essig ablöschen und mit Rindsuppe oder Wasser aufgießen. Das zerkleinerte Weißkraut und Kümmel hinzufügen, nach Geschmack salzen und pfeffern.

5 Kraut zugedeckt bei schwacher Hitze in etwa 20 Min. nicht zu weich dünsten. Dabei häufig umrühren, damit das Kraut nicht anbrennt. Wenn nötig, noch etwas Rindsuppe oder Wasser angießen. Die Flüssigkeit soll aber zum Schluß vollständig verdampft sein. Das fertige Kraut etwas abkühlen lassen und mit saurer Sahne vermischen.

6 Auf einen Tisch ein großes Tuch legen und gleichmäßig mit Mehl bestreuen. Den Teig darauf so dünn wie möglich ausrollen. Dann den Strudelteig mit beiden bemehlten Handrücken vorsichtig anheben und langsam von der Mitte nach außen ziehen. Der Teig soll so durchsichtig sein, daß man eine daruntergelegte Zeitung lesen könnte. Die dicken Teigenden wegschneiden.

7 Butter in einer Pfanne zerlassen. Ein Backblech dünn damit bestreichen, restliche Butter beiseite stellen. Den Backofen auf 200° vorheizen (Gas Stufe 3).

8 Den Strudelteig dünn mit zerlassener Butter bestreichen. Die Krautfüllung gleichmäßig auf dem Teig verteilen, dabei ringsum einen etwa 3 cm breiten Rand freilassen. Das Tuch anheben und den Strudel einrollen, dabei die seitlichen Ränder einschlagen. Den Strudel mit der Nahtstelle nach unten, eventuell in U-Form, auf das gefettete Backblech gleiten lassen.

9 Den Krautstrudel mit zerlassener Butter bestreichen und im Backofen (Mitte) in etwa 45 Min. goldbraun backen.

10 Den fertigen Krautstrudel in etwa 8 cm breite Stücke schneiden und sofort servieren.

Getränke: Zum Strudel paßt kühles Bier.

Artischocken mit Bohnen

Aus Griechenland · Braucht etwas Zeit

Anginàres me koukiá

Zutaten für 4 Portionen:
4 mittelgroße Artischocken (etwa 600 g)
1 Zitrone
500 g junge, zarte dicke Bohnen
300 g Möhren
300 g Kartoffeln, festkochend
1 Fenchelknolle mit viel Grün
1 mittelgroße Zwiebel
4 EL Olivenöl
Salz
schwarzer Pfeffer, frisch gemahlen
Saft von 1 Zitrone
3 Eigelb

Zubereitungszeit: 45 Min. (+ 1 Std. Garen)

Pro Portion: 1200 kJ/290 kcal

1 Artischocken abspülen, harte Blätter und Blattspitzen abschneiden. Das Heu in der Mitte ausschaben. Stiele dünn abschälen. Artischocken mit Zitrone einreiben, in kochendem Wasser 20–25 Min. vorgaren, abtropfen und abkühlen lassen, in Scheiben schneiden.

2 Dicke Bohnen abspülen, Stiele abschneiden und die Fäden abziehen. Aus den großen Schoten die Kerne entnehmen, die kleinen Schoten ganz verwenden. Möhren und Kartoffeln schälen und in große Stücke schneiden.

3 Fenchelknolle abspülen, das Grün abschneiden und aufheben, faserige Teile entfernen. Die Knolle auf dem Gurkenhobel in feine Streifen schneiden. Das Gemüse in 1 l kochendem Wasser etwa 15 Min. vorkochen, in ein Sieb gießen. Das Gemüsewasser aufheben.

4 Zwiebel schälen und würfeln. Öl in einem großen Topf erhitzen und die Zwiebel glasig dünsten. Artischocken mit dem Gemüse vorsichtig unterheben und bei mittlerer Hitze etwa 2 Min. schmoren. Dann ½ l Gemüsewasser dazugeben und etwa 8 Min. dünsten.

5 Das Gemüse mit Salz und Pfeffer abschmecken und beiseite stellen. Zitronensaft und Eigelb verquirlen, unter das leicht abgekühlte Gemüse mischen, unter Rühren erneut erhitzen, bis die Sauce dicklich wird, aber nicht mehr kochen, da sie sonst gerinnt. Mit Fenchelgrün garniert servieren.

Artischocken-Spinat-Auflauf

Aus Griechenland · Gelingt leicht

Anginàres me spanáki sto fóurno

Zutaten für 4 Portionen:
8 kleine, längliche Artischocken (etwa 800 g)
Saft von 1 Zitrone
1 kg frischer Blattspinat
80 g Butter und Butter für die Form
Salz · 200 g gekochter Schinken
200 g Graviéra-Käse
1 gehäufter EL Mehl · ¼ l Milch
schwarzer Pfeffer, frisch gemahlen
1 Ei · 100 g Kefalotiri-Käse, gerieben (ersatzweise Parmesan)

Zubereitungszeit: 1¼ Std. (+ 30 Min. Garen)

Pro Portion: 2900 kJ/690 kcal

1 Artischocken abspülen, harte Blätter und Blattspitzen abschneiden. Stiele 2–3 cm stehen lassen, dünn schälen. Das Heu in den Artischocken ausschaben, ausspülen. Zitronensaft mit 3 l Wasser aufkochen. Artischocken zugedeckt bei mittlerer Hitze 15–20 Min. garen. Zum Abkühlen in ein Sieb geben.

2 Spinat waschen und in etwa 1 cm breite Streifen schneiden. Artischocken halbieren. Eine Auflaufform einfetten. 40 g Butter in der Pfanne stark erhitzen, Artischocken anbraten, dann in die Form legen, leicht salzen. Spinat in der restlichen Butter in der Pfanne bei starker Hitze anbraten, etwas salzen. Schinken und Graviéra-Käse fein würfeln, die Hälfte auf die Artischocken streuen, Spinat darauf verteilen, den restlichen Schinken und Käse überstreuen.

3 Backofen auf 225° (Gas Stufe 3) vorheizen. 40 g Butter in einer Kasserolle erhitzen, Mehl einrühren, kurz anschwitzen. Milch unterrühren, bei starker Hitze aufkochen, bis die Sauce dick wird. Topf beiseite ziehen. Sauce mit Salz und Pfeffer abschmecken. Ei verquirlen und unterrühren. Sauce auf dem Gericht verteilen, alles mit Kefalotiri-Käse bestreuen und 20–30 Min. im Ofen (Mitte) backen.

Paprika süß-sauer

Aus China · Geht schnell

Tang Cu Qing Hong Jiao

Zutaten für 4 Portionen:
8 Paprikaschoten (etwa 600 g), rote und grüne gemischt
1 Frühlingszwiebel
1 Scheibe Ingwer, etwa 1 cm dick
2 EL neutrales Pflanzenöl
2 EL dunkle Sojasauce
3 EL Zucker
4 EL dunkler Reisessig
Salz

Zubereitungszeit: 30 Min.

Pro Portion: 430 kJ/100 kcal

1 Paprikaschoten halbieren, von Kernen, Trennwänden und Stielansätzen befreien. Dann die Paprikaschoten waschen und in etwa 5 cm lange und 2 cm breite Stücke schneiden. Frühlingszwiebel putzen, waschen und fein hacken. Ingwer schälen und fein hacken.

2 Wok oder eine Pfanne bei starker Hitze in etwa 1 Min. erwärmen. Öl angießen, Frühlingszwiebel und Ingwer darin unter Rühren kurz anbraten, Paprikastücke hineingeben und unter Rühren etwa 1 Min. braten, mit Sojasauce, Zucker und 3 EL Reisessig würzen.

3 Alles unter ständigem Rühren nochmals etwa 1 Min. braten. Den Pfanneninhalt mit 150 ml Wasser ablöschen. Zugedeckt alles etwa 10 Min. bei mittlerer Hitze kochen. Vor dem Servieren mit 1 Prise Salz abschmecken und den restlichen Reisessig dazugeben, alles gut durchrühren und sofort mit Reis servieren.

Getränk: Zu diesem Gericht paßt besonders gut ein kühles Pils.

Spargel mit Mu Er-Pilzen

Aus China · Frühlingsgericht

Bai Bi Qing Yun

Zutaten für 4 Portionen:
10 g Mu Er-Pilze
300 g frischer Spargel
Salz
1 Stück Tofu (etwa 250 g)
¼ l neutrales Pflanzenöl
200 g Brokkoliröschen
1 EL Reiswein
100 ml Gemüsebrühe
(selbstgemacht oder instant)
1 TL Sesamöl

Zubereitungszeit: 45 Min.

Pro Portion: 860 kJ/200 kcal

1 Mu Er-Pilze in warmem Wasser etwa 20 Min. einweichen.

2 Spargel waschen, schälen und in etwa 4 cm lange Stücke schneiden. In einem Topf 1 l Wasser bei starker Hitze zum Kochen bringen. Leicht salzen und Spargelstücke darin etwa 15 Min. bei mittlerer Hitze kochen.

3 Inzwischen Tofu waschen, trockentupfen und in etwa 4 cm lange, 2 cm breite und 1 cm dicke Scheiben schneiden. Öl im Wok oder in der Pfanne bei starker Hitze in etwa 1 Min. heiß werden lassen. Tofu hineingeben und in etwa 3 Min. goldbraun fritieren. Herausnehmen und Fett abtropfen lassen.

4 Brokkoliröschen waschen und in einem Sieb abtropfen lassen. In einem Topf ½ l leicht gesalzenes Wasser bei starker Hitze zum Kochen bringen. Brokkoliröschen darin zugedeckt etwa 2 Min. sprudelnd kochen lassen. Dann herausnehmen und abtropfen lassen.

5 Spargel aus dem Topf nehmen und abtropfen lassen. Mu Er-Pilze aus dem Einweichwasser nehmen, gründlich waschen, abtropfen lassen und in etwa ½ cm breite Streifen schneiden.

6 Öl bis auf einen dünnen Film aus dem Wok gießen. Den Ölfilm bei mittlerer Hitze erneut heiß werden lassen. Spargelstücke, Mu Er-Pilze, Tofu und Brokkoliröschen hineingeben. Unter Rühren etwa 1 Min. braten. Reiswein und Gemüsebrühe angießen. Alles unter Rühren aufkochen. Mit Salz abschmecken, mit Sesamöl beträufeln und servieren.

Pfannengerührtes Gemüse

Aus Thailand · Gelingt leicht

Pad Paak Ruamit

Zutaten für 4 Portionen:
200 g Broccoli
150 g grüne Bohnen
200 g Mini-Maiskölbchen
200 g Chinakohl
300 g kleine Frühmöhren
3 Frühlingszwiebeln
5 Knoblauchzehen
5 EL Öl
3 EL Fischsauce
3 EL Austernsauce
1 EL Zucker
4 EL Reiswein
nach Belieben: 1 Schale Peperoni in Essig (Tip, S. 80)

Zubereitungszeit: 40 Min.

Pro Portion: 820 kJ/200 kcal

1 Broccoliröschen abschneiden, Stiele schälen und in dünne Streifen schneiden. Bohnen von den Enden befreien und halbieren.

2 Dickeres Ende der Maiskölbchen abschneiden, Maiskölbchen quer halbieren, dickere Kölbchen auch längs halbieren. Chinakohl putzen und in mundgerechte Stücke schneiden. Möhren gründlich putzen und der Länge nach vierteln. Diese Viertel nochmals quer halbieren.

3 Frühlingszwiebeln putzen, der Länge nach halbieren und in etwa 3 cm lange Stücke schneiden. Alle Gemüse gründlich waschen und gut abtropfen lassen. Frühlingszwiebeln und Chinakohl getrennt vom anderen Gemüse waschen und abtropfen lassen, da sie kürzer gegart werden.

4 Knoblauch schälen und fein hacken. Öl in einer großen Pfanne oder im Wok erhitzen, Knoblauch darin bei starker Hitze etwa 1 Min. anbraten. Broccoli, Möhren, Bohnen und Maiskölbchen dazugeben und unter ständigem Rühren etwa 2 Min. bei starker Hitze scharf anbraten. Frühlingszwiebeln, Chinakohl, Fisch- und Austernsauce sowie Zucker untermischen.

5 Mit Reiswein ablöschen und nochmals etwa 1 Min. bei mittlerer Hitze unter ständigem Rühren weiterbraten, bis das Gemüse gegart, aber noch knackig ist.

Variante: Sie können für dieses Gericht alle Gemüsesorten verwenden, die Sie gerade auf dem Markt finden. Besonders gut eignen sich auch grüner Spargel, Spinat, Pilze, Staudensellerie, Zuckerschoten und Blumenkohl. Achten Sie dabei auf die unterschiedlichen Garzeiten.

Info: Das Pfannenrühren ist bei den Thailändern eine beliebte Garmethode, denn das Gemüse behält seine frische Farbe und bleibt knackig. Zum Rühren wird ein großer Spatel oder spezielle Stäbchen verwendet. Natürlich können Sie auch einen Holzlöffel benutzen.

Tip! Reichen Sie einmal Chilisauce mit frischem Koriander oder Peperoni in Essig (Tip, S. 80) dazu!

Weißkohl mit Erbsen

Aus Indien · Gelingt leicht

Bandha Gobi

Zutaten für 4 Portionen:
½ Weißkohl (etwa 500 g)
250 g Kartoffeln, festkochend
2 mittelgroße Tomaten
5 EL Ghee, ersatzweise Butterschmalz
3 Lorbeerblätter
½ TL Kreuzkümmelsamen
1 TL Kurkumapulver
½ TL Chilipulver
1½ TL Kreuzkümmelpulver
1 TL Korianderpulver
Salz · ½ TL Zucker
150 g Erbsen, tiefgefroren
etwas Joghurt (3,5%) mit Chilipulver

Zubereitungszeit: 50 Min.

Pro Portion: 910 kJ/220 kcal

1 Vom Weißkohl die äußeren Blätter und den Strunk entfernen, Kohl waschen, abtropfen lassen und fein hobeln. Kartoffeln waschen, schälen und in etwa 1 cm große Würfel schneiden. Tomaten waschen, vom Stielansatz befreien und kleinschneiden.

2 Ghee in einer Karai oder einem Topf erhitzen, Lorbeerblätter und Kreuzkümmelsamen hineingeben und bei mittlerer Hitze etwa 1 Min. anbraten.

3 Weißkohl und Kartoffelwürfel dazugeben und etwa 3 Min. unter ständigem Rühren braten. Hitze etwas reduzieren.

4 Kurkuma, Chilipulver, Kreuzkümmelpulver, Koriander, Tomaten, reichlich Salz und Zucker nach und nach dazugeben. Alles gut verrühren.

5 Das Gericht zugedeckt etwa 15 Min. bei schwacher Hitze schmoren. Erbsen dazugeben und in etwa 10 Min. zugedeckt garen, bis das Gemüse weich ist. Bei Bedarf etwas Wasser hinzufügen. Hin und wieder umrühren, damit das Gemüse nicht anbrennt. Weißkohl mit Reis oder indischem Brot und etwas Joghurt mit Chilipulver servieren.

Kartoffelcurry mit Mohn

Aus Indien · Gelingt leicht

Alu Posto

Zutaten für 4 Portionen:
750 g Kartoffeln, festkochend
3 frische Chilischoten
1 Stück frischer Ingwer (4 cm)
5 EL weißer Mohnsamen
5 EL Pflanzenöl
1½ TL Kurkumapulver
1½ TL Paprikapulver, edelsüß
¼ TL Chilipulver · Salz
nach Belieben: einige Gurkenscheiben und halbierte Zwiebelringe zum Garnieren

Zubereitungszeit: 35 Min.

Pro Portion: 1200 kJ/290 kcal

1 Kartoffeln waschen, schälen und in etwa 2 cm große Würfel schneiden. Chilischoten waschen und kleinschneiden, Stielansätze entfernen. Vorsicht, die Hände nicht an die Augen oder Schleimhäute bringen, das brennt wie Feuer. Hände sofort gründlich waschen!

2 Ingwer schälen und auf der Gemüsereibe fein reiben. Weißen Mohnsamen mit der Gewürzmühle fein mahlen.

3 Öl in einer Karai oder einem Topf erhitzen. Kartoffelwürfel hineingeben und bei mittlerer Hitze etwa 5 Min. unter Rühren anbraten.

4 Chilischoten, Ingwer, Kurkuma, Paprika und Chili zu den Kartoffeln geben und etwa 3 Min. unter Rühren anbraten, bis die Gewürze dunkelbraun sind. (Sie müssen die ganze Zeit rühren, die Gewürze brennen sonst an). Notfalls den Topf von der Platte nehmen.) ½ l Wasser dazugießen, reichlich Salz dazugeben und gut verrühren. Etwa 5 Min. bei starker Hitze kochen lassen.

5 Gemahlenen Mohn darüber streuen und gut verrühren. Das Gericht bei schwacher Hitze etwa 10 Min. köcheln lassen, bis die Kartoffeln weich sind. Hin und wieder umrühren, damit das Gemüse nicht anbrennt. Das Curry mit Reis servieren, nach Belieben mit Gurkenscheiben und halbierten Zwiebelringen garnieren.

Variante: Das Gericht schmeckt sehr gut, wenn Sie weniger Kartoffeln und dafür Zucchini verwenden. Sie brauchen 400 g Kartoffeln und 350 g Zucchini. Zucchini waschen und in etwa 2 cm große Würfel schneiden. Die Kartoffeln zubereiten wie oben beschrieben, die Zucchini nach dem Mohn dazugeben.

Gemüsebällchen in Sauce

Aus Indien · Braucht etwas Zeit

Sabji Kofta

Zutaten für 20–24 Bällchen (4–6 Portionen):
Für die Sauce:
10 mittelgroße Tomaten
1 Stück frischer Ingwer (4 cm)
2 EL Ghee, ersatzweise Butterschmalz
2 getrocknete Chilischoten
1 TL Kreuzkümmelpulver
1 TL Kurkumapulver
Salz
200 g Joghurt (3,5%)

Für die Bällchen:
½ Blumenkohl (etwa 250 g)
450 g Kartoffeln, festkochend
6 Stengel frischer Koriander
150 g Kichererbsenmehl
1 TL Garam Masala
½ TL schwarzer Pfeffer, frisch gemahlen
Salz
300 ml Öl zum Fritieren
nach Belieben: 1 kleine Zwiebel, in Halbringe geschnitten und in etwas Öl dunkelbraun geröstet

Zubereitungszeit: 1½ Std.

Bei 6 Portionen pro Portion: 1190 kJ/285 kcal

1 Tomaten waschen und in kochendem Wasser etwa 1 Min. blanchieren. In ein Sieb geben und mit kaltem Wasser abschrecken. Die Haut abschälen und Tomaten mit einem Kartoffelstampfer oder einer Gabel in einer Schüssel zerdrücken. Stielansätze herausfischen.

2 Ingwer schälen und auf der Gemüsereibe fein reiben. Ghee in einem Topf erhitzen, geriebenen Ingwer, getrocknete Chilischoten, Kreuzkümmel und Kurkuma dazugeben und bei mittlerer Hitze etwa 2 Min. anbraten.

3 Tomaten und reichlich Salz dazugeben, das Ganze bei schwacher Hitze etwa 20 Min. offen köcheln lassen. Joghurt hinzufügen, alles gut verrühren, zugedeckt beiseite stellen.

4 Blumenkohl putzen, waschen und in große Stücke schneiden. Kartoffeln waschen, schälen und vierteln. Blumenkohl und Kartoffeln etwa 15 Min. kochen lassen, dann mit der Kartoffelpresse zerdrücken. Den entstandenen Teig in eine Schüssel geben.

5 Koriander waschen, trockenschütteln, die Blättchen abzupfen und kleinschneiden. (Wer möchte, kann einige Stengel Koriander ganz lassen und extra reichen.) Kichererbsenmehl, Korianderblätter, Garam Masala, Pfeffer und Salz zu dem Gemüse in die Schüssel geben und die Mischung mit der Hand gut durchkneten. Wenn die Masse zu feucht ist, etwas mehr Kichererbsenmehl dazugeben. Aus der Masse 20–24 runde Bällchen von etwa 4 cm Durchmesser formen und auf einen Teller legen.

6 Öl in einer Karai oder einem Topf stark erhitzen. Die Bällchen portionsweise (je nach Größe des Topfes) mit einem Schaumlöffel hineingeben und bei starker Hitze in etwa 3 Min. goldbraun fritieren, auf Küchenpapier abtropfen lassen.

7 Die Gemüsebällchen in eine Schüssel geben und die fertige Sauce darüber gießen. Warm mit Reis, gekauftem Papadam oder indischem Brot servieren. Gut schmecken dazu geröstete Zwiebelringe und frischer Koriander.

Maisgratin

Aus Zentralmexiko · Gelingt leicht

Budín de elote

Zutaten für 4–6 Portionen:
1 große Zwiebel
1 große rote Paprikaschote
1 große grüne Paprikaschote
2 EL Olivenöl
3 Knoblauchzehen
2 Dosen Maiskörner (Abtropfgewicht je 285 g)
4 Eier · 3 EL Mehl
1 Prise Salz · 1 TL Zucker
schwarzer Pfeffer, frisch gemahlen
1 Prise Chilipulver
Fett für die Form

Zubereitungszeit: 20 Min. (+ 40 Min. Garen)

Bei 6 Portionen pro Portion: 1800 kJ/430 kcal

1 Zwiebel schälen und klein würfeln. Paprikaschoten putzen, waschen, erst in Streifen, dann in kleine Würfel schneiden.

2 Das Öl in einer breiten Pfanne erhitzen und die Zwiebel- und Paprikawürfel darin andünsten. Den Knoblauch schälen und dazupressen, alles etwa 5 Min. dünsten.

3 Den Backofen auf 200° (Gas Stufe 3) vorheizen.

4 Maiskörner in einem Sieb abtropfen lassen und im Mixer oder mit dem Pürierstab pürieren. Die Eier in einer Schüssel verquirlen. Das Maispüree mit dem Mehl und der Paprikamischung dazugeben. Alles verrühren, mit Salz, Zucker, 1 Prise Pfeffer und Chilipulver würzen.

5 Eine passende Auflaufform ausfetten, mit der Masse füllen und im Backofen (Mitte) 30–40 Min. garen.

Tip! Budín de elote ist ideal als Beilage zu Fleisch, aber auch ein eigenständiges vegetarisches Gericht.

Mais ist eines der wichtigsten Nahrungsmittel Mexikos.

Mais

Mais ist nach Weizen weltweit das wichtigste Grundnahrungsmittel. In Mexiko wurde er schon vor etwa 7000 Jahren kultiviert. Er galt bei den Azteken als heilige Pflanze, die vielen Gottheiten geweiht war. Auch für die Mayas war der Mais heilig. Die Pflanzen werden je nach Sorte bis über 4 m hoch, brauchen viel Licht und Wärme und werden in ganz Mexiko angebaut. Es gibt vielerlei Sorten, z.B. schwarzen, weißen, gelben und roten Mais. Er enthält hochwertiges Eiweiß, Vitamin C und B, Zucker sowie Kalium und Phosphor, 100 g haben etwa 100 Kalorien. Mais ist neben Bohnen die Grundlage der mexikanischen Küche. Frisch gegrillte Maiskolben werden in Mexiko an jeder Straßenecke angeboten, und Tortillas aus Maismehl gehören zu jedem Essen. In Deutschland gibt es frischen Gemüsemais von Frühsommer bis Herbst, sonst ist er in Dosen, aber auch tiefgekühlt zu bekommen. Maismehl für Tortillas gibt es in mexikanischen Spezialitätengeschäften.

Mandorlata di peperoni

Aus Italien · Geht schnell

Paprikagemüse mit Mandeln

Zutaten für 4 Portionen:
50 g Rosinen
600 g dickwandige rote, grüne und gelbe Paprikaschoten
300 g gut reife Tomaten
3 EL Olivenöl, kaltgepreßt
50 g Mandelstifte
3 EL Weinessig
½ TL Zucker
Salz
schwarzer Pfeffer, frisch gemahlen

Zubereitungszeit: 40 Min.

Pro Portion: 890 kJ/210 kcal

1 Die Rosinen in warmem Wasser einweichen. Paprikaschoten waschen, halbieren, Stielansätze und die Innenteile mitsamt den Kernen herausschneiden. Die Schoten ausspülen und in dünne Streifen schneiden. Die Tomaten waschen, halbieren, Stielansätze herausschneiden und die Tomaten würfeln.

2 Olivenöl in einer Kasserolle erhitzen, Paprika und Tomaten hineingeben und zugedeckt bei mittlerer Hitze etwa 10 Min. dünsten.

3 Rosinen abgießen, abtropfen lassen und mit den Mandeln unter das Gemüse rühren. Essig, Zucker und je 1 Prise Salz und Pfeffer hinzufügen und unterrühren. Alles weitere 10 Min. zugedeckt dünsten, abschmecken, warm oder kalt servieren.

Variante: Peperonata
(Paprikagemüse)
Für dieses Gericht aus Kampanien-Basilikata die gleiche Menge Paprikaschoten und Tomaten wie im Rezept »Mandorlata di peperoni« beschrieben vorbereiten. Außerdem 2 Knoblauchzehen und 1 mittelgroße Zwiebel schälen und in dünne Scheiben schneiden. 3 El Olivenöl erhitzen und das gesamte Gemüse bei mittlerer Hitze unter Rühren andünsten, dann zugedeckt bei schwacher Hitze etwa 20 Min. garen. 3 EL gehackte Basilikumblätter unterrühren und mit Salz und Pfeffer abschmecken.

Tip! Beide Gemüsegerichte können als Beilage zu Fleisch oder Fisch, wie auch als Sauce zu Pasta oder als Vorspeise serviert werden.

Fagioli alla menta

Aus Italien · Braucht etwas Zeit

Weiße Bohnen mit Minze

Zutaten für 4 Portionen:
250 g getrocknete, mittelgroße weiße Bohnen (aus dem italienischen Spezialitätengeschäft)
3 Knoblauchzehen
2 Stangen Bleichsellerie
75 ml Olivenöl, kaltgepreßt
Salz
5 EL Weinessig
schwarzer Pfeffer, frisch gemahlen
3 Zweige frische Minze
50 g schwarze Oliven

Zubereitungszeit: 30 Min. (+ 12 Std. Einweichen + 45 Min. Garen + 3 Std. Marinieren)

Pro Portion: 1400 kJ/400 kcal

1 Die Bohnen in einem Sieb kalt abspülen, in eine Schüssel geben und mit reichlich kaltem Wasser bedeckt über Nacht quellen lassen. In ein Sieb schütten, abtropfen lassen und in einen Topf geben. Die Knoblauchzehen schälen und dazwischen legen. Den Sellerie waschen, schadhafte Stellen abschneiden. Die Stangen in grobe Stücke schneiden und ebenfalls zu den Bohnen geben.

2 Alles mit kaltem Wasser bedecken. Die Bohnen zum Kochen bringen, den Schaum mit einem Sieblöffel abschöpfen. Die Bohnen zudecken, wenn sie nicht mehr schäumen und bei schwacher Hitze in 40–45 Min. weich kochen, sie dürfen auf keinen Fall zerfallen. Die Bohnen im Sud abkühlen lassen, dann in ein Sieb geben, dabei den Sellerie entfernen, denn er diente nur zum Würzen.

3 Olivenöl mit etwas Salz in einer Schüssel cremig rühren. Den Essig und 1 Prise Pfeffer unterrühren. Die Bohnen untermischen. Die Minze waschen, trockenschütteln, 1 Zweig beiseite legen. Von den übrigen Zweigen die Blättchen grob hacken und unter die Bohnen mischen. Diese zugedeckt 2–3 Std. durchziehen lassen, erneut abschmecken und auf einer Platte mit Oliven anrichten und mit der beiseite gelegten Minze garnieren.

Tip! Mit einem herzhaften Stück Käse oder Salami und Brot ergeben die Bohnen eine sättigende Zwischenmahlzeit.

DESSERTS, GEBÄCK & KUCHEN

Süße Sachen sind überall auf der Welt eine Sünde wert. Manche Nationen haben eine wirklich grandiose Süßspeisenkultur ins Leben gerufen – wie etwa die Italiener oder Franzosen. Andere lieben mehr das pure Obstvergnügen, zum Beispiel frische Früchte und Datteln, serviert mit knackigen Mandeln wie in den arabischen Staaten. Dort gibt es auch zartschmelzendes Gebäck, raffiniert veredelt mit Rosenwasser oder Orangenblütenessenz.

Begleiten Sie uns hier auf einer Reise zu den Süßspeisen der Welt und probieren Sie die Highlights der einzelnen Nationen, z.B. den Kouglhopf Glace Williams, einen französischen Gugelhupf aus Eis mit Birnen und Korinthen. Oder versuchen Sie einmal die italienische Panna cotta, eine raffiniert einfache Sahnecreme, die sich fast von selbst zubereitet. Wenn Sie ein ganz schnelles Dessert suchen, ist die Stachelbeercreme aus England genau das Richtige für Sie, etwas länger dauert die Pflaumencreme aus Finnland oder die Rote Grütze aus Dänemark. Wenn Sie gerne backen, finden Sie hier jede Menge Anregungen: In der Herbstsaison schmeckt der Pumkin-Pie aus Amerika, ein saftiger Kürbiskuchen mit Zimt, fast schon weihnachtlich. Aus den europäischen Ländern verführt Sie vielleicht der Apple Pie aus England oder die Engadiner Nußtorte – beide gelingen übrigens ganz leicht und problemlos. Testen Sie die Süßspeisen nach Lust und Laune und finden Sie Ihr eigenes Lieblingsrezept heraus!

Gefüllte Orangen

Aus Mexiko · Gelingt leicht

Naranjas rellenas

Zutaten für 4 Portionen:
4 große Navel-Orangen
etwa 1/8 l Weißwein
50 g Zucker
6 Blatt weiße Gelatine
1 Ei
8 Kirschen und Minzeblättchen zum Garnieren

Zubereitungszeit: 40 Min. (+ 2 1/2 Std. Kühlen)

Pro Portion: 940 kJ/220 kcal

1 Die Orangen quer halbieren und vorsichtig auspressen. Dann die Fruchthäutchen mit einem Teelöffel aus der Schale kratzen. Die Schalenhälften beiseite stellen.

2 Den Orangensaft abmessen und mit Weißwein auf 1/2 l auffüllen. Zucker unterrühren und den Saft in einem Topf erhitzen, aber nicht kochen lassen.

3 Gelatine nach Vorschrift einweichen, quellen lassen, ausdrücken. Mit dem Schneebesen in den heißen Saft einrühren, bis sie sich aufgelöst hat. Den Topf vom Herd nehmen und die Flüssigkeit abkühlen lassen.

4 Das Ei trennen. Das Eigelb mit dem Schneebesen in die lauwarme Orangenflüssigkeit schlagen. Etwas abgekühlt 20–30 Min. in den Kühlschrank stellen, bis die Masse anfängt zu gelieren. Dann das Eiweiß steif schlagen und unter das Gelee ziehen.

5 Das Fruchtgelee in die Orangenhälften füllen und im Kühlschrank in etwa 2 Std. fest werden lassen. Jeweils mit 1 Kirsche und einigen Minzeblättchen garniert servieren.

Eierlikör mit Fruchtsalat

Aus Mexiko · Gelingt leicht

Rompope

Zutaten für 1 l Eierlikör, für etwa 4–6 Portionen:
1 l Milch
150 g Zucker
1 Vanilleschote
6 Nelken
75 g Mandeln, frisch gemahlen
12 Eigelb
¼ l Rum (54%)
Nach Belieben:
1 Papaya, 1 Mango, 1 mittelgroße Ananas, ½ Netzmelone

Zubereitungszeit: 1 Std.

Bei 6 Portionen pro Portion: 2500 kJ/600 kcal

1 Milch mit Zucker, Vanilleschote, Nelken und Mandeln in einen Topf geben, aufkochen und etwa 5 Min. bei schwacher Hitze köcheln lassen. Vom Herd nehmen und etwa 10 Min. ziehen lassen, dabei ab und zu umrühren, damit sich keine Haut bildet. Die Vanilleschote und die Nelken herausfischen und wegwerfen.

2 Eigelb mit dem Handrührgerät hell und dickschaumig schlagen. Langsam ⅛ l der vorbereiteten Milch dazugießen und unterrühren.

3 Die Eiermischung nach und nach in die Mandelmilch rühren. Die Flüssigkeit bei mittlerer Hitze oder im Wasserbad unter ständigem Rühren mit einem Holzlöffel erwärmen, bis sie eindickt und leicht den Löffel überzieht. Nicht kochen lassen, denn sonst flocken die Eier aus!

4 Den Topf vom Herd ziehen und den Rum unterrühren. In saubere Flaschen füllen, verschließen und abkühlen lassen. Papaya, Mango und Ananas schälen und in kleinere Stücke schneiden. Melone entkernen, mit Eisportionierer Kugeln ausstechen. Die Früchte mischen und mit Eierlikör begießen.

Info: Rompope kann pur als Getränk oder als Sauce zu Fruchtsalat, Eis oder Pudding serviert werden. Pur wird er aus kleinen Gläsern getrunken und mit etwas geriebenem Muskat bestreut. Er ist etwa 2 Wochen im Kühlschrank haltbar.

Wichtiger Hinweis: Bitte verwenden Sie nur ganz frische Eier von freilaufenden Hühnern, um das Salmonellenrisiko zu verringern.

Grießhalwa

Aus Indien · Gelingt leicht

Sooji Halwa

Zutaten für 6 Portionen:
300 ml Milch
150 g Zucker
0,1 g Safran
4 EL Ghee, ersatzweise Butterschmalz
150 g Weizengrieß
1½ EL Rosinen
3 EL Mandelstifte
1 TL Kardamompulver

Zubereitungszeit: 25 Min.

Pro Portion: 1300 kJ/310 kcal

1 Milch mit 200 ml Wasser, Zucker und Safran in einen Topf geben. Bei mittlerer Hitze zum Kochen bringen und etwa 1 Min. kochen lassen. Beiseite stellen.

2 In einem Topf Ghee erhitzen und Grieß bei mittlerer Hitze in etwa 10 Min. goldbraun anrösten. Dabei ständig rühren, damit der Grieß gleichmäßig bräunt.

3 Rosinen waschen und trockentupfen. Gesüßte Milch, Rosinen, Mandelstifte und Kardamom zum Grieß geben. Bei mittlerer Hitze unter ständigem Rühren etwa 3 Min. kochen lassen, bis die Masse eindickt.

4 Sooji Halwa in Dessertschälchen verteilen und warm oder kalt servieren. (Je kälter das Dessert wird, um so fester wird es auch.)

Info: Sooji Halwa ist die am häufigsten gegessene indische Nachspeise.

Tips! Hübsch sieht es aus, wenn Sie das Halwa mit Rosinen, Pistazien, Mandeln oder auch etwas Obst garnieren. Der Grießpudding hält sich im Kühlschrank mehrere Tage.

Obstkrapfen

Aus Indien · Gelingt leicht

Phaler Bora

Zutaten für 4 Portionen:
150 ml Milch
250 g frisches Obst nach Geschmack (z. B. Ananas, Bananen, Äpfel, Birnen oder mehrere Sorten)
150 g Weizenmehl (Type 405)
2 TL Milchpulver
¼ TL Backpulver
1 TL Zimtpulver
1 TL Kardamompulver
300 g Ghee, ersatzweise Butterschmalz
1–2 EL Puderzucker

Zubereitungszeit: 30 Min.

Pro Portion: 1600 kJ/380 kcal

1 Milch in einem Topf bei schwacher Hitze erwärmen. Sie soll nur etwa lauwarm sein.

2 Obst (je nach verwendeter Sorte) waschen und schälen. Gewaschenes Obst abtropfen lassen. Früchte in 3–4 cm große Stücke schneiden.

3 Mehl, Milchpulver, Backpulver, Zimt und Kardamom in eine Schüssel geben, warme Milch hinzufügen und alles zu einem dickflüssigen Teig verrühren.

4 Ghee in einem flachen Topf erhitzen. Das Ghee ist heiß genug, wenn ein Teigtropfen, den Sie hineingeben, zischend nach oben steigt. Die Obststücke in den Teig tauchen und portionsweise im Ghee in 3–4 Min. goldbraun backen. Nach etwa 2 Min. wenden und von der anderen Seite backen.

5 Obststücke mit einem Schaumlöffel herausnehmen und in einem Sieb kurz abtropfen lassen. Puderzucker durch ein Sieb darüber streuen. Obstkrapfen warm servieren.

Amaretti

Aus Italien · Gelingt leicht

Mandelmakronen

Zutaten für etwa 35 Stück:
250 g geschälte Mandeln
200 g Zucker
1 TL Bittermandelaroma
4 Eiweiß
1 EL Butter
1 EL Mehl

Zubereitungszeit: 1 ¼ Std.

Pro Stück: 300 kJ/71 kcal

1 Mandeln fein mahlen, mit 150 g Zucker und dem Bittermandelaroma mischen.

2 4 Eiweiß zu steifem Schnee schlagen, dabei restlichen Zucker einrieseln lassen. Löffelweise die Mandelmasse unterziehen, dann glattrühren.

3 Backofen auf 150° vorheizen. Backblech fetten, mit dem Mehl bestäuben.

4 Makronenmasse in einen Spritzbeutel mit glatter Tülle füllen, etwa walnußgroße Häufchen auf das Backblech setzen (oder Makronen mit einem Teelöffel abstechen).

5 Makronen im Backofen (Mitte; Gas Stufe 1) 30–45 Min. backen, bis sie ganz leicht braun gefärbt sind.

Variante: Torta agli amaretti (Amarettitorte): Aus 300 g Mehl, 150 g Zucker, 1 Prise Salz, 150 g Butter, 2 Eiern und der abgeriebenen Schale von ½ Zitrone einen Mürbeteig kneten. Mit ⅔ des Teiges eine Springform von 26 cm Durchmesser auskleiden. 150 g Amarettibrösel, 100 g eingeweichte Sultaninen, 10 g grob gehackte Walnüsse, 4 EL Amarettolikör, 1 Msp. Zimt und 100 g Aprikosenmarmelade gut mischen. Mit dieser Masse die Torte füllen. Aus dem restlichen Teig einen Deckel ausrollen, auflegen, mit Eigelb bestreichen, etwa 40 Min. bei 220° (Mitte; Gas Stufe 4) backen.

Panna cotta

Aus Italien

Gestürzte Sahnecreme

Zutaten für 4 Portionen:
2 Blatt weiße Gelatine
500 g Sahne
1 Vanilleschote
50 g Zucker

Für den Karamelsirup:
100 g Zucker

Zubereitungszeit: 20 Min.
(+ 3–4 Std. Gelieren)

Pro Portion: 800 kJ/190 kcal

1 Die Gelatine in kaltem Wasser einweichen. Sahne in einen Topf geben, Vanilleschote längs mit einem Messer aufschlitzen, Mark herauskratzen. Vanillemark, -schote und Zucker in die Sahne geben. Bei ganz schwacher Hitze langsam aufkochen und dann zugedeckt etwa 15 Min. köcheln lassen.

2 Anschließend Topf vom Herd ziehen, Vanilleschote entfernen. Eingeweichte Gelatineblätter tropfnaß in die Sahne geben und unter Rühren vollständig auflösen.

3 Sahne in 4 kleine, kalt ausgespülte Förmchen füllen und im Kühlschrank in 3–4 Std. fest werden lassen.

4 Für den Karamelsirup den Zucker mit knapp 1/8 l Wasser bei schwacher Hitze köcheln lassen, bis eine braune Karamelsauce entsteht.

5 Sahnecreme auf Dessertteller stürzen und mit dem Karamelsirup beträufeln.

Tip! Die Panna cotta schmeckt auch sehr gut, wenn Sie der Sahne vor dem Gelieren 2 cl Marsala untermischen. Sie können die Creme statt mit Karamelsirup auch mit frischen Früchten garnieren.

Mousse au chocolat

Aus Frankreich · Schnell fertig

Schokoladenschaum

Zutaten für 4 Portionen:
150 g Zartbitter-Kuvertüre
4 Eiweiß (von ganz frischen Eiern)
1 TL Puderzucker

Zubereitungszeit: 20 Min.

Pro Portion: 900 kJ/210 kcal

1 Kuvertüre mit dem Messer zerkleinern oder grob raspeln. Bei sehr schwacher Hitze, am besten im Wasserbad, zum Schmelzen bringen.

2 Eiweiß mit Puderzucker steif schlagen. Dickflüssige Schokoladenmasse vorsichtig unter den Eischnee ziehen.

3 Die Mousse auf Portionsteller oder Gläser verteilen und servieren.

Variante: Die folgende Variante ist aufwendiger und auch kalorienreicher: 400 ml sehr gut gekühlte Sahne schlagen. Nach Geschmack mit Puderzucker und Vanillezucker süßen. 75 g Schokolade mit 1–2 EL Wasser schmelzen, 75 g Puderzucker und 2 EL Wasser hinzufügen, einmal aufkochen. Vollkommen abkühlen lassen, mit der Schlagsahne mischen.

Tip! Mousse au chocolat mit Schokoladenraspeln, gehackten Pistazienkernen oder etwas Schlagsahne dekorieren.

Wichtiger Hinweis: Bitte verwenden Sie nur ganz frische Eier von freilaufenden Hühnern, um das Salmonellenrisiko zu verringern.

Crème renversée au caramel

Aus Frankreich · Etwas schwieriger

Karamelcreme

Zutaten für 4 Portionen:
20 g Butter
6 EL Zucker
4 Eier
1 Päckchen Vanillezucker
400 ml Milch

Zubereitungszeit: 45 Min.
(+ 1 Std. Kühlen)

Pro Portion: 1300 kJ/310 kcal

1 Butter in einer Stielkasserolle zerlassen. 5 EL Zucker und 3 EL Wasser dazugeben. Zucker unter Umrühren bei schwacher Hitze karamelisieren lassen. Die Masse soll hellbraun, aber nicht zu dunkel werden, da sie sonst bitter schmeckt. Karamelmasse auf 4 Portionsförmchen verteilen.

2 Backofen auf 180° (Gas Stufe 2) vorheizen.

3 Eier mit restlichem Zucker und Vanillezucker schaumig rühren. Milch aufkochen lassen, dann nach und nach über die Eier gießen. Alles gut verrühren. Mischung durch ein feines Sieb in die Förmchen gießen.

4 Einen flachen Topf mit kaltem Wasser füllen. Portionsförmchen mit der Eier-creme hineinstellen und im Wasserbad im Backofen (Mitte) in 25–30 Min. stocken lassen. Die Creme ist gar, wenn sie dem Druck des Fingers standhält.

5 Creme abkühlen lassen. Ränder mit einem Messer von den Förmchen lösen, Creme stürzen. Die am Boden klebende Karamelmasse mit 2–3 EL Wasser loskochen und über die Creme gießen.

Rote Grütze mit Sahne

Aus Dänemark · Sommerdessert

Rødgrød med fløde

Zutaten für 4–6 Portionen:
je 250 g Himbeeren, rote und schwarze Johannisbeeren
1/4 l Johannisbeersaft · 80 g Zucker
25 g Speisestärke · 250 g Sahne
Zubereitungszeit: 45 Min. (+ 1 Std. Kühlen)
Bei 6 Portionen pro Portion: 1100 kJ/260 kcal

1 Beeren waschen, Stiele und Stielansätze entfernen. Zwei Drittel der Früchte mit dem Saft in einen Topf füllen. Zucker dazugeben, bei schwacher Hitze aufkochen und etwa 5 Min. köcheln lassen. Die Beeren durch ein feines Sieb streichen und das Püree wieder in den Topf füllen. Die Speisestärke mit 1/8 l kaltem Wasser anrühren, zum Püree geben und weitere 3 Min. köcheln lassen. Nach etwa 1 Min. die restlichen Beeren dazugeben.

2 Die Grütze in eine Schüssel füllen, abkühlen lassen und für mind. 1 Std. in den Kühlschrank stellen. Je nach Geschmack entweder mit flüssiger oder leicht geschlagener Sahne servieren.

Rahmwaffeln

Aus Schweden · Gelingt leicht

Rommevafler

Zutaten für 8 Stück:
500 g frische Beeren (z.B. Johannisbeeren, Brombeeren)
100 g weiche Butter · 5 EL Zucker
1 TL abgeriebene Schale von 1 unbehandelten Zitrone
6 cl schwarzer Johannisbeerwodka
2 Eier
Mark von 1 Vanilleschote
150 g Mehl · 250 g saure Sahne
Salz · Fett für das Waffeleisen
Zubereitungszeit: 1 Std.
Pro Stück: 1300 kJ/310 kcal

1 Beeren waschen, Stiele und Stielansätze entfernen. 1 EL Butter erhitzen und die Beeren darin etwa 10 Min. bei mittlerer Hitze zugedeckt dünsten, nach etwa 5 Min. 2 EL Zucker und Zitronenschale dazugeben. Wodka untermischen, aufkochen, vom Herd nehmen, Sauce abkühlen lassen.

2 Die Eier trennen. Restliche Butter mit restlichem Zucker schaumig rühren. Das Vanillemark mit den Eigelben darunterschlagen.

3 Das Mehl dazusieben, saure Sahne und 1 Prise Salz unterrühren. Den Teig etwa 15 Min. zugedeckt quellen lassen. Die Eiweiße in einem fettfreien Gefäß mit 1 Prise Salz steif schlagen und vorsichtig unter den Waffelteig heben.

4 Das Waffeleisen einfetten, jeweils etwa 2–3 EL Teig hineingeben und nacheinander 8 Waffeln goldgelb ausbacken. Warm oder kalt mit der Beerensauce servieren.

Pflaumencreme

Aus Finnland · Gelingt leicht

Luumukermahyytelö

Zutaten für 4 Portionen:
400 g Pflaumen · 1 EL Zitronensaft
4 Blatt weiße Gelatine
1 ganz frisches Ei · 65 g Zucker
1 TL Vanillezucker · 250 g Sahne
zum Garnieren: Pflaumenspalten
Zubereitungszeit: 30 Min. (+ 2 Std. Kühlen)
Pro Portion: 1500 kJ/360 kcal

1 Pflaumen waschen, entsteinen, dann mit Zitronensaft im Mixer pürieren. Gelatine etwa 5 Min. in kaltem Wasser einweichen. Ei mit Zucker und Vanillezucker schaumig schlagen.

2 Sahne steif schlagen. Gelatine ausdrücken, in einen kleinen Topf geben, im leicht siedenden Wasserbad auflösen und unter das Pflaumenpüree rühren. Eiercreme mit zwei Drittel der Schlagsahne gleichmäßig unterheben.

3 Die Creme in eine Schüssel füllen und für etwa 2 Std. kalt stellen. Mit der restlichen Schlagsahne sowie Pflaumenspalten garnieren und servieren.

Pochierte Kokoscreme

Aus Südthailand · Braucht etwas Zeit

Sang Kajah Nah Gati

Zutaten für 4–5 Portionen:
10 Eier
1 Dose ungesüßte Kokosmilch (400 ml) + 1 kleine Dose ungesüßte Kokosmilch (165 ml)
500 g Palmzucker, ersatzweise brauner Zucker
2 EL Reismehl
¼ TL Salz
Spritzbeutel mit Sterntülle

Zubereitungszeit: 25 Min. (+ 50 Min. Garen + 1 Std. Abkühlen)

Bei 5 Portionen pro Portion: 2100 kJ/500 kcal

1 Eier gut miteinander verquirlen. In einer anderen Schüssel die große Dose Kokosmilch mit Palmzucker gründlich verrühren, so daß eine zähflüssige Masse entsteht. Eier hinzufügen und langsam unterrühren. Schaum an der Oberfläche mit einem Löffel vorsichtig abnehmen (sonst wird die Creme löchrig), dann die Masse in 4–5 Portionsförmchen füllen.

2 Backofen auf 150° (Gas Stufe 1) vorheizen. Förmchen in eine Saftpfanne oder eine große Auflaufform stellen. Saftpfanne oder Auflaufform vorsichtig bis etwa 1 cm unter dem Förmchenrand mit warmem Wasser auffüllen und in den Backofen (Mitte) geben. Eiermasse in etwa 50 Min. stocken lassen. Anschließend abkühlen lassen.

3 Inzwischen die kleine Dose Kokosmilch mit Reismehl und Salz gut verrühren, in einem kleinen Topf unter ständigem Rühren aufkochen lassen und bei mittlerer Hitze etwa 2 Min. köcheln lassen, bis eine Creme entstanden ist. Abkühlen lassen, in einen Spritzbeutel mit Sterntülle füllen und die Kokoscreme damit garnieren.

Info: Bei dieser Creme ist Ei das Bindemittel. Durch die Wärme stocken die Eier, und die Kokoscreme wird fest. Das Wasserbad darf keinesfalls kochen, da die Creme dann löchrig wird.

Tip! Servieren Sie die Kokoscreme entweder lauwarm oder gut gekühlt.

Kokosnuß

Aus keimenden Kokosnüssen entwickeln sich später prächtige Palmen.

Auf riesigen Plantagen wachsen in Thailand Kokosnüsse, die auf sehr vielfältige Weise in der Küche verwendet werden. Kokosmilch ist die aus dem geriebenen Fruchtfleisch reifer Kokosnüsse und Wasser gewonnene Flüssigkeit, die für sehr viele Gerichte benötigt wird. Da Kokosnüsse bei uns recht teuer sind und die Herstellung der Kokosmilch etwas mühsam ist, sollten Sie besser die qualitativ sehr gute Kokosmilch aus der Dose nehmen. Oben setzt sich durch längeres Stehen eine dicke Schicht ab, diese wird ebenfalls verwendet. Es gibt die Dosen in allen Asien-Läden und auch einigen gut sortierten Supermärkten. Achten Sie beim Einkauf der Dosenkokosmilch darauf, daß der Inhalt ungesüßt ist, denn die gesüßte Kokosmilch eignet sich nur zur Herstellung einiger weniger Desserts und für Drinks.

Bayerische Creme

Aus Deutschland · Gut vorzubereiten

Eier-Sahne-Creme, geliert

Zutaten für 4 Portionen:
2 Blatt helle Gelatine
1 Vanilleschote
3 ganz frische Eigelb
70 g Zucker
1 EL Kirschwasser
300 g Sahne
Für das Püree:
300 g Himbeeren
2 EL Zucker
2 cl Himbeergeist

Zubereitungszeit: 40 Min.
(+ 6 Std. Kühlen)

Pro Portion: 1700 kJ/400 kcal

1 Gelatineblätter in kaltem Wasser etwa 5 Min. einweichen, bis sie weich und glibberig sind. Die Vanilleschote längs halbieren und das Mark, die kleinen schwarzen Kernchen, auskratzen.

2 In einer Schüssel die Eigelbe mit Zucker verrühren, Vanillemark dazugeben und mit dem Schneebesen so lange kräftig schlagen, bis eine dicke, hellschaumige Masse entstanden ist.

3 Gelatine in einem kleinen Töpfchen tropfnaß bei schwacher Hitze mit dem Kirschwasser auflösen, einige Löffel Sahne unterrühren.

4 Die flüssige Gelatine kräftig unter die Eigelbmasse rühren. Die restliche Sahne steif schlagen und mit einem Schneebesen locker unter die Eimasse heben.

5 Die Creme in vier kalt ausgespülte Portionsförmchen füllen und 4–6 Std. zugedeckt im Kühlschrank kalt stellen.

6 Für das Himbeerpüree die Beeren kurz waschen und gut abtropfen lassen. Pro Portion etwa 10 schöne Beeren zum Garnieren zur Seite legen, die restlichen Beeren durch ein feines Sieb streichen. Püree dann mit Zucker und Himbeergeist verrühren und kühl stellen.

7 Zum Servieren die Förmchen kurz in heißes Wasser tauchen und auf Dessertteller stürzen. Mit dem Himbeerpüree umgießen und mit den zur Seite gelegten Früchten garnieren.

Wichtiger Hinweis: Bitte verwenden Sie nur ganz frische Eier von freilaufenden Hühnern, um das Salmonellenrisiko zu verringern.

Getränke: Zu dieser feinen Süßspeise paßt eine edelsüße Riesling-Auslese, zum Beispiel aus dem Rheingau, oder eine halbtrockene Scheurebe Spätlese aus der Rheinpfalz.

Info: Die Bayerische Creme, in Süddeutschland auch »Rahmsulz« genannt, ist eines der wenigen deutschen Desserts, das Eingang in die internationale Küche gefunden hat – als »Crème bavaroise« ist sie weltweit bekannt. Das verwundert um so mehr, wenn man sich die sonst vorwiegend unkomplizierte bayerische Küche ansieht. Dieses Dessert wird in den feinsten Restaurants serviert, oft noch mit geschmolzener Schokolade und gezuckerten Beeren garniert.

Apple Pie

Aus England · Braucht etwas Zeit

Apfelkuchen

Zutaten für 8 Stücke, für eine Pieform von etwa 24 cm Ø:

Für den Teig:

250 g Mehl · 1 Msp. Backpulver
1/2 TL Salz
2 EL Zucker · 1 Ei
60 g eiskalte Butter
Fett für die Form
Mehl für die Arbeitsfläche

Für die Füllung:

750 g Äpfel (säuerliche Sorte)
Saft und Schale von 1/2 unbehandelten Zitrone
3 EL Zucker
1/2 TL Nelken, gemahlen
Puderzucker zum Bestäuben

Zubereitungszeit: 50 Min. (+ 30 Min. Ruhen + 40 Min. Backen)

Pro Stück: 1000 kJ/240 kcal

1 Für den Teig das Mehl in eine Schüssel sieben, Backpulver, Salz und Zucker hinzufügen. Das Ei trennen, das Eigelb, die Butter in Flocken und 3 EL kaltes Wasser dazugeben und alles zu einem geschmeidigen Teig verarbeiten. Zu einer Kugel formen und zugedeckt etwa 30 Min. im Kühlschrank ruhen lassen.

2 Inzwischen für die Füllung die Äpfel schälen, vierteln, Kerngehäuse entfernen, Apfelviertel in dünne Scheiben schneiden. Mit dem Zitronensaft beträufeln und mit der abgeriebenen Zitronenschale, dem Zucker und dem Nelkenpulver in einer Schüssel mischen.

3 Den Backofen auf 175° vorheizen. Die Pieform einfetten. Zwei Drittel des Teiges auf einer bemehlten Arbeitsfläche ausrollen und den Boden der Form damit auslegen. Die Äpfel so darauf verteilen, daß dabei außen rundum ein etwa 2 cm breiter Rand freibleibt. Das Eiweiß leicht schlagen und den Rand damit bestreichen.

4 Das zurückbehaltene Drittel Teig bis auf einen kleinen Rest zu einer Platte in Größe der Form ausrollen und über die Äpfel legen. Den Rand mit einer Gabel fest zusammendrücken. In der Mitte der Teigplatte ein kreisförmiges Loch von etwa 2 cm Durchmesser ausstechen. Aus dem restlichen Teig Blätter formen und die Oberfläche damit verzieren.

5 Im Backofen (Mitte; Umluft 160°) etwa 40 Min. backen. Noch lauwarm mit Puderzucker bestäuben. Mit Custard (dicke Vanillesauce) oder Schlagsahne servieren.

Stachelbeercreme

Aus England · Erfrischend

Gooseberry Fool

Zutaten für 4 Portionen:

750 g frische Stachelbeeren oder 2 Gläser Stachelbeeren (à 395 g Abtropfgewicht)
100–150 g Zucker
250 g Sahne

zum Garnieren:

Sahne, Puderzucker, Stachelbeeren und Minzeblättchen

Zubereitungszeit: 15 Min. (+ 30 Min. Garen + 30 Min. Kühlen)

Pro Portion: 1800 kJ/430 kcal

1 Von den frischen Stachelbeeren die Stielansätze entfernen, Beeren waschen und abtropfen lassen. Eingelegte Stachelbeeren in ein Sieb schütten, abtropfen lassen, Saft dabei auffangen.

2 Für die frischen Stachelbeeren 1/2 l Wasser mit 50 g Zucker in einem Topf bei starker Hitze aufkochen. Die Stachelbeeren dazugeben und bei mittlerer Hitze im Topf offen 30 Min. köcheln lassen. Stachelbeeren aus dem Glas mit 3/4 l der Abtropfflüssigkeit und 100 g Zucker etwa 20 Min. offen köcheln lassen.

3 Den Stachelbeerbrei in ein Sieb abgießen, durchpassieren und das Püree abkühlen lassen. Die Sahne mit 50 g Zucker steif schlagen und unter das Püree heben. Die Creme in Gläser füllen und mindestens 30 Min. kalt stellen. Nach Belieben mit geschlagener Sahne, Puderzucker, Stachelbeeren und Minzeblättchen garnieren.

Tip! Statt der Stachelbeeren können Sie auch jede andere Beerensorte, je nach Saison, verwenden.

Lotoskern-Mousse

Aus China · Gelingt leicht

Lian Zi Xian Nai Lu

Zutaten für 4–6 Portionen:
150 g Lotoskerne, getrocknet oder aus der Dose
100 g Zucker
1/4 l frische Milch
3 EL Speisestärke

Zubereitungszeit: 15 Min. (+ 40 Min. Kochen)

Bei 6 Portionen pro Portion: 810 kJ/190 kcal

1 Lotoskerne kalt abspülen, eventuell von den grünen Keimen befreien. In einem Topf etwa 300 ml Wasser zum Kochen bringen, Lotoskerne darin etwa 1 Min. sprudelnd kochen. Dann mit einem Schaumlöffel herausnehmen, abtropfen lassen und das Wasser aus dem Topf abgießen.

2 Etwa 400 ml frisches Wasser in den Topf geben, Lotoskerne hineingeben, alles zum Kochen bringen. Dann bei mittlerer Hitze etwa 30 Min. kochen. Danach Zucker dazugeben und etwa 10 Min. weiterkochen.

3 Dann die Milch dazugeben, kurz aufkochen lassen. Speisestärke mit 4 EL Wasser anrühren, untermischen, alles gut durchrühren und servieren.

Tip! Diese Süßspeise wird besonders gern nach einem üppigen Essen serviert. Die Speisestärke können Sie auch durch 4 EL Stärkemehl aus Lotoswurzeln (Ou Fen), mit 6 EL Wasser angerührt, ersetzen. Es ist im Asienladen erhältlich und hat ein sehr erfrischendes Aroma.

Gefüllte Klebreis-Klößchen

Aus China · Gelingt leicht

Dou Sha Tang Yuan

Zutaten für 4 Portionen:
250 g Klebreismehl
(Shui Mo Nuo Mi Fen)
250 g Bohnenpaste (Tian Dou Sha)

Zubereitungszeit: 30 Min.
(+ 10 Min. Abkühlen)

Pro Portion: 1100 kJ/260 kcal

1 Das Klebreismehl mit etwa 100 ml heißem Wasser verrühren, bis ein geschmeidiger Teig entsteht. Dann etwa 10 Min. abkühlen lassen und den Teig kneten, bis er elastisch ist. Den Teig zu einer Rolle von etwa 2 cm Durchmesser formen. Die Rolle in 25 etwa gleich große Stücke schneiden und sie mit einem feuchten Tuch abdecken.

2 Mit der Hand ein Teigstück zu einer Teigscheibe von etwa 6 cm Durchmesser formen, dabei den Rand etwas dünner als die Mitte formen.

3 Je 1 TL süße Bohnenpaste in die Mitte einer Teigscheibe geben, Teigrand um die Füllung herum vorsichtig schließen. Eventuell entstehende Risse im Teig zusammendrücken.

4 In einem Topf 1 ½ l Wasser zum Kochen bringen. Die gefüllten Klößchen vorsichtig hineingeben. Vorsichtig umrühren, damit die Klößchen nicht am Topfboden festkleben. So lange kochen, bis sie an die Oberfläche steigen. Dann 150 ml kaltes Wasser dazugeben und nochmals aufkochen lassen. Anschließend die Klößchen mit einem Schaumlöffel herausholen und in Schälchen servieren.

Variante: Sie können die Klebreis-Klößchen auch mit Schweinehackfleisch füllen und als Dim Sum servieren. Für die Füllung 250 g Schweinehackfleisch mit Reiswein, Salz und feingehacktem Ingwer vermischen.

Reismehl-Mandel-Pudding

Aus Syrien · Geht schnell

Muhallabiye

Zutaten für 4 Portionen:
50 g Reismehl
700 ml Milch
50 g Zucker
100 g geschälte, gemahlene Mandeln
1 EL Rosenwasser (Apotheke)
je 2–4 EL gehackte Pistazienkerne und Granatapfelkerne zum Garnieren, nach Geschmack

Zubereitungszeit: 30 Min. (+ 2 Std. Kühlen)
Pro Portion: 1600 kJ/380 kcal

1 Das Reismehl in 100 ml kalter Milch glattrühren. Die restliche Milch mit dem Zucker unter ständigem Rühren zum Kochen bringen. Dann die Milch vom Herd nehmen und die Reismehl-Milch-Mischung klümpchenfrei in die heiße Milch rühren.

2 Milch wieder zum Kochen bringen und bei mittlerer Hitze offen unter ständigem Rühren etwa 5 Min. kochen. Dann die Mandeln und das Rosenwasser unterrühren und den Pudding vom Herd nehmen.

3 Das Dessert unter gelegentlichem Rühren leicht abkühlen lassen, dann in Portionsschüsselchen verteilen. Den Reismehl-Mandel-Pudding im Kühlschrank kalt stellen. Vor dem Servieren mit den gehackten Pistazien eine grüne Umrandung auf den Puddig streuen, die Granatapfelkerne in die Mitte geben.

Grießkuchen

Aus Jordanien · Gelingt leicht

Basbusa

Zutaten für 1 flache Kuchenform von 28 cm Ø, für 20 Stücke:
300 g Zucker
4 EL Orangenblütenwasser (Apotheke)
2 EL Zitronensaft
500 g Hartweizengrieß
150 g weiche Butter
1 Tütchen Backpulver
1/2 TL Zimtpulver · Salz
150 g säuerlicher Joghurt (z.B. Bulgara-Joghurt), ohne Molke
25 g Pinienkerne

Zubereitungszeit: 40 Min. (+ 1 Std. 10 Min. Backen)

Pro Stück: 750 kJ/180 kcal

1 Für den Sirup 400 ml Wasser mit dem Zucker aufkochen und unter Rühren bei mittlerer Hitze offen etwa 15 Min. leicht einkochen lassen. Dann vom Herd nehmen, Orangenblütenwasser und 1 EL Zitronensaft einrühren und den dünnflüssigen Sirup abkühlen lassen.

2 Backofen auf 175° vorheizen. Für den Kuchen den Grieß in eine Schüssel geben. Mit der Butter, dem Backpulver, Zimt, Salz und 1 EL Zitronensaft verkneten. Joghurt dazugeben und gut unterkneten, so daß ein geschmeidiger Teig entsteht.

3 Den Teig in die Form geben und glattstreichen. Mit einem spitzen Messer Rauten von 5 x 5 cm markieren, dabei nicht bis zum Formboden durchschneiden. In die Mitte jeder Raute 1 Pinienkern drücken. Den Kuchen im Backofen (Mitte; Umluft 160°) etwa 40 Min. backen.

4 Dann den Kuchen aus dem Ofen nehmen und die markierten Rauten nachschneiden, diesmal bis zum Formboden durchschneiden. Etwa 30 Min. weiterbacken, bis der Grießkuchen eine satte goldbraune Färbung bekommen hat.

5 Kuchen aus dem Ofen nehmen und sofort mit dem erkalteten Sirup tränken. Dabei die Flüssigkeit nach und nach über den Grießkuchen geben und einziehen lassen. Alles abkühlen lassen und in der Form servieren. Ein Täßchen Mokka und ein Glas Wasser dazu reichen.

Engelshaar-Dessert

Aus der Türkei · Gelingt leicht

Künefe

Zutaten für 4 Portionen:
125 g Zucker
1 EL Zitronensaft
250 g Tel kadayıfı
(frische Engelshaar-Teigfäden, siehe Tip)
60 g Butter + Butter für die Förmchen
100 g Dil peyniri
(ersatzweise Mozzarella)
2 EL gehackte Pistazien

Zubereitungszeit: 45 Min.
(+ 20 Min. Backen)

Pro Portion: 2300 kJ/550 kcal

1 Zuerst einen dünnflüssigen Sirup herstellen. Dazu Zucker mit 1/8 l Wasser in einem Topf zum Kochen bringen, Zitronensaft dazugießen und bei mittlerer Hitze etwa 10 Min. ohne Deckel kochen. Sirup abkühlen lassen.

2 Engelshaar-Teigfäden etwa 15 Min. zwischen zwei feuchte Küchentücher legen, damit sie geschmeidiger werden.

3 Backofen auf 200° (Gas Stufe 3) vorheizen. 4 Portionsförmchen von etwa 12 cm Durchmesser oder 4 ofenfeste Dessertteller mit Butter ausstreichen. Fadenteig in 8 gleich große Häufchen teilen. Jeweils 1 Portion in die Förmchen legen. Butter zerlassen und die Hälfte mit einem großen Pinsel auf die 4 Teigportionen tupfen. Käse würfeln und auf dem Teig verteilen. Mit dem übrigen Teig den Käse bedecken, andrücken und mit der restlichen Butter bepinseln.

4 Dessert im vorgeheizten Backofen (Mitte) etwa 20 Min. backen, bis der Teig sich bräunt. Das heiße Dessert mit dem kalten Sirup begießen, 1/2 Min. einziehen lassen, mit Pistazien bestreuen und heiß servieren.

Tip! Engelshaar-Teig gibt es frisch – dann ist er am besten – in Folie eingeschweißt, aber auch vorgebacken im Karton. Diesen vor Verwendung leicht mit Wasser einsprühen, mit einem feuchten Tuch bedecken und dann verarbeiten.

Hochzeitsreis

Aus der Türkei · Braucht etwas Zeit

Zerde

Zutaten für 4–6 Portionen:
125 g Milchreis
1 Tütchen Safranfäden oder gemahlener Safran (100 mg)
200 g Zucker
1 EL Speisestärke
50 g Pinienkerne
1 reifer roter Granatapfel
50 g weiche Rosinen
2 EL Rosenwasser (Apotheke)

Zubereitungszeit: 1 Std. (+ 30 Min. Garen)

Bei 6 Portionen pro Portion: 1300 kJ/310 kcal

1 Reis in einem Sieb abspülen und abtropfen lassen. Safran in 3 EL heißem Wasser etwa 5 Min. einweichen. Reis mit 1 ¹/₄ l Wasser und Zucker zum Kochen bringen. Nach dem Aufschäumen Reis zugedeckt bei schwacher Hitze etwa 25 Min. garen.

2 Safran mit dem Einweichwasser unterrühren. Speisestärke mit wenig kaltem Wasser glattrühren und nach der Garzeit mit dem Schneebesen unter den Reis mischen, aufkochen, bis eine dickliche Masse entstanden ist. Wird sie zu fest, nach Bedarf noch ¹/₈ l Wasser unterrühren und kurz aufkochen.

3 Reis in Desserschälchen füllen. Pinienkerne in der trockenen Pfanne etwa 3 Min. bei schwacher Hitze leicht anrösten und abkühlen lassen. Granatapfel rund um den Blütenansatz im Abstand von 3 cm mit einem scharfen Messer einritzen und die Schale wie einen Deckel abnehmen. Von oben nach unten rundherum vier Linien einritzen und die Frucht aufbrechen. Die süßen Kerne aus den bitteren Fruchtkammern lösen. Rosinen heiß waschen und trockentupfen. Jede Portion streifen- oder sternförmig mit Rosinen, Pinien- und Granatapfelkernen garnieren und mit etwas Rosenwasser beträufelt kalt servieren.

Info: Wie der Name schon sagt, reicht man diese Süßspeise traditionell an Hochzeiten.

Käseplätzchen

Aus Griechenland · Braucht etwas Zeit

Kalizúnia

Zutaten für 40 Stück für 2 große Bleche:
3 Eier · 80 ml Olivenöl
125 g Zucker · 100 g Joghurt
500 g Mehl und Mehl zum Ausrollen
Salz · 1 Päckchen Backpulver
1 Eigelb zum Einpinseln
100 g Sesamsamen zum Bestreuen
Für die Füllung:
700 g Frischkäse, ungesalzen (45% Fett i.Tr., z.B. Ricotta)
150 g Zucker · 2 EL Honig
1 knapper EL Zimtpulver
Butter für das Blech

Zubereitungszeit: 1 Std. (+ 1 Std. Ruhen + 1 Std. Backen)

Pro Stück: 530 kJ/130 kcal

1 Eier, Olivenöl, Zucker und Joghurt mit dem elektrischen Handrührer gründlich verquirlen. Mehl mit Salz und Backpulver vermischen, einen Teil unterrühren, den Rest unterkneten. Den Teig in Frischhaltefolie verpackt etwa 1 Std. ruhen lassen.

2 Inzwischen für die Füllung Frischkäse durch ein Sieb drücken und geschmeidig rühren. Zucker, Honig und Zimt gründlich untermischen. Backofen auf 180° (Gas Stufe 2) vorheizen. Den Teig in 4–5 Teile schneiden. Während ein Teil dünn ausgerollt wird, den anderen Teig wieder einpacken, damit er nicht austrocknet.

3 Mit einem Glas von etwa 10 cm Durchmesser Kreise ausstechen. In die Mitte 1 TL Füllung geben, leicht verstreichen. Zwei Seiten je 2 cm über die Füllung klappen, so daß in der Mitte 2 cm frei bleiben. Die beiden anderen Seiten genauso nach innen klappen, so daß Quadrate entstehen. Auf diese Weise alle Plätzchen formen.

4 Ein großes Backblech einfetten und den ersten Teil der Plätzchen im Abstand von etwa 2 cm darauf legen. Eigelb mit 2 EL Wasser verquirlen, die übergeklappten Teigränder einpinseln und mit Sesam bestreuen. Die in der Mitte sichtbare Käsefüllung bleibt frei. Die Plätzchen im Ofen (Mitte) etwa 30 Min. backen, bis sie sich goldgelb zu färben beginnen. Dann die restlichen Plätzchen genauso backen.

Mandelgebäck

Aus Nordgriechenland · Festlich

Kourabiédes

Zutaten für 8 Portionen, für 40 Stück:
200 g weiche Butter und Butter für das Blech · 150 g Zucker
1 Päckchen Vanillezucker
1 EL Oúzo · 2 Eier
Salz · 375 g Mehl
125 g Mandeln, gemahlen
40 Gewürznelken
4 EL Rosen- oder Orangenblütenwasser
250 g Puderzucker

Zubereitungszeit: 2 Std.

Bei 40 Stücken pro Stück: 450 kJ/110 kcal

1 Butter schmelzen, mit dem Zucker in eine Schüssel geben und schaumig rühren. Vanillezucker, Oúzo, Eier und Salz hinzufügen und gründlich verrühren. Mehl darauf sieben, Mandeln dazugeben und unterrühren, zuletzt unterkneten, bis ein geschmeidiger Teig entstanden ist. Zugedeckt etwa 20 Min. in den Kühlschrank stellen. Den Backofen auf 180° (Gas Stufe 2) vorheizen.

2 Das Backblech mit Butter einfetten. Den Teig zu einer Rolle formen und pflaumengroße Stücke abnehmen. Diese zu ovalen Plätzchen formen und auf das Backblech setzen. Die Oberflächen mit einem Messerrücken leicht abflachen, in jede Mitte eine Gewürznelke stecken. Plätzchen im Ofen (Mitte) etwa 20 Min. backen, bis sie leicht Farbe annehmen.

3 Die noch warmen Plätzchen mit Rosen- oder Orangenblütenwasser leicht einpinseln. Reichlich Puderzucker auf einen tiefen Teller geben, die Plätzchen darin wenden, so daß sie damit dick bedeckt sind. Zucker leicht andrücken und die Plätzchen auf eine Platte legen.

Info: Rosen- und Orangenblütenwasser können Sie in griechischen Spezialitätengeschäften kaufen.

Mandeltorte

Aus Spanien · Für Gäste

Torta de almendras

Zutaten für 8–12 Stücke,
für 1 Springform von 26 cm Ø:
Für den Teig:
200 g Mehl
50 g Zucker
100 g Butter
1 Ei · 1 EL Milch

Für die Füllung:
150 g Mandeln, ungeschält
4 Eier
50 g Zucker
4 EL Cream Sherry
abgeriebene Schale von
1 unbehandelten Zitrone
1 Prise Salz

Zubereitungszeit: 25 Min.
(+ 30 Min. Ruhen + 30 Min. Backen)

Bei 12 Stücken pro Stück:
1300 kJ/310 kcal

1 Aus Mehl, Zucker, Butter, Ei und Milch einen Mürbeteig kneten. Den Teig zur Kugel formen und etwa 30 Min. im Kühlschrank ruhen lassen.

2 Mandeln mit kochendem Wasser überbrühen, in ein Sieb schütten und mit eiskaltem Wasser abschrecken. Die Mandeln durch Fingerdruck aus den braunen Schalen drücken, trockentupfen und fein mahlen. Eier trennen. Eigelb und Zucker schaumig schlagen. Gemahlene Mandeln, Cream Sherry und abgeriebene Zitronenschale untermischen.

3 Eiweiß mit Salz zu sehr steifem Schnee schlagen. Den Eischnee gleichmäßig unter die Masse heben. Dann den Backofen auf 220° (Gas Stufe 4) vorheizen.

4 Form einfetten, den Teig auf einer bemehlten Arbeitsfläche ausrollen. Die Form sorgfältig damit auskleiden und einen etwa 3 cm hohen Rand formen. Mandelmasse gleichmäßig auf dem Teig verteilen und glattstreichen. Kuchen im vorgeheizten Backofen (Mitte) etwa 30 Min. backen. Falls die Oberfläche zu dunkel wird, mit Alufolie abdecken. Die Mandeltorte auf einem Küchengitter abkühlen lassen.

Tip! Die Mandeltorte schmeckt ganz frisch und mit Sahne besonders köstlich.

Mandeln werden vom Baum geschlagen und in Netzen aufgefangen.

Mandeln

Mandeln waren ursprünglich in Asien beheimatet. Sie sind die Samen der pfirsichartigen Früchte des Mandelbaumes. Nach Spanien wurden sie von den Mauren gebracht und sind seither aus der spanischen Küche nicht mehr wegzudenken. Für zahlreiche süße wie salzige Gerichte sind sie eine unverzichtbare Zutat. Es gibt grundsätzlich zwei Arten von Mandeln, die süßen Mandeln und die Bittermandeln. Süße werden ungeschält, geschält, gestiftelt, gemahlen sowie gehackt und gehobelt verkauft. Saucen bekommen beispielsweise ein unverwechselbares Aroma und gelingen besonders gut, wenn man sie mit feingemahlenen Mandeln bindet. Es ist aber empfehlenswert, ungeschälte Mandeln zu kaufen. Sie sind durch ihre dünne braune Haut geschützt und haben so Frische und Aroma besser behalten als die aus der Tüte. Bittermandeln werden nur in ganz kleinen Dosen als Geschmackszutat verwendet.

Apfelstrudel

Aus Österreich · Berühmtes Rezept

Strudel aus Äpfeln und Rosinen

Zutaten für etwa 12 Portionen:
200 g Mehl + Mehl zum Ausrollen
1Ei
1 EL Öl + Öl zum Bestreichen
1 Prise Salz
etwa 3 EL lauwarmes Wasser
60 g Rosinen · 2 EL Rum
140 g Butter
80 g Semmelbrösel
1½ kg säuerliche Äpfel (zum Beispiel Boskop oder Gravensteiner)
etwa 100 g Zucker
1 TL Zimtpulver
Puderzucker zum Bestreuen

Zubereitungszeit: 1½ Std. (+ 40 Min. Backen)

Pro Portion: 1200 kJ/290 kcal

1 Mehl hügelartig auf eine Arbeitsfläche sieben. In die Mitte eine Mulde drücken. Ei hineinschlagen, Öl und Salz hinzufügen. Alles von außen nach innen zu einem glatten Teig verkneten, dabei nach und nach so viel Wasser dazugießen, bis der Teig von mittelfester Konsistenz ist. Den Strudelteig mit dem Handballen etwa 15 Min. durchkneten, bis er seidig glänzt. Den Teig zu einer Kugel formen, mit Öl bestreichen und unter einer umgestülpten Schüssel etwa 30 Min. ruhen lassen.

2 Inzwischen Rosinen waschen, trockentupfen, mit Rum beträufeln und zugedeckt beiseite stellen. 40 g Butter in einer Pfanne erhitzen, die Semmelbrösel darin unter Rühren goldbraun braten. Dann auskühlen lassen. Äpfel schälen, von den Kerngehäusen befreien und in ganz dünne Scheibchen hobeln oder schneiden. Zucker auf einem Teller mit Zimtpulver vermischen. Wenn die Äpfel sehr sauer sind, etwas mehr Zucker verwenden.

3 Auf einen Tisch ein großes Tuch legen und gleichmäßig mit Mehl bestreuen. Den Teig darauf so dünn wie möglich ausrollen. Dann den Strudelteig mit beiden bemehlten Handrücken vorsichtig anheben und langsam von der Mitte nach außen ziehen. Der Teig soll so durchsichtig sein, daß man eine

darunterlegelegte Zeitung lesen könnte. Die dicken Teigkanten wegschneiden.

4 100 g Butter in einer Pfanne zerlassen. Ein Backblech dünn damit bestreichen, den Rest zum Bestreichen beiseite stellen. Den Backofen auf 200° vorheizen (Gas Stufe 3).

5 Geröstete Semmelbrösel auf etwa zwei Drittel des Teiges streuen, dabei an den beiden Seiten (den späteren Strudelenden) einen etwa 3 cm breiten Rand freilassen. Das freie Teigdrittel mit zerlassener Butter bestreichen. Apfelscheiben auf den Bröseln verteilen. Zimtzucker und Rosinen darüber streuen. Die Seitenränder einschlagen, damit die Fülle nicht auslaufen kann. Das Tuch anheben und den Strudel zum freien Drittel hin einrollen. Strudel mit der Nahtstelle nach unten, eventuell in U-Form, auf das gefettete Backblech gleiten lassen.

6 Den Apfelstrudel mit zerlassener Butter bepinseln und im Backofen (Mitte) in 35–45 Min. goldbraun backen. Den Strudel während der Backzeit etwa alle 10 Min. mit zerlassener Butter bestreichen.

7 Den Apfelstrudel in 4–5 cm breite Stücke schneiden und, mit Puderzucker bestreut, am besten noch warm servieren.

Variante: Wachauer Marillenstrudel
Anstelle der Äpfel 1½ kg entkernte, halbierte Marillen (Aprikosen) verwenden. Rosinen und Rum weglassen. Backzeit etwa 45 Min.

Engadiner Nußtorte

Aus der Schweiz · Knusprig

Mürbeteigtorte mit Nußfüllung

Zutaten für 12 Stücke, für 1 Springform von 26 cm Ø:
300 g Mehl · 1 Prise Salz
200 g kalte Butter
300 g Zucker · 1 Ei
250 g Walnußkerne, grob gehackt
250 g Sahne
2 EL Honig
Mehl für die Arbeitsfläche
Fett für die Form
1 EL rotes Johannisbeergelee

Zubereitungszeit: 1 Std. (+ 1 Std. Backen)

Pro Stück: 2200 kJ/520 kcal

1 Mehl auf eine Arbeitsfläche sieben, mit dem Salz vermischen, in der Mitte eine Mulde formen. Butter kleinschneiden, auf dem Rand verteilen. 150 g Zucker mit dem Ei in der Mulde verrühren, dann alles rasch zu einem geschmeidigen Teig verkneten, zur Kugel formen und etwa 30 Min. zugedeckt in den Kühlschrank stellen.

2 Inzwischen restlichen Zucker in einer beschichteten Pfanne ohne Fett unter Rühren bei mittlerer Hitze hellbraun karamelisieren lassen. Die Walnüsse untermischen. Nach etwa 3 Min. Sahne dazugeben und etwa 5 Min. einkochen lassen. Honig unterrühren. Vom Herd nehmen, abkühlen lassen. Den Backofen auf 180° vorheizen.

3 Zwei Drittel des Teiges auf einer bemehlten Arbeitsfläche etwa 1/2 cm dick ausrollen und einen Kreis von etwa 30 cm Durchmesser ausschneiden. Die Form einfetten, mit dem Teig auslegen und dabei einen etwa 3 cm hohen Rand formen. Teigboden dünn mit Johannisbeergelee bestreichen. Die Nußmischung gleichmäßig darauf verteilen. Den überstehenden Teigrand auf die Füllung drücken.

4 Restlichen Teig ausrollen und einen Deckel in der Größe der Springform ausschneiden. Teigrand mit etwas Wasser befeuchten, Teigdeckel darauf legen und mit einer Gabel mehrmals einstechen. Torte im Backofen (Mitte; Umluft 160°) etwa 1 Std. backen.

Rüeblitorte

Aus der Schweiz · Braucht etwas Zeit

Möhrentorte

Zutaten für 8–12 Stücke, für 1 Springform von 26 cm Ø:
4 Eier · 1 unbehandelte Zitrone
200 g Zucker · 300 g Möhren
250 g Mandeln, gemahlen
75 g Mehl
1 gestrichener TL Backpulver
1/2 TL Zimt, gemahlen
1 Prise Nelken, gemahlen · Salz
2 EL Kirschwasser · Fett für die Form
3 EL Aprikosenkonfitüre
150 g Puderzucker · 2 EL Zitronensaft
nach Belieben Marzipanrübchen

Zubereitungszeit: 1 Std. (+ 1 Std. Backen)
Bei 12 Stücken pro Stück: 1300 kJ/310 kcal

1 Eier trennen. Zitrone heiß waschen, abtrocknen und etwa 1 EL von der Schale abreiben. Die Eigelbe mit dem Zucker und der Zitronenschale in eine Schüssel füllen und mit den Schneebesen des Handrührgeräts cremig schlagen. Den Backofen auf 180° vorheizen.

2 Möhren schälen, waschen und auf einer Gemüsereibe fein raspeln. Sofort mit den Mandeln unter die Eiercreme mischen. Das Mehl mit dem Backpulver mischen. Zusammen mit dem Zimt, Nelkenpulver, 1 Prise Salz und Kirschwasser in den Teig rühren. Die Eiweiße in einem fettfreien Gefäß steif schlagen und vorsichtig unter die Masse heben.

3 Springform einfetten, den Teig hineingeben, glattstreichen und im Backofen (Mitte; Umluft 160°) etwa 1 Std. backen.

4 Dann den Kuchen herausnehmen, etwas abkühlen lassen und auf ein Kuchengitter stürzen. Die Aprikosenkonfitüre in einem kleinen Topf erwärmen und die Oberfläche der Torte damit bestreichen.

5 Für die Glasur Puderzucker und Zitronensaft verrühren und die Torte damit überziehen. Nach Belieben mit Marzipanrübchen verzieren.

Pumpkin Pie

Aus Amerika · Braucht etwas Zeit

Kürbiskuchen

Zutaten für 12 Portionen, für eine Pie-Form von 25 cm Ø:
Für den Boden:
250 g Mehl · 1/2 TL Salz
1/2 TL Zucker
100 g Kokos-Plattenfett oder Schweineschmalz · 1 Ei
2 EL Obstessig
3–4 EL eiskaltes Wasser
Für die Füllung:
etwa 700 g Kürbis (oder 400 g geputztes Kürbisfleisch)
125 g Crème double · 1/8 l Milch
175 g brauner Zucker
1/4 TL Zimtpulver
1 Msp. Nelkenpulver
1 Msp. Ingwerpulver
etwas Muskatnuß, frisch gerieben
3 Eier · Fett für die Form

Zubereitungszeit: 1 Std. (+ 1 Std. Ruhen + 1 Std. Backen)

Pro Portion: 1400 kJ/330 kcal

1 Das Mehl mit Salz, Zucker, Fett oder Schmalz, Ei, Essig und Wasser rasch verkneten. Den Teig zu einer Kugel formen, in Klarsichtfolie wickeln und mindestens 1 Std. in den Kühlschrank legen.

2 Inzwischen das Kürbisfleisch würfeln, mit etwa 100 ml Wasser in einen Topf geben. Das Kürbisfleisch zugedeckt in etwa 15 Min. weich kochen.

3 Das Kürbisfleisch in ein Sieb abgießen und sehr gut abtropfen lassen. Mit den übrigen Zutaten für die Füllung gründlich verrühren.

4 Den Backofen auf 200° vorheizen. Die Pie-Form gründlich fetten. Den Teig zwischen zwei Lagen Klarsichtfolie zu einem etwa 26 cm großen dünnen Kreis ausrollen, die Pie-Form mit dem Teig auskleiden. Am Rand überstehenden Teig abschneiden und andrücken.

5 Den Tortenboden mit einer Gabel mehrfach einstechen. Die Kürbiscreme darauf gießen. Die Pie im Ofen (Mitte, Gas Stufe 3, Umluft 180°) etwa 1 Std. backen.

Peach Cobbler

Aus Amerika · Gelingt leicht

Pfirsichauflauf

Zutaten für 8 Portionen, für eine feuerfeste Form von 20 x 20 cm:
Für die Füllung:
8 große Pfirsiche
125 g brauner Zucker
3–4 Tropfen Bittermandelöl
2 EL zerlassene Butter
1 EL Mehl
Für den Teig:
150 g Mehl
1 Prise Salz · 6 EL Zucker
Muskatnuß, frisch gerieben
60 g Butter · 7–8 EL Milch
Mehl zum Ausrollen
200 g Sahne

Zubereitungszeit: 40 Min. (+ 45 Min. Backen)

Pro Portion: 1300 kJ/310 kcal

1 Den Backofen auf 200° vorheizen. Die Pfirsiche waschen. Wasser in einem Topf aufkochen, die Pfirsiche darin 3–4 Min. bei schwacher Hitze köcheln. Die Früchte dann herausheben, häuten, halbieren und entsteinen.

2 Die Pfirsichhälften in dicke Spalten schneiden, mit braunem Zucker, Bittermandelöl, zerlassener Butter und Mehl mischen und in die Form geben.

3 Für den Teig das Mehl mit Salz, Zucker und ein wenig Muskatnuß vermischen. Butter würfeln und dazugeben, unter das Mehl kneten. Dann so viel Milch dazugeben, bis der Teig glatt, aber nicht klebrig ist.

4 Den Teig auf der leicht bemehlten Arbeitsfläche ausrollen, dann über die Pfirsiche legen, am Rand andrücken. Das Dessert im Backofen (Mitte, Gas Stufe 3, Umluft 180°) in etwa 45 Min. goldbraun backen. Sahne steif schlagen. Mit der Sahne kalt oder warm servieren.

Tip! Statt der Pfirsichspalten können Sie auch entsteinte Sauerkirschen verwenden. Die Kirschen müssen dafür vor dem Backen mit Sago oder Stärke angedickt werden.

Zuccotto

Aus Italien

Eisbiskuit

Zutaten für 4–6 Portionen, für eine Springform von 26 cm Ø:

Für den Biskuit:
4 Eier
120 g Puderzucker
1 TL Vanillezucker
40 g Speisestärke
40 g Mehl
Butter und Mehl für die Form

Für die Füllung:
60 g geschälte Mandeln
60 g geschälte Haselnüsse
120 g Zartbitterschokolade
2 EL Weinbrand
2 EL Amaretto (Mandellikör)
750 g Sahne
80 g Puderzucker
Kakaopulver und Puderzucker zum Bestäuben

Zubereitungszeit: 2 Std. (+ mindestens 6 Std. Kühlen)

Bei 6 Portionen pro Portion: 3700 kJ/880 kcal

1 Eier trennen. Eigelb, Puderzucker und Vanillezucker schaumig schlagen. Backofen auf 180° vorheizen. Eiweiß steif schlagen, vorsichtig unter die Eimasse ziehen. Speisestärke und Mehl nach und nach unterheben.

2 Form fetten, mit Mehl bestreuen. Teig einfüllen, im Backofen (Mitte; Gas Stufe 2) in 25–30 Min. goldgelb backen. Aus der Form nehmen, auskühlen lassen.

3 Mandeln und Nüsse in beschichteter Pfanne goldbraun rösten und grob hacken. Schokolade raspeln.

4 Eine halbkugelige Schüssel von etwa 1 ½ l Inhalt mit Folie auskleiden.

5 Den Biskuit längs in etwa 1 cm dicke Scheiben schneiden. Diese mit einer Mischung aus Weinbrand und Amaretto beträufeln und mit dem größten Teil davon die Schüssel bis zum Rand auslegen.

6 Die Sahne mit dem Puderzucker steif schlagen, Mandeln, Nüsse und Schokolade unterziehen. Sahnemasse in die mit dem Biskuit ausgelegte Schüssel geben, glattstreichen, mit restlichen Biskuitscheiben abdecken. Mindestens 6 Std., evtl. über Nacht, in den sehr kalten Kühlschrank stellen.

7 Den »Zuccotto« auf eine Tortenplatte stürzen, Folie abziehen, »Zuccotto« mit Hilfe eines kleinen Siebes dick mit Kakaopulver bestäuben. Dann aus Papier 8–10 gleich große Keile schneiden. Diese als Schablonen sternförmig auf den »Zuccotto« verteilen, die freien Stellen dick mit Puderzucker bestäuben.

Tip! Statt mit Amaretto und Weinbrand können Sie den Biskuit auch mit einer Mischung aus Maraschino, Rum und Orangenlikör beträufeln.

Kouglhopf Glace Williams

Aus Frankreich · Gut vorzubereiten

Birnenparfait in Gugelhupfform

Zutaten für 6–8 Portionen, für eine Gugelhupfform von 1,5 l Inhalt:
6 Birnen (z.B. Williams-Christ-Birne, etwa 800 g)
4–6 EL Korinthen
1/8 l Birnenschnaps (Eau-de-vie Poire Williams)
1–2 EL Mandelblättchen
8 ganz frische Eigelb
400 g Zucker · 600 g eiskalte Sahne
Kakaopulver zum Bestäuben

Zubereitungszeit: 30 Min. (+ 24 Std. Marinieren + 12 Std. Einfrieren)

Bei 8 Portionen pro Portion: 2500 kJ/600 kcal

1 Birnen waschen, schälen, vierteln, Kerngehäuse entfernen und Birnen fein würfeln. Korinthen waschen und trockentupfen. Beides getrennt voneinander mit jeweils der Hälfte des Schnapses etwa 24 Std. marinieren.

2 Form auf dem Boden mit Mandeln auslegen. Eigelbe mit Zucker schaumig schlagen. Birnen, nach Belieben mit oder ohne Schnaps pürieren. Korinthen trockentupfen und mit dem Birnenpüree unter die Eiercreme geben. Sahne in einer eiskalten Schüssel steif schlagen, mit einem Spatel vorsichtig unter die Birnen-Eiercreme-Mischung heben. Diese Masse in die Gugelhupfform füllen und für mind. 12 Std. einfrieren.

3 Danach Gugelhupfform kurz in heißes Wasser tauchen, Birneneis stürzen. Mit Kakaopulver bestäuben und sofort servieren. Am Tisch aufschneiden.

Tip! Wem das Parfait zu viel Arbeit macht, kann die abgetropften, marinierten Birnen und Korinthen auch unter etwa 1 kg cremiges Vanille-Eis rühren, wie angegeben in eine Form füllen und für mind. 4 Std. einfrieren.

Wichtiger Hinweis: Bitte verwenden Sie nur ganz frische Eier von freilaufenden Hühnern, um das Salmonellenrisiko zu verringern.

Truffes

Aus Frankreich · Gelingt leicht

Schokoladentrüffel

Zutaten für 32 Trüffel:
250 g Zartbitterschokolade (mit über 50% Kakaogehalt)
2 ganz frische Eigelb
2–3 EL Puderzucker
100 g ganz frische Butter
1–2 EL Crème fraîche
nach Belieben 1 TL Rum
4 EL Kakaopulver, ungezuckert
32 Papiermanschetten

Zubereitungszeit: 30 Min. (+ 7 Std. Kühlen + 30 Min. Formen)

Bei 32 Trüffeln pro Trüffel: 320 kJ/76 kcal

1 Schokolade in einen Topf geben und im heißen Wasserbad auflösen. Währenddessen Eigelbe in einer Schüssel mit dem Schneebesen oder Handrührgerät schaumig schlagen. Puderzucker dazugeben und weiterrühren. Topf aus dem heißen Wasser nehmen. Butter würfeln und unter die Schokolade rühren. Eiercreme, Crème fraîche und nach Belieben Rum dazugeben. Die Schokoladenmasse mit einem Holzlöffel glattrühren, auf eine Alufolie geben und in einer Plattengröße von etwa 10 x 20 cm wie ein (flaches) Stück Butter einpacken. Dann mindestens 6 Std. kühl stellen.

2 2 EL Kakaopulver auf eine Arbeitsfläche sieben. Schokolade auspacken und darauf legen. Mit restlichem Kakao bestäuben. Schokoladenplatte mit einem Messer längs in 8, quer in 4 Streifen teilen. Diese Würfel im Kakaopulver zu kleinen Kugeln rollen, bis sie gut mit Kakao bedeckt sind. Trüffel in kleine Papiermanschetten legen und mindestens 1 Std. kühlen.

Varianten: Sie können die Trüffel statt mit Rum auch mit Orangenlikör, Kirschwasser oder einem Schuß starken Espresso aromatisieren und nach Belieben auch in Puderzucker wälzen.

Tips! Die Trüffel halten sich in einer geschlossenen Schachtel im Kühlschrank so lange, wie die Eier ganz frisch sind. Zimmerwarm schmecken die Schokoladentrüffel am besten.

Wichtiger Hinweis: Bitte verwenden Sie nur ganz frische Eier von freilaufenden Hühnern, um das Salmonellenrisiko zu verringern.

Crêpes Suzette

Aus Frankreich · Raffiniert

Eierkuchen mit Grand Marnier

Zutaten für 4 Portionen:
¼ l Milch
6 EL Mehl
2 Eier
½ TL + 2 EL Zucker
Salz
4 EL + 1 TL Butter
Saft und abgeriebene Schale von 1 unbehandelten Orange
4 cl Grand Marnier

Zubereitungszeit: 45 Min. (+ 2 Std. Ruhen)

Pro Portion: 1400 kJ/330 kcal

1 Milch erwärmen. Mehl in eine Schüssel sieben. In die Mitte eine Mulde drücken. 1 Ei hineingeben. Das andere Ei trennen. Eigelb ebenfalls zum Mehl geben. Eiweiß beiseite stellen. ½ TL Zucker und 1 Prise Salz hinzufügen. Zutaten mit einem Holzlöffel vermengen. Milch in kleinen Portionen dazugeben, umrühren, damit sich keine Klümpchen bilden. Teig soll dünnflüssig sein.

2 Teig für etwa 2 Std. kühl, jedoch nicht in den Kühlschrank stellen.

3 Danach Eiweiß steif schlagen, vorsichtig unter den Teig ziehen.

4 In einer Pfanne mit sehr glattem Boden etwas Butter zerlassen und dünn verteilen. So viel Teig durch Hin- und Herschwenken in der Pfanne verteilen, daß die Crêpe hauchdünn wird. Auf beiden Seiten hellbraun backen, zweimal zusammenfalten, warm stellen. Mit dem restlichen Teig ebenso verfahren.

5 In einem Pfännchen 1 TL Butter erhitzen, jedoch nicht bräunen lassen. 2 EL Zucker dazugeben, leicht karamelisieren lassen. Orangenschale und Orangensaft dazugeben. Erhitzen. Die Hälfte des Grand Marnier in die heiße Sauce rühren. Die gefalteten Crêpes in die Pfanne legen, mit der Sauce beschöpfen. Restlichen Likör leicht anwärmen, über das Gericht gießen und flambieren. Dabei vorsichtig hantieren, damit Sie sich nicht verbrennen.

6 Crêpes auf Portionstellern anrichten, mit der Sauce übergießen. Sofort servieren.

Variante: Crêpeteig nach Rezept zubereiten, mit einem Schuß Kirschwasser parfümieren. Nach dem Backen dünn mit Aprikosenmarmelade bestreichen, zusammenfalten. Mit Puderzucker bestreuen und mit Kirschwasser flambieren.

Tip! Das Flambieren gelingt am besten, wenn die Crêpes sehr heiß sind.

Zuppa inglese

Aus Italien · Raffiniert

Biskuit-Creme-Dessert

Zutaten für 6 Personen, für eine feuerfeste Form von 28 cm Ø:
1 Vanilleschote
½ l Milch
150 g Zucker und 1 EL Zucker
3 ganz frische Eigelb
2 ganz frische Eier
50 g Zartbitter-Schokolade
150 g ungesalzener, weicher Ricotta
50 g kandierte, gehackte Früchte
1 fertiggekaufter, dünner Biskuitboden (oder 200 g Löffelbiskuits)
2 EL Alchermes-Likör oder Rum
3 ganz frische Eiweiß

Zubereitungszeit: 45 Min.

Pro Stück: 2000 kJ/480 kcal

1 Die Vanilleschote längs aufschlitzen, das Mark auskratzen und in eine Metallschüssel geben. In einem Topf die Schote mit der Milch und 50 g Zucker aufkochen, dann beiseite stellen. Eigelbe, Eier und 100 g Zucker zum Vanillemark in die Schüssel geben. Mit dem elektrischen Handrührer oder Schneebesen zu einer schaumigen Creme rühren. Die leicht abgekühlte Milch darunterrühren (Vanilleschote vorher entfernen).

2 In einem großen Topf Wasser aufkochen, Metallschüssel hineinsetzen und die Eiermilch über dem köchelnden Wasser mit dem Schneebesen schlagen, bis sie cremig wird. Die Schüssel aus dem Wasserbad nehmen und die Creme erkalten lassen. Den Elektrogrill vorheizen. Die Schokolade hacken. Ricotta durch ein Sieb passieren. Schokolade, Ricotta und kandierte Früchte unter die Eiercreme mischen. Biskuitboden in Streifen schneiden und mit Likör oder Rum beträufeln (oder die Löffelbiskuits). In die Form abwechselnd Biskuitstreifen (oder Löffelbiskuit) und Creme schichten.

3 Eiweiß mit 1 EL Zucker zu steifem Schnee schlagen, die »Zuppa« damit abdecken. Im Backofen (Mitte) 20–30 Sek. überbacken. Die Baisermasse darf sich nur leicht bräunen. Das Dessert in der Form sofort servieren.

Wichtiger Hinweis: Bitte verwenden Sie nur ganz frische Eier von freilaufenden Hühnern, um das Salmonellenrisiko zu verringern.

Info: Man kann das Dessert auch im vorgeheizten Backofen bei 250° (Umluft 220°) in 1–2 Min. leicht bräunen.

Ricotta

In den Backstuben des Südens ist er unverzichtbar, der ungesalzene, quarkähnliche Ricotta, auch Ricotta di pecora oder Ricotta tipo dolce genannt, ein Frischkäse aus Schafkäsemolke. Er wird hauptsächlich in den traditionellen Pecorino-Gebieten hergestellt, auf den Inseln Sizilien und Sardinien, wie auch in der Provinz Latium. In Nord- und Mittelitalien gewinnt man Ricotta aus Kuhmilch und aus Kuh- und Büffelmilch gemischt. Kuhmilch-Ricotta liegt im Fettgehalt bei etwa 35% i. Tr., niedriger als Ricotta aus der fettreicheren Schafmilch (etwa 48% i.Tr.) und erreicht auch nicht seinen feinen, typischen Geschmack. Schafmilch-Ricotta kommt vor allem im Frühjahr und Frühsommer auf die süditalienischen Märkte, die meisten traditionellen Osterkuchen, dazu zählte ursprünglich auch die Cassata siciliana, sind mit Ricotta zubereitet. Ricotta salata ist aus Kuhmilch, gesalzen und durch längeres Abtropfen im Körbchen schnittfest. Man ißt ihn auch im Süden gerne zu Brot oder auf Salat oder nimmt ihn zum Füllen von herzhaften Teigtaschen. Ricotta salata kommt auch geräuchert oder gebacken auf den Markt. Gereiften Ricotta tipo forte und den harten Ricotta secca, beide aus Schafmilch, serviert man ebenfalls zu Brot oder reibt sie über ein Gericht.

Ricotta ist für die Küche des Südens nahezu unentbehrlich.

Glossar

Ananas: Produktinfo S. 41

Auberginen: Produktinfo S. 85

Avocado: Produktinfo S. 15

Austernsauce: Wichtig für thailändische Gerichte ist diese braune salzige Sauce, die aus Austernextrakt, Salz und Sojasauce hergestellt wird. Sie bekommen sie in Asien-Läden.

Bambusdämpfer-Ersatz: Wenn Sie keinen Bambusdämpfer haben, können Sie einen normalen Dämpfeinsatz verwenden. Sie können aber auch eine hitzebeständige Tasse in einen passenden Topf stellen, etwa 5 cm hoch Wasser angießen. Dann einen Teller mit dem Fleisch, Gemüse oder Fisch auf die Tasse stellen und den Topf zudecken. Das Gargut so bei starker Hitze dämpfen, eventuell ab und zu Wasser nachgießen.

Bleu d'Auvergne: Produktinfo S. 32

Brocciu (korsischer Käse): Produktinfo S. 197

Cheddar-Käse: Cheddar ist eigentlich ein englischer Hartkäse aus dem gleichnamigen Dorf in Südwestengland. Er hat ein nußartiges Aroma, das mit zunehmendem Alter intensiver wird. Der aus Kuhmilch hergestellte Käse hat normalerweise eine weißlich-gelbe Farbe. Für den Export bestimmter Cheddar ist oft mit einem natürlichen Farbstoff leuchtend orange gefärbt. Cheddar wird heute auch in vielen anderen Ländern produziert; der deutsche Cheddar heißt Chester.

Chicorée: Produktinfo S. 211

Çörekotu: siehe Schwarzkümmel

Dil peyniri: wörtlich Zungenkäse, der in Zungenform oder in Strängen geflochten angeboten wird. Der türkische Käse ist ungesalzen, zart schmelzend und wird auch für Desserts verwendet. Ersatzweise können Sie Ricotta verwenden.

Fischsauce: Wichtig in der thailändischen Küche ist die Fischsauce (Naam Plaah), eine dünne, bräunliche und salzige Sauce, die aus Fisch, Krabben und Salz hergestellt wird. Die fermentierten Fische lagern mindestens ein Jahr in Fässern. Je länger, um so besser und teurer wird die Sauce. Sie hat einen sehr intensiven Duft und wird zum Abschmekken aller Thai-Gerichte oder als Salzersatz benutzt. Zur Not können Sie die Fischsauce auch weglassen.

Galgant: Produktinfo siehe S. 64

Garam Masala: Eine indische Gewürzmischung, die Sie im Asienladen fertig kaufen können. Sie können sie auch selber machen:
1 EL Koriandersamen, 1 EL Kreuzkümmelsamen, 1 TL schwarze Pfefferkörner, 5 grüne Kardamomkapseln und 5 cm Zimtrinde sowie 6 Nelken in einer kleinen Pfanne bei mittlerer Hitze unter Rühren anrösten, bis sie angenehm duften. Gewürzmischung dann auf einem Teller abkühlen lassen. Die abgekühlten Gewürze in 2-3 Portionen in einer elektrischen Kaffeemühle oder im Mixaufsatz der Küchenmaschine pulverfein mahlen. In einem Glas mit einem festen Verschluß aufbewahren.

Ghee: Die indische Bezeichnung für Butterschmalz. Ghee ist als Kochfett in der indischen Küche sehr verbreitet.

Gravièra-Käse: Griechischer pikanter, halbfester oder fester Käse aus Schaf- oder Kuhmilch. Name und Art sind vom französisch/schweizerischen Gruyère/Greyerzer abgeleitet. Ersatzweise können Sie Gruyère oder Greyerzer verwenden.

Harissa: In der Türkei und in der arabisch-nordafrikanischen Küche ist Harissa (oder Harisa), eine feurige Paste oder ein Püree, zum Würzen unentbehrlich. Harissa sieht wie etwas dunkleres Tomatenpüree aus und schmeckt auch wie sehr scharf abgeschmecktes Tomaten- oder Paprikapüree. Sie bekommen Harissa in Döschen oder Tuben beim Türken oder Griechen. Ein schnel-

Harissa gibt es fertig in Tuben oder Dosen zu kaufen.

ler Ersatz ist Tomatenpüree mit scharfem Paprikapulver verrührt, bis die Masse ziemlich »hot« schmeckt. Sie können Harissa aber auch ganz sachgerecht selbermachen: 50 g frische rote scharfe Chilischoten mit 100 g im Ofen gebackenen roten Paprikaschoten samt Samenkörnern und 6 zerdrückten Knoblauchzehen pürieren. 4 EL Meersalz, je 4 EL frisch gemahlenen Koriander und Kreuzkümmel sowie 10 EL Olivenöl unterrühren. Die Paste in einem Glas, mit Olivenöl bedeckt, kühl aufbewahren.

Kaffir-Zitronenblätter: Die Kaffir-Zitrone ist grün, hat eine runzlige Schale und wenig Saft. In erster Linie werden Blätter und Schale verwendet. Die Blätter haben durch den hohen Gehalt an ätherischen Ölen ein kräftiges Aroma. Als nicht gerade idealen Ersatz können Sie abgeriebene Zitronen- oder Limettenschale verwenden.

Kapern: Produktinfo S. 140

Karamel: In der französischen Küche häufig verwendete Zutat. Helles Karamel gibt man an Süßspeisen, vor allem an Cremes, dunkleres wird verwendet, um Braten einen appetitlichen braunen Glanz zu verleihen.

Kardamom (Kapseln und Pulver): In den dreifächrigen blaßgrünen Kapseln sitzen die kleinen dunkelbraunen bis schwarzen Samen, die im Mörser oder Blitzhacker pulverisiert werden können. So behält der Kardamom sein sehr intensives, leicht scharfes Aroma. Das Gewürz wird für pikante Speisen, aber auch für Süßspeisen und zum Parfümieren des Mokka auf der arabischen Halbinsel und im Vorderen Orient verwendet. Zu kaufen gibt es die Kapseln im asiatischen oder arabischen Lebensmittelhandel, aber auch in größeren Apotheken, die Teemischungen herstellen. Kardamom gibt es auch als Pulver.

Kefalotiri-Käse: Griechischer Käse. Fester pikanter Rohmilchkäse aus Schaf- oder Ziegenmilch, unterschiedlich geformt und gelagert. Wird zum Kochen, Braten und Reiben verwendet. Ersatzweise können Sie mittelalten Gouda verwenden.

Kernöl: Typisches österreichisches Öl. Es wird aus Kürbiskernen hergestellt. Um 1 l Kernöl zu erhalten, werden etwa 2,5 kg Kürbiskerne vermahlen. Kernöl hat eine charakteristische dunkelgrüne Farbe, ein würzig mildes Nußaroma und ist reich an mehrfach ungesättigten Fettsäuren und Vitamin E. Kernöl eignet sich besonders für herzhafte Salate und saure Gerichte mit Fleisch oder Wurst, aber auch zum Verfeinern von Saucen. Kernöl hält sich bei 8–12 °, dunkel gelagert, etwa 9 Monate.
Ersatzweise können Sie kaltgepreßtes Olivenöl verwenden.

Klebreismehl: Aus Klebreis hergestelltes Mehl, das dem Teig eine gummiartige Konsistenz verleiht. Siehe auch → Reismehl.

Kokosmilch: Ist eine aus dem geriebenen Fruchtfleisch reifer Kokosnüsse und Wasser gewonnene Flüssigkeit, die für viele Thai-Gerichte verwendet wird. Sie wird als ungesüßte Kokosmilch in sehr guter Qualität in der Dose angeboten (in Asien-Läden und gut sortierten Supermärkten). Oben setzt sich durch längeres Stehen eine dickliche Schicht ab, die auch mitverwendet wird. Sie erhalten statt der Kokosmilch im Handel alternativ auch sehr gute andere ungesüßte Kokosnußprodukte: Kokoskonzentrat, Kokosmilchpulver (Santen), das mit heißem Wasser verrührt werden muß, oder ungesüßte konzentrierte Kokoscreme.
Kaufen Sie nur ungesüßte Produkte zum Kochen, da die gesüßten sich nur für Drinks und Süßspeisen eignen.

Kokosnuß: Produktinfo S. 243

Kouglhopf, Kougelhof, Kouglof: Hefenapfkuchen mit Rosinen und Mandeln. Spezialität aus dem Elsaß.

Kreuzkümmelsamen: Produktinfo siehe auch S. 76.
Kreuzkümmel, auch Römischer Kümmel oder Cumin genannt, ist eines der wichtigsten Gewürze in der indischen Küche. Die Pflanze ähnelt äußerlich dem Wiesenkümmel: die Samen, die als Gewürz verwendet werden, sind jedoch von bitterscharfem Geschmack und duften nach Kampfer. Es gibt zwei Sorten: den gwöhnlichen Kreuzkümmel und den sogenannten schwarzen Kreuzkümmel, der teurer, aber auch aromatischer ist. Am besten, Sie kaufen die ganzen Samen und mahlen sie bei Bedarf. Der gemahlene Kreuzkümmel hält sich gut verpackt etwa ein Jahr, ohne sein Aroma zu verlieren.
Fertig gemahlenen Kreuzkümmel können Sie aber auch im Handel kaufen (große Supermärkte, sonst türkischer, indischer oder asiatischer Lebensmittelhandel).

Kürbis und Kernöl: Produktinfo S. 45

Kurkuma: Kurkuma, auch Gelbwurz genannt, ist der Wurzelstock der in Südindien beheimateten, mit Ingwer verwandten Kurkumapflanze, die über 2 m hoch wird. Die Wurzeln werden gesäubert, getrocknet und dann im ganzen oder gemahlen angeboten. Gemahlenes Kurkuma hat eine kräftig gelbe Farbe und ist wichtiger Bestandteil des Currypulvers. Kurkuma würzt fast alle indischen Gerichte und ist auch wichtig für die vegetarische Küche. Für das pikante Aroma gibt es leider keinen adäquaten Ersatz. Aber das Kurkumapulver gibt es bereits in größeren Supermärkten zu kaufen, ansonsten im indischen oder asiatischen Lebensmittelhandel.

Lilienblüten sind in der chinesisch-vegetarischen Küche sehr beliebt

In umido: ital. umido = feucht: bedeutet gedünstet oder geschmort in einer Sauce aus Tomaten und kleingeschnittenem Gemüse.

Lilienblüten: Diese getrockneten Blüten der »Gelben Taglilien« sind wegen ihres schönen Duftes sehr beliebt in der chinesischen, vor allem der vegetarischen Küche. Vor der Zubereitung muß man die getrockneten Lilienblüten etwa 10 Min. in warmem Wasser einweichen und dann von den herb schmeckenden Stielen befreien. Sie dürfen nicht zu lange kochen, da sie sonst zerfallen. Für Lilienblüten gibt es keinen Ersatz, Sie können sie aber nach Belieben auch weglassen.

Lotoskerne: Die Lotospflanze, eine Seerosenart, wird in China nicht nur als Zierpflanze gezüchtet. Ihre Kerne, auch Lotossamen genannt, und die Wurzeln werden in China ausgiebig verwendet. Lotoskerne gibt es in Europa getrocknet oder in der Dose zu kaufen. Bei getrockneten Kernen erkennt man die bitteren Keime erst nach dem Kochen. Man kann sie mit einer Nadel oder einem Zahnstocher entfernen. Lotoskerne werden in erster Linie für vegetarische Gerichte und Süßspeisen, entweder als Ganzes oder als süße Paste (Lian Rong) verwendet.

Mais: Produktinfo S. 226

Mandeln: Produktinfo S. 256

Matjes: Produktinfo S. 123

Mexikanische kalte Tomatensauce: So können Sie sie leicht selber machen: 750 g Tomaten kochendheiß überbrühen, häuten und in kleine Würfel schneiden. Mit zwei gehackten Zwiebeln, 2 gehackten Chilischoten, Saft von 1 Limette, Salz, Pfeffer und 1 Bund grob gehacktem Koriander oder Petersilie vermischen.

Mexikanische Rote-Bohnen-Sauce: So können Sie sie leicht selbermachen: 1 Dose Kidneybohnen (250 g Abtropfgewicht) mit der Hälfte ihrer Flüssigkeit pürieren. 1 gehackte Zwiebel in Öl glasig dünsten, 2 Knoblauchzehen dazupressen, kurz mitdünsten. Bohnenpüree dazugeben, etwa 5 Min. offen köcheln. Mit Salz, Pfeffer und Chilipulver kräftig würzen.

Mohnsamen, weißer: Indische Mohnsamen sind weiß und werden zum Andicken von Saucen und für Gewürzmischungen verwendet. In unserem Rezept sind sie leider nicht durch ein anderes Lebensmittel ersetzbar.

Mu-Er-Pilze: Sie werden nur getrocknet angeboten und quellen in Wasser um ein Vielfaches auf. Sie werden zu Suppen und anderen Gerichten verwendet und sollten daher in mundgerechte Stücke zerschnitten werden.

Nudeln (chinesische): Info S. 86

Oliven: Produktinfo S. 29.

Orangenblütenwasser: siehe Rosenwasser

Paprikaflocken (Pulbiber): Türkischer Kırmızı pulbiber ist geschroteter, roter mittelscharfer Paprika. Er sieht wie kleine Plättchen aus und dient zum Würzen von gegrilltem Fleisch und türkischen Pizzen. Ersatzweise können Sie scharfes Paprikapulver oder frische Chili in dünnen Ringen nehmen.

Queso fresco: Mexikanischer Frischkäse, der auf Tacos, in Suppen oder auf Gemüse gestreut wird. Sie können ihn durch griechischen Schafkäse ersetzen.

Ras el-Hanout: Frei übersetzt »Mischung des Ladenbesitzers«, eine Mischung aus mindestens 10 verschiedenen Gewürzen, die in der nordafrikanischen Küche verwendet wird. Für eine einfache Version je 1 TL gemahlenen Ingwer, Kreuzkümmel, Zimt und Koriander, je 1/4 TL geriebene Muskatnuß und Cayennepfeffer mischen. Je 1 TL schwarze Pfefferkörner, 2 Kardamomkapseln und Gewürznelken im Mörser pulverisieren, zu den anderen Gewürzen mischen und nach Rezept verwenden.

Reismehl ist die Basis für Reisnudeln, Klößchen und Süßspeisen.

Reisessig: In der chinesischen Küche verwendet man hellen und – häufiger – dunklen Reisessig. Er wird aus Reis hergestellt. Ersetzen können Sie ihn am ehesten durch italienischen Aceto balsamico, da chinesischer Reisessig milder ist als deutsche Essigsorten.

Reismehl: Feingemahlenes Mehl aus Langkornreis (Thailand) oder Klebreis (China), das in Thailand in erster Linie zum Binden von Saucen, in China für Reisnudeln, Süßspeisen und gefüllte Klößchen verwendet wird. Für die Teigzubereitung wird das Reismehl zunächst mit wenig heißem Wasser verrührt. Bis man den Teig verarbeiten kann, muß die Klebreis-Wasser-Mischung kräftig geknetet werden. Es klebt nur am Anfang stark. Im Asienladen zu kaufen, für thailändische Gerichte ersatzweise Maismehl verwenden.

Reisnudeln: Sie werden aus Reismehl und Wasser hergestellt. Die verschiedenen Sorten von Reisnudeln werden gerne mit anderen Zutaten wie Gemüse oder Fleisch zusammen gebraten. Vor der Zubereitung muß man die Reisnudeln in kaltem oder lauwarmem Wasser einweichen. Sie können sie im Asienladen kaufen. Ersatzweise normale Nudeln verwenden.

Reiswein: Auch als »Shao-Xin-Wein« bekannt. Er wird aus Reis hergestellt und hat die Farbe von Bernstein. Man kann ihn erwärmt – vor allem im Winter – oder bei Zimmertemperatur trinken. Er ist ein wichtiges Würzmittel in der chinesischen Küche. Er kann notfalls durch einen trockenen Sherry ersetzt werden. In der thailändischen Küche wird japanischer Reiswein verwendet, als Ersatz ist auch hier Sherry dry zu empfehlen.

Ricotta: Produktinfo S. 271

Rosenwasser und Orangenblütenwasser: Rosenwasser, aber auch das lieblich duftende Orangenblütenwasser, werden in der griechischen, türkischen und arabischen Küche zum Parfümieren süßer Speisen verwendet, in der arabischen Küche aber auch für pikante Speisen eingesetzt. Die Essenzen sind eigentlich nur Nebenprodukte, die bei der Gewinnung ätherischer Öle durch Wasserdampfdestillation gewonnen werden. Diese wäßrigen Lösungen, Hydrolate genannt, sind schwächer als die ätherischen Öle, enthalten aber dieselben Wirkstoffe und duften und schmecken recht intensiv. Für 1 kg Rosenöl werden 3000 kg Damaszener Rosenblüten benötigt, die in der Türkei, in Marokko und Bulgarien kurz vor Sonnenaufgang gepflückt werden, wenn sie ihren Duft am stärksten entfalten. Orangenblütenwasser wird hauptsächlich in Sizilien destilliert, aber auch im Libanon und in Griechenland. Die Wäs-

Rosen- und Orangenblütenwasser gibt es u. a. in Apotheken.

ser sollen nicht mehr aufgekocht werden, damit man die Duftstoffe nicht zerstört. Sie bekommen die Duftwässer in Apotheken und im griechischen oder türkischen Lebensmittelhandel.

Rosmarin: Produktinfo S. 186

Rote-Bohnen-Sauce: siehe Mexikanische Rote-Bohnen-Sauce.

Safran: Produktinfo S. 60

Salbei: Produktinfo S. 149

Schwarzkümmel (Çörekotu): Der in der türkischen Küche verwendete Schwarzkümmel wird auch römischer Kümmel genannt. Er ist auch bekannt als schwarzer → Kreuzkümmel. Es handelt sich um kleine schwarze, harzig schmeckende Körnchen, die Samen eines Hahnenfußgewächses. In der Türkei bestreut man damit Fladenbrote und salziges Gebäck. Der Çörekotu schmeckt auch gut auf Schafkäse.

Sesamöl: Wird aus gerösteten Sesamsamen gewonnen und in der chinesischen Küche als Würze verwendet. Es schmeckt stark nussig. Bitte kaufen Sie das Sesamöl im Asienladen, das Sesamöl aus dem Reformhaus ist für die chinesischen Gerichte nicht geeignet. Ersatz gibt es hier keinen; wenn Sie keines haben oder kaufen wollen, können Sie es aber auch einfach weglassen.

Sichuan-Pfeffer-Öl: Im Asienladen erhältliches scharfes Öl, ersatzweise normales Speiseöl mit etwas geröstetem Sichuanpfeffer oder Cayennepfeffer verrühren.

Sichuan-Pfefferkörner: Häufig wird der Sichuan-Pfeffer auch unter der Bezeichnung Szechuanpfeffer angeboten. Er wächst nicht am Pfefferstrauch, sondern an einem kleinen Baum. Verwendet werden die Blütenknospen aber wie Pfefferkörner. Ersatzweise normalen Pfeffer verwenden.

Sojabohnenpaste: In der chinesischen Küche gibt es drei Bohnenpasten: Die scharfe (La Dou Ban Jiang), aus gelben und schwarzen Bohnen, Knoblauch und Chilischoten, die salzige Bohnenpaste (Tian Mian Jiang, zu kaufen als »süße gemahlene Bohnenpaste – pikante Sauce«) aus gelben Bohnen und Reismehl, die für Pekingente und Fleischgerichte verwendet wird, und die süße rote Bohnenpaste (Hong Don Sha), aus roten Bohnen und Zucker, die nur für Nachspeisen verwendet wird (sie ist sehr süß).

Sojasprossen und -bohnen sind Basis vieler Sojaprodukte.

Sojasauce: Wichtiges Würzmittel in China, Thailand und Indonesien. Die Sauce wird durch das Fermentieren einer Mischung aus Sojabohnen, Salz, geröstetem Weizen und Hefe gewonnen. Es gibt helle, dunkle, scharfe und sogenannte süße Sojasauce. Die helle Sojasauce ist etwas heller braun als die dunkle und bewahrt die ursprüngliche Farbe der Zutaten besser, die dunkle verleiht den Gerichten einen sehr intensiven Geschmack. Scharfe Sojasauce enthält zusätzlich Chilischoten. Die süße Sojasauce – die eigentlich nur nicht so salzig ist wie die dunkle und auch für pikante Gerichte verwendet wird – ist als Ketchup manis oder Sii Iuh Damm im Handel.

Sternanis: Sehr intensiv schmeckende Anisart. Seinen Namen erhielt dieses Gewürz deshalb, weil die Frucht aus 5–8 rotbraunen, sternartig um eine Mittelachse angeordneten Fruchtteilen besteht. In der chinesischen Küche wird Sternanis überwiegend als ganze Frucht für Fleischgerichte verwendet. Man entfernt sie wieder nach dem Garen. Sternanis kommt auch getrocknet oder gemahlen in den Handel. Ersatzweise können sie normalen Anis verwenden.

Sumak: Es handelt sich hierbei um ein rötlich-violettes, säuerliches Pulver aus der Frucht eines wildwachsenden Busches (lat. Rhus coriaceae); vor allem zum Würzen von Salat. Im türkischen Lebensmittelladen erhältlich. Ersatzweise können Sie etwas Zitronensaft oder Essig verwenden.

Tofu: Tofu ist ein pflanzliches Produkt, das aus Sojabohnen hergestellt wird. Es gibt in Asien mehrere Sorten, und zwar festen und weichen, gelben, weißen und fermentierten, gesalzenen und ungesalzenen. Tofu gibt es im Asien-Laden, aber auch in Reformhäusern.

Tomatensauce, kalte: siehe Mexikanische kalte Tomatensauce

Vinaigrette: Essig-Öl-Mischung mit Salz, Pfeffer und gemischten Kräutern gewürzt. Weitere Zutaten können Senf, harte Eier, Zwiebeln, etc. sein.

Wasserbad: Empfindliche Saucen und Cremes, die Zutaten wie Butter, Eier und Sahne enthalten, können durch zu starke Hitze leicht gerinnen oder anbrennen. Sie werden deshalb in einem Wasserbad zubereitet. Das Gefäß, in dem die Saucen und Cremes hergestellt werden, wird in einen Topf, der mit heißem Wasser gefüllt ist, gehängt und sollte den Topfboden nicht berühren. Aufläufe, Pasteten und Süßspeisen, die im Wasserbad des Backofens gegart werden, stellt man in die mit heißem Wasser gefüllte Fettpfanne, die man vorher mit Küchenpapier ausgelegt hat. Die Förmchen sollten dann etwa zur Hälfte im Wasser stehen.

Wasserkastanien:
Es handelt sich hierbei um die Früchte einer Wasserpflanze, die der Seerose ähnelt. Wasserkastanien enthalten sehr viel Stärke und haben einen besonders erfrischenden, nussigen Geschmack und eine knackige Konsistenz. In China werden die frischen Wasserkastanien, die Anfang Winter geerntet werden, als Obst gegessen oder als Gemüse zubereitet. Als Gemüse sind die Wasserkastanien recht vielseitig. Man kann sie zusammen mit verschiedenen anderen Zutaten kurz in heißem Öl braten oder schmoren. Außerdem werden sie feingehackt als Zutat für Füllungen verwendet. Bei uns gibt es sie im Asien-Laden in Dosen zu kaufen.

Wok und Wok-Ersatz: Der Wok ist ein ideales Küchengerät zur Zubereitung asiatischer Gerichte. Der Wok sollte zuerst erhitzt, dann mit etwas kaltem Öl bestrichen und dann erneut erhitzt werden. Erst dann das restliche Öl dazugeben und mit dem Garen beginnen, denn nun haften auch mit Speisestärke panierte Zutaten nicht an.
Wenn Sie keinen Wok haben, können Sie aber problemlos eine Pfanne verwenden, am besten eine gußeiserne.

Yufka-Teigblätter: Aus Yufka, großen dünnen Teigblättern, werden in der Türkei allerlei herzhafte und – mit hauchdünnen Blättern – süße Pasteten wie Baklava gebacken. In der Türkei werden die dünnen Blätter vom Meister dieses Faches, dem Yufcacı, hergestellt, aber auch von Mädchen und Hausfrauen selbst. Yufka gibt es bei uns im türkischen Lebensmittelhandel zusammengerollt oder gefaltet zu 3 oder 5 Blättern und in Folie verpackt.

Zitrone: Produktinfo S. 133

Zitronenblätter: siehe Kaffir-Zitronenblätter

Zitronengras:
Zitronengras wird in der thailändischen Küche verwendet. Es ist ein schilfähnliches Gras, das bis zu 1 m hoch werden kann. Es ist nicht mit Zitrusfrüchten verwandt. Seinen Namen hat es bekommen, weil es beim Zerreiben einen starken Zitronenduft verströmt. Sie bekommen es im Asienladen. Sie können es tiefgefrieren und sich so einen lange haltbaren Vorrat anlegen. Ein schwacher Ersatz ist die abgeriebene Schale von Limetten oder Zitronen.

Nach traditionellem Rezept backen türkische Frauen Yufka-Teigblätter.

Die Temperaturstufen bei Gasherden
variieren von Hersteller zu Hersteller. Welche Stufe Ihres Herdes der jeweils angegebenen Temperatur entspricht, entnehmen Sie bitte der Gebrauchsanweisung.

Abkürzungen:

TL	= Teelöffel
EL	= Eßlöffel
mind.	= mindestens
Msp.	= Messerspitze
kJ	= Kilojoule
kcal	= Kilokalorie

Menüzusammenstellungen

Hier finden Sie in erster Linie komplette Menüs der verschiedenen Länder, die in diesem Buch vertreten sind. So können Sie sich und Ihre Gäste ganz nach Gusto mit den kulinarischen Traditionen der einzelnen Ländern verwöhnen.

Ab und zu ist ein Menü aus einem bestimmten Land mit einer Speise eines anderen Landes ergänzt, wenn diese Gerichte in beiden Ländern heimisch sind: So gibt es beispielsweise die Leberknödelsuppe sowohl in Österreich als auch in Deutschland, Bayern.

In vielen Fällen eignen sich auch Hauptspeisen in kleineren Mengen sehr gut als Vorspeisen – wundern Sie sich also bitte nicht, wenn z.B. Hechtklößchen einmal als Hauptspeise und einmal als Vorspeise erscheinen.

Gerichte oder Produkte, die ein Sternchen haben, gibt es nicht als Rezepte in diesem Buch. Meist sind sie aber sehr einfach und lassen sich problemlos zubereiten oder man kann sie in Spezialitätengeschäften kaufen, z. B. Baklava gibt es offen im türkischen oder griechischen Spezialitätenladen.

Italienische Menüs

Als Beilage zu italienischen Gerichten schmeckt immer frisches italienisches Brot.

Für Gäste

Carpaccio del Cipriani
(Mariniertes rohes Rinderfilet) 26
Malfatti (Spinatklößchen) 96
mit gemischtem Salat*
Cozze alla paesana
(Miesmuscheln in Tomatensauce) 125
Panna cotta (Gestürzte Sahnecreme)
237

Peperoni all'olio
(Marinierte Paprikaschoten) 28
Cacciuccio alla viareggina
(Gemischter Fischeintopf) 131
Ossobuco (Geschmorte Kalbshaxe) 142, nach Belieben mit Risotto alla milanese, (Safranreis) 74, servieren
Zuppa inglese (Biskuit-Creme-Dessert)
270

Pizzette di patate
(Kleine Pizzen aus Kartoffelteig) 70
Vitello tonnato
(Kalbfleisch mit Thunfischsauce)140
Zuccotto (Eisbiskuit) 264

Minestrone di verdure (Gemüsesuppe) 48
Tonno alla Favignana (Thunfisch nach Art der Insel Favignana) 124
Panna cotta (Gestürzte Sahnecreme) 237

Cacciuccio alla viareggina
(Gemischter Fischeintopf) 131
Anitra ripiena (Gefüllte Ente) 184
Zuccotto (Eisbiskuit) 264

Calzone (Gefüllte Pizzataschen) 70
Saltimbocca alla romana
(Kalbsschnitzel mit Schinken und Salbei) 148
und Salat* oder Verze affogate (Wirsingkohl in Wein gedünstet) 198
Panna cotta (Gestürzte Sahnecreme) 237

Gnocchi al gorgonzola (Kartoffelklößchen mit Sahne und Gorgonzola) 96
Lepre in umido (Hasenragout mit Sauce) 186 mit Salat*
Zuppa inglese
(Biskuit-Creme-Dessert) 270

Vegetarisch

Insalata di funghi (Pilzsalat) 26
Frittata di patate e zucchini (Omelette mit Kartoffeln und Zucchini) 193
Gemischte Früchte*

Pomodori ripieni all'umbra
(Gefüllte Tomaten) 198
Pasta alla Norma (Nudeln mit Auberginen und Tomaten) 84
Erdbeeren mit Sahne*

Mandorlata di pepperoni
(Paprikagemüse mit Mandeln) 228
Gnocchi al gorgonzola (Kartoffelklößchen mit Sahne und Gorgonzola) 96
Fruchtcocktail nach Gusto mit Eierlikör*

Fagioli alla menta
(Weiße Bohnen mit Minze) 229
Crespelle magre (Pfannkuchenrollen mit Spinat) 193
Frische Feigen oder Melone mit Weinschaumsauce*

Mandorlata di pepperoni
(Paprikagemüse mit Mandeln) 228
Frittata di patate e zucchini (Omelette mit Kartoffeln und Zucchini) 193
Amaretti (Mandelmakronen) 236
und Vin Santo oder anderer Dessertwein

Insalata di funghi (Pilzsalat) 26
Pasta alla Norma (Nudeln mit Auberginen und Tomaten) 84
Frische Früchte*

Alltagsmenüs

Minestrone di verdure (Gemüsesuppe) 48
Risotto alla padovana
(Risotto mit Kalbfleisch und Erbsen) 74
Amaretti (Mandelmakronen) 236 mit Espresso und/oder Likör

Malfatti (Spinatklößchen) 96
Pollo alla romana (Huhn auf römische Art) 185
Gemischtes Eis*

Pizzette di patate
(Kleine Pizzen aus Kartoffelteig) 70
Tonno alla Favignana (Thunfisch nach Art der Insel Favignana) 124
Obstsalat mit Maraschino*

Pomodori ripieni all'umbra
(Gefüllte Tomaten) 198
Saltimbocca alla romana
(Kalbsschnitzel mit Schinken
und Salbei) 148
und Salat* oder Verze affogate (Wirsingkohl in Wein gedünstet) 198
Panna cotta (Gestürzte Sahnecreme) 237

Risotto coi funghi (Risotto mit Pilzen) 74
Pollo alla romana (Huhn auf römische Art) 185
Gemischte Beeren mit Eierlikör*

Frittata di patate e zucchini (Omelette mit Kartoffeln und Zucchini) 193
Saltimbocca alla romana
(Kalbsschnitzel mit Schinken
und Salbei) 148
und Salat* oder grüne Bohnen*
Cantucci* (Mandelplätzchen) mit Vin Santo

Französisch

Als Beilage zu französischen Gerichten schmeckt immer frisches Baguette.

Für Gäste

Terrine de poisson (Fischterrine) 38
Roti de chevreuil á la royale
(Rehbraten nach königlicher Art) 188
nur mit Baguette und/oder mit Selleriepüree* und Pilzragout*
Käsegang*
Kouglhopf Glace Williams
(Birnenparfait in Gugelhupfform) 266

Tarte aux champignons 32
(Käsekuchen mit Champignons)
Truites au champagne (Forellen in Champagner) 118
Käsegang*
Crème renversée au caramel (Karamelcreme) 238

Consommé aux profiteroles
(Kraftbrühe mit Windbeutelchen) 50
Terrine de poisson (Fischterrine – als Hauptspeise) 38
Käsegang*
Crêpes Suzette (Eierkuchen mit Grand Marnier) 269

Quiche Lorraine (Lothringer Speckkuchen) 31
Poulet à l'oseille (Hähnchen mit Sauerampfer) 183
Käsegang*
Truffes (Schokoladentrüffel) 267 mit Likör und Espresso

Zuccette farcies au brocciu
(Zucchini mit Schafkäsefüllung) 196
Soufflé de pommes de terre
(Kartoffelsoufflé mit Käse) 208
und Féras aux amandes
(Felchen mit Mandelblättchen) 119
Käsegang*
Crêpes Suzette (Eierkuchen
mit Grand Marnier) 269

Consommé aux profiteroles
(Kraftbrühe mit Windbeutelchen) 50
Roti de chevreuil à la royale
(Rehbraten nach königlicher Art) 188
mit Baguette und/oder Selleriepürée*
und Pilzragout*
Käsegang* und/oder
Truffes (Schokoladentrüffel) 267
mit Likör und Espresso

Vegetarisch

Tarte aux champignons
(Käsekuchen mit Champignons) 32
Zucchette farcis au brocciu
(Zucchini mit Schafkäsefüllung) 196
Käsegang* nach Belieben und/oder
Mousse au chocolat
(Schokoladenschaum) 238

Soupe à l´oignon (Zwiebelsuppe) 50
Tarte aux champignons
(Käsekuchen mit Champignons) 32
Kouglhopf Glace Williams
(Birnenparfait in Gugelhupfform) 266

Alltagsmenüs

Soupe á l´oignon (Zwiebelsuppe) 50
Flammekueche à l' Alsacienne
(Elsässer Flammenkuchen) 31
Käsegang* und/oder
Mousse au chocolat
(Schokoladenschaum) 238

Quiche Lorraine (Lothringer Speckkuchen) 31
Salat nach Gusto*
Käsegang* und/oder
Kouglhopf Glace Williams
(Birnenparfait in Gugelhupfform) 266

Salat nach Gusto*
Petits farcis de Nice
(Gefüllte Gemüseteilchen aus Nizza) 158
Käsegang* und/oder
Crêpes Suzette (Eierkuchen mit Grand Marnier) 269

Soupe à l'oignon (Zwiebelsuppe) 50
Féras aux amandes (Felchen mit Mandelblättchen) 119
Käsegang* und/oder Obstsalat mit Eis*

Tomatensalat*
Potée bourguignonne (Schweinefleischtopf) 146
Käsegang* und/oder Gemischtes Eis*

Pommes de terre lyonnaise (Bratkartoffeln nach Lyoner Art) 209 mit grünem Salat*
Poulet sauté au lard (Hähnchen mit Specksauce) 183
Käsegang* und/oder Obstsalat mit Grand Marnier*

Zucchette farcis au brocciu
(Zucchini mit Schafkäsefüllung) 196
Flammekueche à l'Alsacienne (Elsässer Flammenkuchen) 31
Käsegang* und/oder Frisches Obst*

Pommes de terre lyonnaise (Bratkartoffeln nach Lyoner Art) 209 mit Salat*
Petits farcis de Nice

(Gefüllte Gemüseteilchen aus Nizza) 158
Käsegang* und/oder
Crème renversée au caramel (Karamelcreme) 238

Österreich

Speckknödlsuppe 59
Krautstrudel 214 und Salat*
Cremespeise nach Gusto*

Steirischer Röhrlsalat 10
Schinkenfleckerln 94
Gemischtes Eis*

Leberknödlsuppe 58
Kalbsgulasch 150
mit Spätzle 101
Apfelstrudel 258

Rindfleischsalat mit Kernöl 10
Hechtnockerln in Dillrahm 126,
Weißbrot
Apfelstrudel 258

Hechtnockerl in Dillrahm 126
Krautstrudel 214 mit Salat*
Erdbeeren mit Sahne*

Speckknödelsuppe 59
Wiener Schnitzel 150 mit
Kartoffelsalat*
Bratäpfel* oder Pudding*

Leberknödlsuppe 58
Schinkenfleckerln 94 mit Salat*
Käseplatte*

Steirischer Röhrlsalat 10
Kalbsgulasch 150 mit Bandnudeln*
Gemischte Beeren mit Eierlikörsahne
und Mandelblättchen*

Speckknödlsuppe 59
Hechtnockerln in Dillrahm 126,
Weißbrot
Sachertorte mit Sahne*

Deutschland

Kräutlsuppe 53
»Gefillte« (Gefüllte Kartoffelklöße) 98
Gemischtes Eis*

Hamburger Aalsuppe 53
Westfälischer Sauerbraten 168
mit Salzkartoffeln, Apfelmus und
Möhren 169
Bayerische Creme 244

Kräutlsuppe 53
Saure Linsen mit Spätzle 101
Apfelkuchen*

Königinpastetchen mit Pilzragout*
Leipziger Allerlei 212
Bayerische Creme 244

Kräutlsuppe 53
Schwammerln mit Knödeln 100
Rote Grütze 240

Kräutlsuppe 53
Westfälischer Sauerbraten 168
mit Salzkartoffeln, Möhren,
Apfelmus 169
Erdbeeren mit Sahne*

Gemischter Salat*
Schwammerl mit Knödeln 100
Pudding*

Kräutlsuppe 53
Leipziger Allerlei 212 , Weißbrot
Vanilleeis mit heißen Himbeeren*

Hamburger Aalsuppe 53
»Gefillte« (Gefüllte Kartoffelklöße) 98
Obstsalat*

Leberknödelsuppe 58
Saure Linsen mit Spätzle 101
Zwetschgendatschi*

Leipziger Allerlei (kleinere Menge
als Vorspeise) 212
Westfälischer Sauerbraten 168 mit
Salzkartoffeln, Möhren, Apfelmus 169
Cremespeise nach Gusto*

Spanien

Zu spanischen Vor- und Hauptspeisen paßt fast immer frisches helles Brot.

Russischer Salat 20
Jakobsmuscheln galizisch 132
Mandeltorte 256

Safran-Mandel-Suppe 60
Kaninchen maurische Art 173
Gemischtes Eis*

Garnelenomelette 20
Paella 78
Obstsalat mit Eis*

Safran-Mandel-Suppe 60
Paella 78
Turron (spanisches Mandelkonfekt)*
mit Espresso und/oder Likör

Jakobsmuscheln galizisch 132
Lammhaxen kastilische Art 172
mit Salzkartoffeln*
Mandeltorte 256

Garnelenomelette 20
Kaninchen maurische Art 173
Melonenkugeln mit Eierlikörsahne*

Tortilla de patatas (Kartoffelomelette) 194
Lammhaxen kastilische Art 172
mit Salzkartoffeln*
Frische Früchte*

Russischer Salat 20
Kaninchen maurische Art 173
Creme Karamel 238

Safran-Mandel-Suppe 60
Tortilla de patatas (Kartoffelomelette)
194 mit Paprika-Gurken-Tomaten-Salat*
Frische Früchte*

Griechenland

Essen Sie zu den Vor- und Hauptspeisen frisches Pittabrot.

Gebackene Paprikaschoten 24
Muschelreis 83
Mandelgebäck 254

Tzatzíki 25
Spinatpastete 102
Frische Früchte*

Linsensuppe 62
Artischocken-Spinat-Auflauf 216
Mandelgebäck 254

Linsensuppe 62
Smyrna-Würstchen 166
Frische Orangen*

Hühnersuppe mit Ei und Zitrone 62
Nudelauflauf 83
Käseplätzchen 254

Tzatzíki 25
Sardinen aus dem Ofen 116
Mandelgebäck 254

Gebackene Paprikaschoten 24
Artischocken mit Bohnen 216
Käseplätzchen 254

Hühnersuppe mit Ei und Zitrone 62
Musaká 164
Käseplätzchen 254

Gebackene Paprikaschoten 24
Stifádo 166
Baklavá*

Hühnersuppe mit Ei und Zitrone 62
Stifádo 166
Gemischtes Eis*

Linsensuppe 62
Nudelauflauf 83
Joghurt mit Honig*

Hühnersuppe mit Ei und Zitrone 62
Spinatpastete 102
Käseplätzchen 254

Spinatpastete 102
Smyrna-Würstchen 166
Frische Melone*

Muschelreis 83
Stifádo 166
Baklavá*

Sardinen aus dem Ofen 116
Nudelauflauf 83 oder Musaká 164
Frische Früchte*

Tzatzíki 25
Musaká 164
Mandelgebäck 254

Gemischte europäische Menüs aus anderen Ländern

Piroschki (Kleine gefüllte Teigtaschen) 35
Zürcher Geschnetzeltes mit Rösti 152
Stachelbeercreme 247

Matjessalat 123
Zürcher Geschnetzeltes mit Rösti 152
Engadiner Nußtorte 261

Kräutlsuppe 53
Gänseragout und Böhmische Knödel 175, Rotkohl*
Stachelbeercreme 247

Hühnersuppe mit Ei und Zitrone 62
Ćevapčići mit serbischem Kaviar 154 und Salat*
Pflaumencreme 240

Soupe à l'oignon (Zwiebelsuppe) 50
Teigtaschen mit Lammsauce 91
Stachelbeercreme 247

Bitotschki (Süß-saure Hackfleischbällchen) 34
Chicorée auf flämische Art 211
Apple Pie 247

Matjessalat 123
Speckpfannkuchen 73 mit Kompott*
Pflaumencreme 240

Piroschki (Kleine gefüllte Teigtaschen) 35
Chicorée auf flämische Art 211
Rote Grütze 240

Matjessalat 123
Teigtaschen mit Lammsauce 91
Pflaumencreme 240

Käsekroketten 72 mit Salat*
Speckpfannkuchen 73 mit Kompott*
Rote Grütze 240

Matjessalat 123
Raznjići mit serbischem Kaviar 154 und Salat*
Rahmwaffeln 240

Steirischer Röhrlsalat 10
Gänseragout und Böhmische Knödel 175, Rotkohl*
Pflaumencreme 240

Bitotschki (Süß-saure Hackfleischbällchen) 34
Forelle blau mit Salzkartoffeln und Salat*
Rüeblitorte 261

Türkei

Zu Vorspeisen und Hauptgerichten passen türkisches Fladenbrot (S. 69) oder Sesamkringel

Kräuter-Käsecreme 23
Pizza türkische Art 69
Hochzeitsreis 253

Zucchinipuffer 23
Rotbarben aus dem Ofen 121
Engelshaar-Dessert 252

Kräuter-Käsecreme 23
Meeräsche mit Oliven 121
Hochzeitsreis 253

Salat* mit Fladenbrot 69
Leber albanische Art 161
Engelshaar-Dessert 252

Fertige Vorspeisen vom türkischen Lebensmittelgeschäft*
Imam bayıldı (Gefüllte Aubergine) 201
Engelshaar-Dessert 252

Kräuter-Käsecreme 23
Röstfleisch auf Hirtenart 161
Hochzeitsreis 253

Fertige Vorspeisen vom türkischen Lebensmittelgeschäft*
Rotbarben aus dem Ofen 121
Frische Früchte und Nüsse*

Pizza türkische Art 69
Meeräsche mit Oliven 121
Frische Melonen*

Imam bayıldı (Gefüllte Aubergine) 201
Röstfleisch auf Hirtenart 161
Obstsalat mit Likör*

Zucchinipuffer 23
Leber albanische Art 161
Baklavá*

Bunter Salat* mit Fladenbrot 69
Röstfleisch auf Hirtenart 161
Baklavá*

Arabische Länder

Zu arabischen Vorspeisen und Hauptgerichten schmeckt besonders gut frisches Fladenbrot (S. 69).

Bulgur-Kräuter-Salat 17
Tintenfische in Tomatensauce 135
Grießkuchen 250

Fischsuppe 54
Lammbrust mit Couscous 170
Reismehl-Mandel-Pudding 250

Walnuß-Paprika-Pastete16
mit Fladenbrot 69

Gefüllte Zwiebeln 202
Reismehl-Mandel-Pudding 250

Nudelsuppe mit Gemüse 55
Fischkroketten 135 mit Salat*
Grießkuchen 250

Walnuß-Paprika-Pastete 16
mit Fladenbrot 69
Gefüllte Kartoffelküchlein 203 mit Bulgur-Kräuter-Salat 17
Frische Datteln und Mandeln*

Fischsuppe 54
Gefüllte Zwiebeln 202
Frische Früchte*

Nudelsuppe mit Gemüse 55
Gefüllte Kartoffelküchlein 203 mit Bulgur-Kräuter-Salat 17
Reismehl-Mandel-Kuchen 250

Tintenfische in Tomatensauce 135
Lammbrust mit Couscous 170
Eis mit Früchten*

Fischkroketten 135
Gefüllte Zwiebeln 202
Reismehl-Mandel-Pudding 250

Bulgur-Kräuter-Salat 17
Lammbrust mit Couscous 170
Frische Feigen mit Sahne*

China und Taiwan

In China wird die Suppe zum Abschluß des Essens vor dem Dessert gereicht. Das Dessert gehört aber durchaus nicht zu jedem Menü.
Die passende Beilage für die meisten Hauptgerichte ist natürlich Reis.

Hühnerstreifen mit Senf 12
Teigtaschen mit Bohnen 93
Rettichsuppe mit Garnelen 57
Frische Früchte*

Garnelen mit Chinakohl 12
Nudeln mit Rindfleisch 86

Spargel mit Mu-Er-Pilzen 219
Lotoskern-Mousse 248

Dorade in Soja-Sauce 114
Gefüllte Tofu-Kästchen 206
Sauer-scharfe Suppe 57

Paprika süß-sauer 218
Kroß gebratene Ente 179
Rettichsuppe mit Garnelen 57
Gefüllte Klebreis-Klößchen 249
oder gemischtes Eis*

Garnelen mit Chinakohl 12
Hühnerbrust mit Walnüssen 179
Sauer-scharfe Suppe 57
Lotoskern-Mousse 248

Süß-saure Karpfenfilets 114
Rindfleisch mit Austernsauce 144
Gefüllte Klebreis-Klößchen 249

Hühnerstreifen mit Senf 12
Garnelen mit Pilzen 136
Sauer-scharfe Suppe 57
Lotoskern-Mousse 248

Garnelen mit Tomaten 137
Rindfleisch in Austernsauce 144
Sauer-scharfe Suppe 57

Gefüllte Tofu-Kästchen 206
Süß-saure Karpfenfilets 114
Rettichsuppe mit Garnelen 57
Gebratene Bananen in Honig*

Paprika süß-sauer 218
Teigtaschen mit Bohnen 93
Lotoskern-Mousse 248

Spargel mit Mu-Er-Pilzen 219
Garnelen mit Tomaten 137
Kroß gebratene Ente 179
Lotoskern-Mousse 248

Paprika süß-sauer 218
Dorade in Soja-Sauce 114
Hühnerbrust mit Walnüssen 179
Rettichsuppe mit Garnelen 57

Thailand
Fleischbällchen auf Ananas 40
Eiernudeln mit Sojasprossen 89
Pochierte Kokoscreme 242

Pfannengerührtes Gemüse 220
mit Thailändischem Duftreis 80
Butterfisch in Limettensauce 113
Eis mit Obstsalat*

Hühnersuppe mit Zitronengras 64
Reis mit gelbem Currypulver 80
Pochierte Kokoscreme 242

Hühnersuppe mit Zitronengras 64
Reisnudeln mit Tintenfisch 88
Frische Früchte*

Fleischbällchen auf Ananas 40
Butterfisch in Limettensauce 113
Eierlikör mit Fruchtsalat*

Gegrillte Forelle 112
Eiernudeln mit Sojasprossen 89
Mandarinen-Litchi-Salat*

Hühnersuppe mit Zitronengras 64
Gegrillte Forelle 112
Pochierte Kokoscreme 242

Hühnersupppe mit Zitronengras 64
Fleischspießchen 157
mit Thailändischem Duftreis 80
Erdbeeren mit Sahne*

Pfannengerührtes Gemüse 220
mit Thailändischem Duftreis 80
Fleischspießchen 157
Pochierte Kokoscreme 242

Butterfisch in Limettensauce 113
Fleischspießchen 157
mit Thailändischem Duftreis 80
Orangen oder Mandarinen*

Fleischbällchen auf Ananas 40
Reisnudeln mit Tintenfisch 88
Exotischer Obstsalat*

Indien
Gefüllte Pasteten 36
Reis-Linsen-Gemüse-Eintopf 76
Frische Früchte*

Gemüsebällchen in Sauce 224
Fisch in Zwiebelsauce 111
Obstkrapfen 234

Fisch in Zwiebelsauce 111
Reis-Linsen-Gemüse-Eintopf 76
Gemischtes Eis*

Fisch in Zwiebelsauce 111
Hähnchencurry 180
Grießhalwa 234

Gefüllte Pasteten 36
Huhn in Mandelsauce 181
Grießhalwa 234

Fisch in Zwiebelsauce 111
Huhn in Mandelsauce 181
Obstkrapfen 234

Gefüllte Pasteten 36
Fisch in Zwiebelsauce 111
Pistazieneis*

Gemüsebällchen in Sauce 224
Hähnchencurry 180
Exotischer Obstsalat*

Gemüsebällchen in Sauce 224
Reis-Linsen-Gemüse-Eintopf 76
Frische Melone*

Weißkohl mit Erbsen 222
Fisch in Zwiebelsauce 111
Obstkrapfen 234

Kartoffelcurry mit Mohn 223
Huhn in Mandelsauce 181
Obstkrapfen 234

Gefüllte Pasteten 36
Kartoffelcurry mit Mohn 223
Frische Früchte*

Gemüsebällchen in Sauce 224
Weißkohl mit Erbsen 222
Grießhalwa 234

Gefüllte Pasteten 36
Gemüsebällchen in Sauce 224
Eis mit Obstsalat*

Amerika
Lomi Lomi (Salat mit Lachs) 19
Roast Turkey (Gebratener Truthahn)
mit Maisbrot 176
Peach Cobbler (Pfirsichauflauf) 263

Gemischter Salat*
gegrillte T-Bone-Steaks*
mit Stuffed Baked Potatoes (Gebackene Kartoffeln) 204
Pumpkin-Pie (Kürbiskuchen) 262

Shrimp Cocktail 19
Roast Turkey (Gebratener Truthahn)
mit Maisbrot 176
Pumpkin-Pie (Kürbiskuchen) 262

Pumpkin Soup (Kürbissuppe) 44
Jambalaya (Reistopf mit Garnelen) 129
Peach Cobbler (Pfirsichauflauf) 263

Pumpkin Soup (Kürbissuppe) 44
Crab cakes (Krebsküchlein) 128
Vanilleeis mit frischen Früchten*

Pumpkin Soup (Kürbissuppe) 44
Roast Turkey (Gebratener Truthahn)
mit Maisbrot 176
Peach Cobbler (Pfirsichauflauf) 263

Lomi Lomi (Salat mit Lachs) 19
Gegrillte T-Bone-Steaks*
mit Stuffed Baked Potatoes (Gebackene Kartoffeln) 204
Obstsalat mit Eierlikör*

Lomi Lomi (Salat mit Lachs) 19
Jambalaya (Reistopf mit Garnelen) 129
Pumpkin-Pie (Kürbiskuchen) 262

Shrimp Cocktail 19
Gegrillte T-Bone-Steaks*
mit Stuffed Baked Potatoes (Gebackene Kartoffeln) 204
Erdbeeren mit Sahne*

Mexiko

Zu mexikanischen Vorspeisen und Hauptgerichten schmecken meist Tortillas, frische aufgewärmte Fladen aus Maismehl oder Weizen. Ein Rezept für Weizentortillas finden Sie auf Seite 104, Tortillas aus Maismehl können Sie im Spezialitätenladen kaufen.

Avocadosalat 15
Schwertfisch 109
Gefüllte Orangen 232

Pilzsuppe 46
Fischgratin mit Mandelsauce 109
Eierlikör mit Früchten 233

Kartoffelsuppe mit Ei 46
Tacos mit Fleischfüllung 105
Obstsalat mit Eis*

Avocadosalat 15
Fischgratin mit Mandelsauce 109
Gefüllte Orangen 232

Kartoffelsuppe mit Ei 46
Koteletts mit Bohnen 163
und Weizentortillas 104
Eis oder frische Früchte*

Pilzsuppe 46
Fleisch mit Früchten 163
Vanilleeis mit heißen Himbeeren oder Kirschen (aus dem Glas)*

Avocadosalat 15
Fleisch mit Früchten 163
und Reis*
Gefüllte Orangen 232

Pilzsuppe 46
Maisgratin 226
Eierlikör mit Fruchtsalat 233

Schwertfisch 109
Tacos mit Fleischfüllung 105
Gefüllte Orangen 232

Fischgratin mit Mandelsauce 109
Koteletts mit Bohnen 163
und Weizentortillas 104
Eierlikör mit Fruchtsalat 233

Fischgratin mit Mandelsauce 109
Fleisch mit Früchten 163
und Reis*
Gemischtes Eis*

Avocadosalat 15
Maisgratin 226
Gefüllte Orangen 232

Internationale Menüs

Vegetarische Menüs

Avocadosalat (Mexiko) 15
Pizzette di patate (Kleine Pizzen aus Kartoffelteig, Italien) 70
Zuccotto (Eisbiskuit, Italien) 264

Pumpkin Soup (Kürbissuppe, Amerika) 44
Teigtaschen mit Bohnen (China) 93
Crème renversée au caramel (Karamelcreme, Frankreich) 238

Tarte aux champignons (Käsekuchen mit Champignons, Frankreich) 32
Imam bayıldı (Gefüllte Aubergine, Türkei) 201
Obstkrapfen (Indien) 234

Pilzsuppe (Mexiko) 46
Malfatti (Spinatklößchen, Italien) 96
Eierlikör mit Fruchtsalat (Mexiko) 233

Gefüllte Pasteten (Indien) 36
Pfannengerührtes Gemüse (Thailand) 220
mit Thailändischem Duftreis 80
Pflaumencreme (Finnland) 240

Kartoffelsuppe mit Ei (Mexiko) 46
Pasta alla Norma (Italien) 84
Stachelbeercreme (England) 247

Tzatzíki (Griechenland) 25 und Fladenbrot 69
Gefüllte Kartoffelküchlein (Irak) 203
mit grünem Salat*
Engelshaar-Dessert (Türkei) 252

Menüs mit Fleisch und Fisch

Lomi Lomi (Salat mit Lachs, Amerika) 19
Reis mit gelbem Currypulver (Thailand) 80
Gefüllte Orangen (Mexiko) 232

Carpaccio del Cipriani (Mariniertes rohes Rinderfilet, Italien) 26
Rotbarben aus dem Ofen (Türkei) 121
Crêpes Suzette (Eierkuchen mit Grand Marnier, Frankreich) 269

Minestrone di verdure (Gemüsesuppe, Italien) 48
Wiener Schnitzel (Österreich) 150
Mousse au chocolat (Schokoladenschaum, Frankreich) 238

Quiche Lorraine (Lothringer Speckkuchen, Frankreich) 31
Tonno alla Favignana (Thunfisch nach Art der Insel Favignana, Italien) 124
Reismehl-Mandel-Pudding (Syrien) 250

Terrine de poisson (Fischterrine, Frankreich) 38
Anitra ripiena (Gefüllte Ente, Italien) 184
Engadiner Nußtorte (Schweiz) 261

Shrimpcocktail (Amerika) 19
Rôti de chevreuil à la royale (Frankreich, Rehbraten nach königlicher Art) 188
Zuppa inglese (Biskuit-Creme-Dessert, Italien) 270

Hamburger Aalsuppe (Deutschland) 53
Vitello tonnato (Kalbfleisch mit Thunfischsauce, Italien) 140
Pochierte Kokoscreme (Thailand) 242

Rezept- und Sachregister

Umschlag-Vorderseite: Das Bild zeigt eine spanische Paella (S.78).
Die Bilder auf S. 4/5 und auf der Buchrückseite zeigen – von links oben im Uhrzeigersinn:
Garküche mit Riesenwok in China (Bild 1), spanisches Paar bei der Feria in Jerez de la Frontera (Bild 2), den Sognefjord bei Leikanger in Norwegen (Bild 3), Elephanten beim Baden in Thailand (Bild 4), ein Bäcker in Deutschland (Bild 5), ein Cowboy in USA, Arizona (Bild 6), Villefranche-sur-Mer in der Nähe von Nizza (Bild 7), junge Andalusierinnen bei der Feria in Jerez de la Frontera (Bild 8), Markt in Istanbul (Bild 9), chinesische Touristen in Gewändern aus dem letzten Jahrhundert in der Verbotenen Stadt in Peking (Bild 10).

Der vorliegende Band ist ein Sammelwerk aus 20 Bänden der Reihe »Küchen der Welt«.

Die Länder und Autoren dieses Bandes:
Amerika: Angela G. Grant
Arabische Länder: Erika Casparek-Türkkan und Petra Casparek
China: Xiao Hui Wang
China (Kanton): Thomas Gwinner und Zhenhuan Zhang
China (Peking und Shandong): Thomas Gwinner und Zhenhuan Zhang
Deutschland: Reinhardt Hess
Europa – andere Nationen: Cornelia Adam
Frankreich: Susi Piroué
Frankreich (Ost): Ditta Amandine Biegi
Frankreich (Süd): Ditta Amandine Biegi
Griechenland: Kristina Likidis-Königsfeld
Indien: Bikash und Marcela Kumar
Italien: Miranda Alberti
Italien (Nord): Marieluise Christl-Licosa
Italien (Süd): Loretta Cavalieri
Mexiko: Julia Fernandez
Österreich: Adelheid Beyreder
Spanien: Cornelia Rosales de Molino
Thailand: Thidavadee Camsong
Türkei: Funda Engin

Die Rezeptfotos wurden fotografiert von: Michael Brauner und FoodPhotography Eising.

Michael Brauner
Food Fotografie
Nach Abschluß der Fotoschule in Berlin arbeitete Michael Brauner als Fotoassistent bei namhaften Fotografen in Frankreich sowie Deutschland und machte sich 1984 selbständig. Sein individueller, athmosphärereicher Stil ist überall geschätzt: in der Werbung und in vielen bekannten Verlagen. In seinem Studio in Karlsruhe setzte er die Rezepte vieler Titel der Reihe »Küchen der Welt« stimmungsvoll ins Bild.

FoodPhotography Eising
mit Sitz in München und Maine (USA) wird von Susie und Pete A. Eising geleitet. Sie studierten an der Fachakademie für Fotodesign in München. 1981 gründeten sie ihr eigenes Studio für Foodfotografie, das dank der gemeinsamen Passion für Eßkultur und kulinarische Ästhetik rasch internationales Renomee erwarb. Ihre Kenntnisse über fremde Küchen und Kulturen vertiefen Susie und Pete A. Eising auf zahlreichen Reisen, von denen sie immer wieder neue Eindrücke in die künstlerische Gestaltung ihrer Produktion einbringen.

Bildnachweis der Bilder von S. 4/5 bzw. Buchrückseite in alphabetischer Reihenfolge:
Franz, Uli (jd): Bild 1
Luhr (Silvestris): Bild 3
Richner, Werner: Bild 5
Schmid, Gregor M.: Bild 2 und 8
Spierenburg, Paul: Bild 6
Thomas, Martin: Bild 4,7 und 10
Türkkan, Taneli: Bild 9

Impressum

Redaktion: Dr. Stephanie v. Werz-Kovacs
Lektorat: Monika Arndt, Petra Bachmann, Angela Hermann, Katharina Lisson, Anita Tafferner.
Versuchsküche: Monika Arndt, Barbara Hagmann, Christine Hagmann, Traute Hatterscheid, Christa Konrad-Seiter, Marianne Obermayr.
Illustrationen: Susanne Strassmann (Seite 1), Marcus Langer (Seite 107), Claudia Stöber (Seite 139), Kathrin Gaus (Seite 191)
Rezeptfotos: Michael Brauner und FoodPhotography Eising
Herstellung: Eva Hehemann und Jürgen Bischoff, Gräfe und Unzer Verlag
Gestaltung: Buchhaus Kraxenberger
Satz (DTP): Design-Typo-Print GmbH, Ismaning
Reproduktion: Fotolito Longo, Bozen
Druck und Bindung: A. Mondadori Editore, Verona
ISBN 3-7742-3173-7

Auflage	5	4	3	2	1
Jahr	2001	00	99	98	97

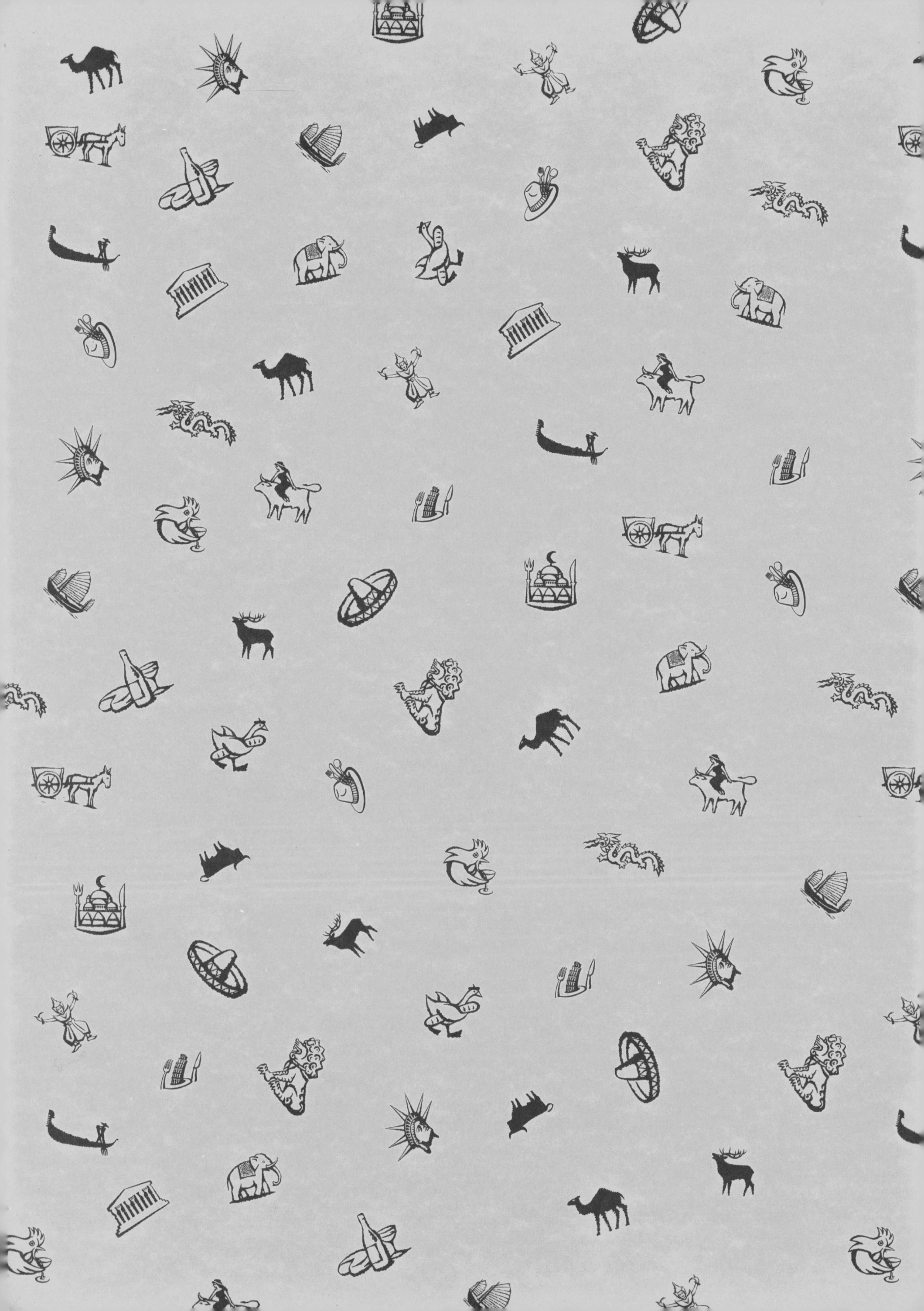